Ce
Bouillon de pou

« Les solutions aux problèmes sont aussi nombreuses que les étoiles dans le ciel. J'ai aimé ce livre parce qu'il permet de voir la vie du point de vue de quelqu'un d'autre. »

Brittany Grams, 12 ans

« Une des histoires est tellement drôle que mon ami a failli tomber de sa chaise à force de rire. »

Eric Dobson, 10 ans

« La préadolescence est une période de la vie qui peut être à la fois compliquée et passionnante. À cela s'ajoutent parfois l'incertitude et la solitude… *Bouillon de poulet* vient à ta rescousse. Encore une fois, il réconforte autant qu'un vrai bouillon un soir d'hiver. Il traite de sujets qui tiennent à cœur aux jeunes, et les histoires y sont racontées de manière touchante. *Bouillon de poulet pour l'âme des préados* m'aide à parler avec mes enfants des choses que je considère essentielles. »

Leeza Gibbons
Leeza Gibbons Enterprises

« Les histoires sont bonnes et variées. Elles contiennent presque toutes un problème et une solution. Elles sont intéressantes. Je pense que tous les jeunes devraient lire *Bouillon de poulet pour l'âme des préados*. »

Josh Acosta, 11 ans

« C'est exactement le genre d'inspiration, d'histoires vécues et de perspective dont les jeunes ont besoin pour se construire. »

Jason Dorsey
Fondateur de l'Institute to End School Violence
Auteur de *Can Students End School Violence ?*
Solutions from America's Youth

« Les histoires sont drôles. Ce sont les meilleures que j'ai jamais lues. Elles sont toutes vraies. Rien n'est inventé. Des personnes réelles ont vraiment vécu toutes ces choses. »

Luis Villa, 10 ans

« Mes camarades de classe et moi avons aidé à choisir les histoires qui font partie de *Bouillon de poulet pour l'âme des préados*. C'était super. Les auteurs racontent des moments de bonheur, de tristesse, de colère. Nous pouvons les comprendre car les histoires sont vraies. »

Marisa Cottam, 10 ans

« *Bouillon de poulet pour l'âme des préados* regorge d'histoires inestimables qui montrent que les enfants peuvent faire de grandes choses. Comme ces histoires voyageront partout à travers le monde, elles pourront inciter des milliers de jeunes à devenir des citoyens du monde sensibles et responsables. »

Yvonne Marie Andres
Fondatrice de Global Schoolhouse à Lightspan.com

« Les émotions des auteurs m'ont enseigné beaucoup de leçons non seulement sur les choses difficiles que les enfants vivent, mais aussi sur les bonnes choses qu'ils vivent. »

Sabrina Turin, 11 ans

« *Bouillon de poulet pour l'âme des préados* est formidable. Il encourage et inspire. Il est une extraordinaire ressource pour les enfants. Il enseigne une foule de choses à travers toutes sortes de situations auxquelles les jeunes peuvent s'identifier. Grandir n'est pas toujours facile… Ce *Bouillon de poulet* peut faciliter la période de la pré-adolescence. J'ai hâte de prêter ce livre à quelqu'un. »

Jon Wagner-Holtz, 18 ans
Fondatrice, Kids Konnected

Jack Canfield
Mark Victor Hansen
Patty Hansen
Irene Dunlap

Bouillon de Poulet pour l'âme des Préados

Un recueil d'histoires sur le passage
de l'enfance à l'adolescence

Traduit par Annie Desbiens

SCIENCES ET *CULTURE*
Montréal, Canada

L'édition originale de cet ouvrage a été publiée sous le titre
CHICKEN SOUP FOR THE PRETEEN SOUL
© 2000 Jack Canfield et Mark Victor Hansen
Health Communications, Inc., Deerfield Beach, Floride (É.-U.)
ISBN 1-55874-800-8

Réalisation de la couverture : Alexandre Béliveau

Tous droits réservés pour l'édition française
en Amérique du Nord
© 2005, *Éditions Sciences et Culture Inc.*

Dépôt légal : 4ᵉ trimestre 2005
Bibliothèque nationale du Québec
Bibliothèque nationale du Canada

ISBN 2-89092-354-1

 Éditions Sciences et Culture
5090, rue de Bellechasse
Montréal (Québec) Canada H1T 2A2
(514) 253-0403   Téléc. : (514) 256-5078
Internet : www.sciences-culture.qc.ca
Courriel : admin@sciences-culture.qc.ca

Nous reconnaissons l'aide financière du gouvernement du
Canada par l'entremise du Programme d'Aide au Développement de l'Industrie de l'Édition pour nos activités d'édition.

IMPRIMÉ AU CANADA

Pour tous ceux qui ont lu
Bouillon de poulet pour l'âme de l'enfant
Et qui l'ont aimé
au point de réclamer la suite, voici
Bouillon de poulet pour l'âme des préados !

Et pour nos propres enfants
Qui savent ce qu'est la préadolescence,
Christopher, Liz, Melanie,
Marleigh et Weston,
nous vous aimerons toujours,
quelle que soit l'étape de la vie
que vous traversez.

J'ai hâte que ma voix change.
Comme ça, quelqu'un finira bien par m'écouter.

Table des matières

10. Les changements

11. Sagesse éclectique

Les citations

Pour chacune des citations contenues dans cet ouvrage, nous avons fait une traduction libre de l'anglais au français. Nous pensons avoir réussi à rendre le plus précisément possible l'idée d'origine de chacun des auteurs cités.

Avant-propos

Voici la vraie vie, condensée dans un livre.

Tu as sûrement déjà dit que la vie est injuste, n'est-ce pas ? Cependant, même si ta vie est compliquée ou difficile, tu fais maintenant partie des chanceux qui lisent ce livre : il sera un manuel pour la vie !

En lisant des histoires qui racontent comment d'autres jeunes ont vécu leur préadolescence, tu te rendras compte qu'ils vivent des choses très semblables à celles que tu vis ou vivras. Tu pourras même en tirer quelques leçons. Si tu veux que ce livre t'aide à faire la transition entre la préadolescence et l'adolescence, cependant, garde l'esprit ouvert et laisse-toi inspirer par les expériences des autres. Peut-être même que leurs histoires t'aideront à éviter certaines erreurs !

Sois charitable avec les autres, même avec ceux que tu n'aimes pas trop. Ils vivent peut-être les mêmes difficultés que toi. N'oublie pas que chaque personne a quelque chose à offrir au monde.

Surtout, ose poursuivre tes rêves. Le monde sera meilleur si tu t'y investis à 100 % et si tu écoutes ton cœur.

Dieu te bénisse.

KENAN THOMPSON
Acteur au cinéma et à la télévision

Remerciements

Nous désirons remercier du fond du cœur tous ceux et celles qui ont mis la main (et le cœur) à la pâte.

Merci, Gina Romanello, d'avoir fait avancer le travail sur des roulettes. Tu as su jongler avec tous les détails et faciliter la production de *Bouillon de poulet pour l'âme des préados*. Tu es une pro, Gina. Merci pour ton dévouement. Nous t'aimons.

Merci, Maria Nickless, d'avoir fait preuve d'ingéniosité dans ton travail de marketing. Merci pour ta volonté d'améliorer la vie des enfants.

Merci, Brittany Shaw, recherchiste extraordinaire et reine des paparazzis. Tu as su apporter plaisir et excellence au bureau. Tes efforts pour apporter une touche positive sont chaque jour appréciés.

Merci, DeeDee Romanello, pour ton soutien constant. Ton travail méticuleux a permis à Patty de se consacrer aux mille et une choses qui l'attendent quotidiennement.

Merci, Joy Pieterse, pour ta joyeuse collaboration, ton cœur aimant et le soutien que tu as apporté à Patty et aux enfants. Tu es une bénédiction.

Merci, Christopher Canfield, Marleigh et Weston Dunlap, Liz et Melanie Hansen, nos enfants. Merci de nous aider à faire de ce monde un monde meilleur pour les enfants. Merci, Kent Dunlap, d'avoir fait confiance à nos projets et d'avoir été là pour Irene et les enfants. Merci, Angela Jack, pour ton amour et ton soutien. Merci, Eva Espinosa, d'avoir tenu le fort. Merci aussi pour les sandwichs au thon qui apparaissaient toujours comme par magie au moment où tout le monde avait un creux !

Après la sortie de *Bouillon de poulet pour l'âme de l'enfant*, nous avons reçu pour le présent livre plus de 5 000 propositions de partout dans le monde. Nous avons présélectionné 225 histoires, puis nous les avons soumises au test ultime : nous les avons fait lire à des centaines d'enfants et de préadolescents reconnus bons lecteurs. Le travail d'un grand nombre d'enseignants et d'élèves de partout aux États-Unis a été inestimable : ils ont lu et évalué chaque histoire avec honnêteté, désireux de contribuer à produire le meilleur livre possible pour les 9 à 13 ans.

Nous les remercions donc : Kerri Merrit et Gayle McGehee (North Side School) et leurs classes de 3e année ; Marilynn O'Dowd (St. Mary's Star of the Sea) ; Karen Risch (Greenport Elementary) ; Erin Oechsle (Perry Hill Elementary) et leurs classes de 4e année ; Mike LaMoine (West Elementary) et sa classe de 5e année ; Laura McDiarmid et Wendy Hearn (Oak Middle School) ; Linda Spreitzer (Conrad Ball Middle School) ; Noelle Swanson (Jefferson Middle School) et leurs classes de 6e année ; Donna Thompson (nous t'aimons *toujours*, Donna !) et Cathy Brown (Riverchase Middle School) et leurs classes de 6e et 7e année ; Mary Greenlaw (Hartland Elementary) et ses classes de 5e et 6e année ; Jackie Wiseman et Jackie Scott (Kaiser Elementary) et leurs classes de 5e et 6e année ; Melissa Voss et Kathy George (Anthony Wayne Junior High School) et leurs classes de 7e année ; Patricia Krause et Mary J. Mayne (Doherty Elementary) et leurs classes de 4e et 5e année ; les enseignants et élèves de l'école élémentaire Woodbine ; Sara Glass (classe de 8e année de l'école Stanley Stern) ; ainsi que Dierdre, Jessica et Michael Moore, qui ont participé depuis leur domicile puisqu'ils font l'école à la maison.

Merci également au personnel du bureau de Mark Victor Hansen : Lisa Williams, Michelle Adams, Laurie Hartman, Laura Rush, Paula Childers, Tayna Jones, Kristi Knoppe, Tracy Smith, Dave Coleman, Faith Fuata et Shanna Vieyra. Chaque fois que nous avons eu besoin de vous, vous étiez là pour nous. Merci à John Creech d'avoir assuré le bon fonctionnement de nos ordinateurs.

Nous remercions la Society of Childrens' Book Writers and Illustrators pour les nombreuses et merveilleuses histoires qu'elle nous a soumises.

Nous disons merci aussi aux agents de nos célèbres auteurs pour la coordination et la communication nécessaires à la production de ce livre : Liza Morales (Platform Public Relations) au nom de Beverley Mitchell ; Melinda Bell (Wright Entertainment) au nom de *NSYNC ; Dwight Manley, Vicky et Sylvia (United Sports Agency) au nom de Karl Malone ; Dan Levy au nom de Mia Hamm ; et Stephanie Hamm pour sa vaillance.

Nous aimerions remercier les gens suivants pour leur soutien ininterrompu : Peter Vegso à Health Communications, Inc., qui reconnaît la valeur de nos livres depuis le début et qui a su les mettre entre les mains de millions de lecteurs ; Patty Aubery, chef de production de *Chicken Soup for the Soul* Enterprises, Inc., qui a toujours pris soin de nous avec amour et encouragement ; Nancy Mitchell, Leslie Riskin, Heather McNamara, Veronica Romero, Robin Yerian, Teresa Esparza, Michelle Kiser, Cindy Holland et D'ette Corona (Self-Esteem, Inc.) et Deborah Hatchell, qui ont veillé à la bonne marche du projet avec un aplomb et un professionnalisme très appréciés.

Remerciements aussi à Christine Belleris et Allison Janse, nos rédactrices chez Health Communications, Inc., dont le travail méticuleux a permis d'assurer l'excellence de cet ouvrage. Votre gentillesse a permis de survivre au climat frénétique des dates butoirs et des calendriers de la production. Merci à Randee Feldman, responsable des *Bouillon de poulet* chez Health Communications, Inc., pour son aide inestimable à la coordination de tous les *Bouillon de poulet* qui mijotent.

Merci à Terry Burke, Kim Weiss et Kelly Johnson Maragni pour leur travail de vente, de marketing et de publicité.

Nous remercions Laine Latimer, « Reine de la publicité » au Latimer Group. Elle a répandu fort et haut la bonne nouvelle sur la parution de *Bouillon de poulet pour l'âme des préados*. Nous t'aimons.

Merci à Danny Cannizzaro d'avoir travaillé avec nous sur la couverture de ce livre avec tant de patience et de bonne volonté. Tu es un artiste de grand talent. Ta carrière promet! Merci à Nancy Melbourne de l'Orange County High School of the Arts, qui a travaillé fort pour respecter l'échéancier, toujours avec l'idée de faire vivre des expériences positives à ses élèves.

Plus important encore, nous désirons dire merci à tous les enfants, enseignants, écrivains et autres personnes qui nous ont envoyé des histoires, des poèmes ou des citations dans l'espoir qu'ils soient publiés dans *Bouillon de poulet pour l'âme des préados*. Nous n'avons pas pu inclure tous les textes que nous avons reçus, mais votre générosité nous a émus.

Enfin, merci à tous les enfants qui ont pris le temps de nous écrire pour nous dire combien ils avaient aimé *Bouillon de poulet pour l'âme de l'enfant* et pour réclamer une suite. Merci de ces marques d'affection et d'encouragement.

Compte tenu de l'envergure de ce projet, nous avons sans doute oublié de remercier quelques personnes qui nous ont aidés en cours de route. Si c'est le cas, veuillez nous en excuser, et sachez que votre aide a été sincèrement appréciée.

Introduction

À un certain moment, entre neuf et douze ans, la vie semble beaucoup plus dure. Si tu es une fille, par exemple, tu te sentiras peut-être déchirée entre les poupées et le maquillage... En général, les filles sont sensibles au moindre commentaire, surtout si celui-ci concerne son poids, ses vêtements ou les garçons. Les garçons, du moins ceux que je connais, ont tendance à cacher leurs sentiments, mais ils semblent avoir le même genre de difficultés que les filles. J'ai onze ans et je vis à peu près les mêmes problèmes. Quand j'essaie de me comporter comme une grande, on me dit que je suis trop jeune. Quand je fais quelque chose de mal, on me dit de me comporter comme une grande. Je ne comprends pas. J'imagine que nous sommes toujours trop vieux pour certaines choses et trop jeunes pour d'autres... C'est la vie. Relaxe, c'est seulement ta pré-adolescence.

Michelle Richard

La préadolescence est l'âge où l'on commence réellement à se prendre en main. On est assez vieux pour faire bouger le monde et le changer, mais trop jeune encore pour croire aux balivernes qui disent que c'est impossible.

Au même moment, la puberté apparaît avec ses sautes d'humeur, ses poussées d'hormones (et d'acné...) ainsi qu'un intérêt croissant pour l'autre sexe. Pendant que tu vis cette transformation physique et émotionnelle, d'autres changements peuvent s'ajouter et te rendre la vie particulièrement difficile : un divorce, la perte de tes amis, la mort d'un être cher, un déménagement.

En plus de tout ça, tu t'interroges beaucoup sur ta place dans le monde, tes croyances, ton identité, le sens de la vie. C'est de ce questionnement que Megan Brown, 12 ans, parle dans son poème :

Parfois je me demande si l'on voit tous
  les mêmes couleurs
Ou s'il y en a qui sont daltoniens sans le savoir !
Qu'y a-t-il tout au fond du ciel ?
Je me demande s'il y a d'autres mondes.
Y a-t-il un paradis ? Je sais que oui, mais…
  pour vrai ?
Je me demande si nos rêves, quand on dort,
Sont des endroits où on va vraiment.
Je pense qu'on peut vivre dans le rêve
  de quelqu'un en ce moment même.
Je pense que les miroirs mentent.
Qui sommes-nous ?

Depuis la publication de *Bouillon de poulet pour l'âme de l'enfant*, vous avez été des milliers d'enfants à nous écrire de partout dans le monde pour nous dire que vous aviez adoré notre livre. Vous avez partagé avec nous vos joies et vos peines. Vous nous avez expliqué pourquoi vous aviez aimé le livre. Vous avez également exprimé une gratitude inattendue à notre égard, parce que vous avez trouvé réconfort et soutien dans ce *Bouillon de poulet*.

Dans vos lettres, la plupart d'entre vous se sont dits préadolescents :

J'ai 12 ans. À mon avis, cet âge est un des plus difficiles de la vie. Nous ne sommes plus des enfants, mais nous ne sommes pas encore des ados. Nous voulons avoir des droits et des responsabilités, mais nous ne sommes pas prêts à accepter les rôles des adultes. À certains moments, nous voulons être plus vieux que notre âge. À d'autres, nous voulons avoir deux ans à nouveau, sans souci autre que le choix du meilleur moment pour faire une sieste! Certains croient que treize ans, c'est le début de l'adolescence, mais je crois personnellement que nous sommes des préados jusqu'à l'âge de 14 ans environ. Je veux donc dire ceci à tous les préados du monde qui ont des sautes d'humeur, qui ressentent et pensent la même chose, qui avancent difficilement vers l'adolescence: jouissez de chaque instant de la vie et ne grandissez pas trop vite. Et surtout, rappelez-vous que vous n'êtes PAS seul!

Aubrey Nighswander, 12 ans

Nous avons aussi reçu des requêtes telles que la suivante:

Je suis une jeune lectrice de vos livres. Je les aime vraiment beaucoup. Mais j'ai remarqué que vous n'avez pas de Bouillon de poulet pour l'âme des préados. *J'ai onze ans et la version pour les enfants est trop bébé pour moi, tandis que celle pour ados est un peu trop vieille. J'aimerais vraiment qu'on publie un livre pour les jeunes de dix à douze ans. Je suis certaine que d'autres jeunes de mon âge qui ont lu vos livres pensent la même chose.*

Kristi Lafree, 11 ans

La suite de *Bouillon de poulet pour l'âme de l'enfant* était censée s'appeler *2e Bol de bouillon pour l'âme de l'enfant* et était destinée aux lecteurs âgés entre neuf et treize ans. Cependant, quand nous nous sommes rendu compte que vous ne vous considériez ni comme des enfants, ni encore comme des adolescents, nous avons remplacé le titre prévu par *Bouillon de poulet pour l'âme des préados*.

Certains sujets de *Bouillon de poulet pour l'âme de l'enfant* sont abordés différemment dans *Bouillon de poulet pour l'âme des préados*. D'autres sujets se sont rajoutés dans ce dernier, par exemple le besoin croissant de faire cesser la violence, tant dans nos écoles que dans notre monde en général.

Dans ce livre, nous avons indiqué plusieurs numéros de téléphone et sites Web qui peuvent fournir information et soutien aux jeunes qui sont aux prises avec différents problèmes. Ils peuvent vous aider à entamer le processus de guérison dont vous auriez désespérément besoin.

Nous espérons que les histoires et autres textes de nos auteurs participants, dont certains sont célèbres, qui ont mis temps et effort pour vous inspirer, soient un bienfait.

Si la solitude te pèse ou que tu as besoin de te confier, nous souhaitons que les histoires de ce *Bouillon de poulet* te réconfortent et te fassent sentir que tu n'es pas seul(e).

Si une ou un ami(e) te rejette ou te trahit, sache que tu mérites l'amitié d'une personne qui fait preuve de plus de loyauté et de gentillesse à ton égard. Puisses-tu trouver cette amitié.

Si une personne chère de ton entourage décède, nous espérons que tu trouveras une façon de célébrer chaque jour le souvenir de cette personne et d'apprécier le meilleur qu'elle t'a laissé.

Si une personne se moque de toi ou te critique, dis-toi que c'est elle qui a un problème, pas toi.

Souhaitons qu'au moins une histoire t'incite à la créativité et à la détermination qui te permettront de mettre tout en œuvre pour réaliser tes rêves.

Tu es une personne unique. Tu existes pour apporter ta contribution à ce monde et pour y connaître la joie. Profites-en. Fais de ce monde un monde meilleur. N'oublie pas de rire. Donne de l'amour et accepte celui qu'on te donne. Profite de ces années. Elles passent si vite.

Et surtout, que Dieu te bénisse.

1

RÉALISER SES RÊVES

S'il n'en tenait qu'à moi,
Le pauvre serait fortuné,
L'aveugle pourrait voir,
L'affamé pourrait manger,
Le faible serait fort
Et tous les gens seraient d'accord.
Les avares partageraient,
Les hostiles aimeraient.
L'assoiffé s'abreuverait
Et le sourd entendrait.
La peine et la tristesse disparaîtraient,
Voilà comment le monde serait
S'il n'en tenait qu'à moi.

Sara Alfano, 11 ans

Où est Carmen?

Ma mère me disait toujours : « Saisis l'occasion lorsqu'elle se présente. » Autrement dit, ose!

Michael Thomas

Que peut-on apprendre des animaux en peluche, ces petites choses douces et tendres qui ne parlent pas? Un été, ma fille aînée et le reste de la famille en ont appris beaucoup.

Nous venions de voir une émission de télévision sur un reporter qui avait parcouru toute l'Amérique en auto-stop. Le premier commentaire de ma fille Ashley avait été : « J'aimerais faire pareil! » Évidemment, je ne voyais vraiment pas ma fille de dix ans faire un jour du stop à travers l'Amérique. Pourtant, je désirais encourager cet esprit d'aventure qui l'habitait.

Trois ans plus tôt, on avait diagnostiqué un cancer chez Ashley. Après son intervention chirurgicale, elle s'était montrée timide et méfiante devant des situations ou des personnes nouvelles. Même si elle était maintenant guérie, les tests et les interventions désagréables qu'elle avait subis l'avaient rendue craintive de prendre des risques ou de s'aventurer hors de son monde connu. Le jour où nous avons écouté l'émission de télévision, donc, j'ai réfléchi pour trouver un moyen de lui permettre de parcourir le pays en auto-stop sans quitter la maison. C'est ainsi que Carmen est née.

Carmen est un ourson en peluche qu'Ashley a reçu en cadeau durant son hospitalisation. Nous avons trouvé le compromis suivant: Carmen voyagerait en auto-stop à la place d'Ashley. Nous avons acheté un cahier qui servirait de carnet de bord ainsi qu'un sac dans lequel Carmen voyagerait. Avant de laisser Carmen partir, Ashley a écrit cette lettre dans le carnet de bord qui accompagnerait Carmen.

Je m'appelle Ashley et j'ai 10 ans. Une fois, à la télévision, j'ai vu un reportage sur des enfants qui envoient leur ourson voyager en avion. Ensuite, j'ai vu un reportage sur un reporter qui a parcouru toute l'Amérique en auto-stop. Malheureusement, nous ne vivons pas près d'un aéroport, et de toute façon mes parents ne me laisseraient jamais partir en stop. Comme Carmen ne peut pas marcher, pourriez-vous l'aider à se déplacer?

Carmen, c'est mon ourson. Elle est très spéciale. Je l'ai reçu en cadeau quand j'ai dû aller à l'hôpital. Carmen aimerait aller dans les cinquante États américains si c'est possible. Mais, elle aura besoin de votre aide. (Elle pourrait même aller à Disneyland.) Maman dit que nous irons à Disneyland seulement lorsqu'elle n'aura plus à porter ma petite sœur. S'il vous plaît, emmenez Carmen avec vous et veillez sur elle. Dites-lui qui vous êtes pour ne pas qu'elle se sente seule. Elle va me manquer. Alors prenez-en grand soin. Je lui fais porter ma broche d'ange gardien pour la protéger.

Écrivez un petit mot sur vous-même dans son carnet de bord, puis confiez Carmen à quelqu'un d'autre. Elle veut rencontrer le plus de gens possible. Si vous la gardez pendant plus d'une journée, s'il vous plaît essayez d'écrire dans son carnet de bord chaque jour: Où allez-vous? Où avez-vous rencontré Carmen? Quelles routes avez-vous empruntées? D'où venez-vous? Quel âge avez-vous? Avez-vous des enfants? Avez-vous des sœurs? Moi oui, et parfois je ne les aime pas. (Maman dit que je ne peux pas dire « haïr »; mais je peux dire que je ne les aime pas et parfois pas du tout!)

Je pense qu'en septembre Carmen sera prête à revenir à la maison. Vous trouverez 5 $ dans son porte-monnaie. Quand elle sera prête à rentrer, mettez-la dans une belle boîte solide avec son carnet de bord et son sac, puis renvoyez-la à l'adresse indiquée.

À cette adresse, quelqu'un en prendra soin en attendant que je vienne la chercher. Si vous désirez avoir des nouvelles de Carmen après son retour à la maison, laissez vos nom et adresse dans son carnet et nous vous enverrons un mot.

Merci de prendre soin de Carmen et merci de prendre le temps d'écrire dans son carnet.

Vos nouveaux amis,

Carmen et Ashley

Un de nos amis, Phil, travaille comme patrouilleur routier. Nous lui avons demandé s'il voulait prendre Carmen avec lui pour commencer son voyage. Un après-midi, Phil a aperçu une automobiliste d'un autre État qui ne portait pas sa ceinture de sécurité. Après lui avoir fait signe de se ranger, il a expliqué à la dame qu'il ne lui donnerait pas de contravention si elle acceptait d'emporter Carmen avec elle. Naturellement, elle a accepté! C'est ainsi que Carmen a commencé sa tournée des États-Unis.

L'été a passé vite: activités de toutes sortes, vacances en famille, visite aux grands-parents et plaisirs d'été. Chaque jour, Ashley demandait si un paquet était arrivé pour elle. Chaque jour, la réponse était non. Au milieu de septembre, nous commencions à croire que les chances de revoir Carmen étaient minces.

Puis, le 24 septembre, Carmen est revenue à la maison dans une boîte de 25 cm qui portait un timbre-poste d'Hawaï! Le carnet de bord était rempli de notes écrites par toutes les personnes qu'elle avait rencontrées dans toutes sortes d'endroits. Elle portait un chapeau de paille du Wisconsin pour protéger ses yeux du soleil; un collier indien de Cherokee, en Oklahoma; un autographe de Mickey Mouse parce qu'elle était allée à Disneyland; une photo d'elle célébrant la fête nationale à St. Louis; une autre photo d'elle qui se fait « bronzer » dans une piscine en Arizona. En tout, Carmen a visité seize États, y compris Hawaï. Pas si mal pour un voyage de cinq mois!

Carmen est revenue avec beaucoup plus que des souvenirs matériels. Elle est revenue avec des amis qu'une petite fille de dix ans de la campagne de l'Iowa n'aurait jamais eu la chance de rencontrer par elle-même. Ashley a écrit des lettres à toutes les personnes qui ont aidé Carmen à faire son voyage. Elle les a toutes remerciées de leur aide et de leur amitié.

Peu après le mois de septembre, des gens de notre patelin ont entendu parler de l'ourson Carmen et ont demandé à Ashley de faire une présentation sur Carmen devant plus de cent personnes. Ashley a terminé sa présentation en disant: « Soyez gentils avec les oursons qui voyagent! Et si vous avez besoin d'un compagnon de voyage, emportez Carmen car il lui reste 34 États à visiter! »

Depuis la présentation de Ashley, Carmen est devenue une grande voyageuse. Nous attendons d'ailleurs son retour d'un jour à l'autre. En fait, elle devrait déjà être revenue à l'heure qu'il est. Nous avons hâte de la revoir.

Je n'aurais jamais cru qu'une petite boule de peluche pouvait enseigner tant de choses: la patience de voir ce qui peut arriver si on est prêt à attendre; la capacité d'imaginer toutes les choses merveilleuses qui peuvent survenir; le courage de prendre des risques et de laisser les choses arriver; et la foi en tous ces gens et en leur bonté.

Savez-vous le meilleur de toute cette histoire? Après avoir lu le carnet de bord, regardé les photos et retracé la route suivie par Carmen, j'ai ouvert le petit porte-monnaie qu'Ashley avait mis avec Carmen. À l'intérieur, plié en quatre, se trouvait encore le billet de cinq dollars avec lequel Carmen était partie cinq mois plus tôt.

Marieta Irwin

Laissons les sacs-poubelles aux poubelles

Pourquoi existons-nous, sinon pour nous rendre la vie moins difficile les uns les autres?

George Eliot

En traversant le boudoir pour aller me coucher, je jette un coup d'œil à la montagne de sacs de voyage qui s'élève jusqu'au plafond. Chaque sac contient un animal en peluche, un porte-adresse et un petit mot de ma part. Il y a cinq mille sacs en tout, un pour chacun des enfants qui vivent en famille d'accueil dans trois États. Mon rêve est en train de se réaliser. Moment important.

Une fois dans mon lit, juste avant de m'endormir, je ferme les yeux et repense à la façon dont tout a débuté…

Lorsque j'étais en deuxième année, je suis allée en France avec mes parents et mes deux frères, Brock et Cory. Mes frères et moi avions participé à un concours où il fallait proposer un projet pour améliorer le monde. Nous avons gagné et avons accompagné sept autres enfants qui représentaient les États-Unis à un congrès mondial tenu à Paris. Au total, neuf cents enfants de partout dans le monde se sont ainsi réunis pour discuter des problèmes dans le monde. Durant ces quelques jours, nous avons échangé des idées sur les solutions possibles et nous avons eu beaucoup de plaisir.

Pendant que j'étais en France, j'ai rencontré deux jeunes garçons placés en famille d'accueil. En faisant connaissance avec eux, j'ai appris beaucoup sur la vie des enfants qui vivent en famille d'accueil. Ils m'ont raconté que lorsqu'un enfant entre dans le système des familles d'accueil, il perd non seulement ses parents et sa maison, mais parfois aussi ses frères et ses sœurs. Car ce ne sont pas toutes les familles d'accueil qui veulent s'occuper de plusieurs frères et sœurs en même temps. Les enfants placés en famille d'accueil perdent également la plupart de leurs jouets et de leurs vêtements. Les deux garçons m'ont dit qu'un travailleur social arrive à la maison de l'enfant et lui donne seulement un sac-poubelle pour mettre quelques affaires personnelles. Ce sac-poubelle est la valise que l'enfant traîne ensuite avec lui d'une famille à l'autre.

J'ai été vraiment peinée d'apprendre cela. Je ne peux pas m'imaginer vivre sans ma famille et ma maison, encore moins avec un simple sac-poubelle. Les sacs-poubelles sont faits pour les poubelles, et non pour transporter ses affaires personnelles.

Après mon voyage en France, j'ai vu un film sur une fille qui vivait en famille d'accueil. C'était pareil à ce que les deux garçons m'avaient raconté au congrès. J'ai pleuré en regardant le film. C'est à ce moment que j'ai décidé d'aider les enfants placés en famille d'accueil. Ces enfants ont besoin de mon aide, me suis-je dit, parce qu'on ne les respecte pas comme on le devrait.

Tous les membres de ma famille font du bénévolat. Mes frères Brock et Cory ont entrepris un projet après avoir vu une émission télévisée qui parlait d'enfants morts dans un incendie. Ces enfants étaient morts parce que le service de pompier n'avait pas la caméra spéciale qui permet de voir à travers la fumée et de repérer les personnes prisonnières d'un incendie. En 1996, mes frères ont donc commencé à amasser de l'argent pour le service de pompier de notre municipalité. Évidemment, je les ai aidés. J'avais seulement quatre ans, mais ils m'ont confié la « direction artistique ». Mon travail était de colorier toutes les enveloppes d'information que mes frères distribuaient. Je les ai aidés jusqu'à l'âge de sept ans, puis j'ai entrepris mon propre projet pour aider les enfants en famille d'accueil.

Pour commencer, j'ai demandé à ma mère de visiter avec moi les ventes de garage pour trouver des valises ou des sacs de voyage peu coûteux. J'expliquais à la personne qui tenait la vente de garage ce que je voulais faire avec la valise ou le sac, et la plupart du temps la personne me donnait le sac gratuitement, sans me demander d'argent. J'ai essayé de me mettre dans la peau des enfants placés en famille d'accueil, et je me suis dit qu'ils aimeraient sûrement avoir un animal en peluche dans leur sac. Si j'étais dans leur situation, j'aimerais sûrement avoir un compagnon de peluche que je pourrais serrer dans mes bras dans les moments de tristesse ou de solitude. Les gens qui tenaient les ventes de garage me donnaient donc aussi gratuitement des animaux en peluche.

En octobre 1998, j'ai aidé à organiser une collecte de sacs de voyage durant la journée annuelle « Générosité » de notre ville. Quelques politiciens importants sont venus offrir leur soutien, et j'ai eu l'idée de faire mettre de la peinture sur leur main pour qu'ils l'appliquent ensuite sur une grande bannière afin de montrer qu'ils nous avaient aidés ce jour-là. Beaucoup d'enfants m'ont aidée à tremper les mains des politiciens dans la peinture. C'était rigolo de voir ces hommes importants avec les mains pleines de peinture.

Les politiciens sont retournés à Washington et ont parlé de notre projet à d'autres personnes importantes. Par la suite, une entreprise a créé un fonds pour moi et fait un don de 15 000 $. Je suis la plus jeune personne à qui ils ont donné de l'argent. Grâce à ce don, un journaliste a écrit un article au sujet de mon projet en première page du *Washington Post*. Le plus incroyable, c'est que le président des États-Unis et Mme Clinton ont lu l'article et ont voulu me rencontrer! J'étais vraiment excitée! Ils ont été charmants avec moi, et j'ai donné au Président un de mes sacs avec une peluche dedans pour qu'il le donne à un enfant placé en famille d'accueil. Quelques jours plus tard, il m'a fait parvenir des sacs de sa propre collection pour que je les donne à des enfants en famille d'accueil, ce que j'ai fait.

Grâce à l'attention que les médias y ont accordée, mon projet a ensuite pris beaucoup d'ampleur. Des stations de radio m'ont téléphoné pour avoir des entrevues sur mon projet. J'ai aussi participé à des émissions de télévision. Beaucoup de gens m'ont entendue à la radio ou vue à la télévision et m'ont téléphoné pour m'offrir leur aide.

Chaque semaine, j'appelais mes amis et des membres de la parenté pour m'aider à trouver des sacs. J'ai toujours reçu une réponse positive. Même mes camarades de classe ont aidé. Mon enseignante a expliqué à la classe ce que je faisais, et tout le monde s'est mis à apporter des animaux en peluche et des sacs de voyage à l'école. Un de mes amis a apporté dix gros sacs remplis d'animaux en peluche!

J'attache à chaque sac un porte-adresse que j'ai moi-même conçu. Sur chaque porte-adresse, il y a la photo d'une fille avec une valise sur roulettes. Dans chaque sac, je mets une peluche et un petit mot pour leur faire savoir que je les aime et que j'ai à cœur leur sort. Ma mère m'a aidée à dactylographier ce petit mot:

Cher(ère) ami(e),

Je m'appelle Makenzie Snyder. J'ai neuf ans et je suis en troisième année. Je ramasse des valises et des sacs de voyage pour aider les enfants qui en ont besoin. Dieu m'a dit que tu pourrais avoir besoin d'un sac de voyage et d'un compagnon de peluche, alors je te les envoie affectueusement. Je veux que tu te sentes toujours aimé, surtout de moi. Et n'oublie jamais trois qualités essentielles: l'optimisme, la politesse et la persévérance.

Avec affection

Ton amie Makenzie Snyder

Lorsque les sacs de voyage sont prêts, je téléphone aux travailleurs sociaux pour leur dire de venir les chercher afin de les distribuer. Je reçois beaucoup de soutien: des grandes entreprises, des écoles, des églises, des organismes de charité, des personnes qui font des dons, d'autres qui envoient des sacs et des peluches. J'ai même participé au *Rosie O'Donnell Show!*

Plusieurs milliers de sacs ont été distribués jusqu'à maintenant, et il y en a cinq mille qui attendent dans le boudoir en ce moment. Ces sacs vont être donnés à des enfants du Maryland, de Washington, D.C. et de Virginie.

Beaucoup de personnes m'ont aidée, en particulier mes parents et mes frères. C'est d'ailleurs mon frère Brock qui a trouvé le nom de mon projet. Il a dit qu'on pourrait le nommer « D'un enfant à l'autre » puisqu'il s'agit d'enfants qui savent ce que d'autres enfants ont besoin et qui les aident à se le procurer. Mes frères m'ont également recommandé d'envoyer un mot de remerciement aux gens qui apportent leur aide. Au début de mon projet, ils m'avaient dit que, pour réussir mon projet, j'allais devoir travailler fort, téléphoner à des tonnes de gens et ne jamais abandonner... C'est ce que j'ai fait.

Je sais que c'est seulement le commencement. Il y a 530 000 enfants placés en famille d'accueil aux États-Unis. Mon rêve est que chacun de ces enfants reçoive un sac de voyage et un compagnon de peluche. Je suis certaine que c'est possible si tout le monde apporte sa contribution. C'est beaucoup de travail mais je ne m'en fatigue jamais. Je me rappelle la petite fille dans le film qui m'a fait pleurer et je me dis que, si elle avait reçu un de mes sacs de voyage, elle aurait eu le sentiment d'être importante pour quelqu'un. Je voudrais qu'aucun enfant ne vive ce que cette fille vit dans le film ou ce que les deux garçons du congrès ont vécu. D'un enfant à l'autre, c'est de cela qu'il s'agit.

Makenzie Snyder, 9 ans

NOTE DE L'ÉDITEUR : Si vous voulez de l'information sur le projet « D'un enfant à l'autre » (Children to Children), visitez le site Web de Makenzie, www.childrentochildren.org.

La nuque de David

*Fais-toi confiance plus fort que ceux qui ne
te font pas confiance.*

August Wilson

Je ne supportais pas la cinquième année. Je
n'aimais pas le lait tiédi de mon dîner qui avait passé
l'avant-midi dans une boîte à lunch près du radia-
teur. Je n'aimais pas non plus la récréation parce que
je n'avais jamais mon tour aux balançoires. Mais
surtout, je n'aimais pas mon enseignante, Mme
Kelly, parce que j'étais certaine qu'elle ne m'aimait
pas.

Mme Kelly ne me demandait jamais de passer
les livres ou de ramasser les examens. Elle me faisait
asseoir au fond de la dernière rangée, derrière David
Abbot, le plus gros élève de toute la classe. En fait,
David était plus gros que la plupart des élèves de
huitième année et il ne se lavait jamais. Jamais. Tout
ce que je voyais à longueur de journée, c'était la
nuque de David.

Au début de l'année scolaire, Mme Kelly nous
avait expliqué les règlements de la classe. Entre
autres, elle nous avait indiqué comment demander
d'aller aux toilettes: il fallait lever la main en laissant un ou deux doigts dans les airs, selon que nous
avions une petite envie ou… une grosse envie. Selon
le nombre de doigts, donc, Mme Kelly savait ce que
nous allions faire aux toilettes et le temps que cela
nous prendrait. Toute la classe riait quand quelqu'un
levait la main avec deux doigts dans les airs.

Un lundi d'octobre, Mme Kelly annonça: « Rangez vos livres et sortez votre cahier de composition. Aujourd'hui, je veux que vous rédigiez une composition dont le titre sera "Quelque chose d'intéressant". Vous devez raconter une chose intéressante que vous avez vue. Ne prenez pas un sujet sur lequel vous avez déjà écrit. »

« Peut-on écrire sur Disneyland? » demanda Maureen Murphy. Tous les élèves de la classe savaient que Maureen était allée à Disneyland plus souvent que quiconque à l'école.

« Ce sera parfait, Maureen », répondit Mme Kelly avec un sourire.

J'ouvris mon cahier noir et blanc. Je fis exprès de ne pas voir l'énorme I écrit au stylo rouge en travers du titre de ma dernière composition, « Mes vacances d'été ». La lettre I signifiait « Insatisfaisant ». Je n'avais plus besoin de lire les commentaires que Mme Kelly avait écrits sous le I, car je les connaissais par cœur:

Le sujet de cette composition est ton voyage en train de l'été dernier, mais tu as déjà écrit sur ce voyage dans une composition de 4ᵉ année. Par conséquent, ta composition est insatisfaisante. Ta calligraphie est également insatisfaisante.

Je me fichais bien de son commentaire sur ma calligraphie: elle l'écrivait sur tous mes travaux. Ce qui me dérangeait, c'est que Mme Kelly n'accepte pas que j'écrive au sujet de mon voyage en train à Denver, le seul que j'avais fait dans ma vie. C'est vrai que j'avais rédigé une composition là-dessus en 4ᵉ année. Toutefois, ma composition de 4ᵉ année parlait de toutes les choses que j'avais vues par les fenêtres du train, alors que ma composition de 5e année parlait de l'hôtel de Denver qui possède des ascenseurs en verre.

Mme Kelly écrivit ensuite le plan de rédaction au tableau: un paragraphe pour l'introduction, trois paragraphes pour la description détaillée du sujet, puis un dernier paragraphe pour la conclusion. Je savais que Maureen Murphy avait un cahier de composition rempli de *E* pour *Excellent* et même de *S* pour *Supérieur*, tandis que ma meilleure note avait été un *F*. En dépit des remarques que Mme Kelly écrivait en rouge, j'aimais vraiment remplir les pages de mon cahier de composition avec des mots et des idées. Pendant que Mme Kelly finissait d'expliquer, je fronçai les sourcils et regardai la nuque de David.

Je remarquai alors que la nuque de David ressemblait à une forêt brune qu'un long sentier brun et broussailleux traversait jusqu'au haut de sa colonne vertébrale. Trois gros grains de beauté bruns émergeaient de l'orée de cette forêt. Le dessus de sa tête ressemblait à un porc-épic de dessins animés avec des poils bruns droit dans les airs. Les oreilles de David étaient rougeaudes avec des lobes dodus qui collaient à son cou lorsqu'il levait la main avec un seul doigt en l'air. L'examen de la nuque de David me donna une idée: ma prochaine composition serait différente. Elle regorgerait d'imagination; elle ne serait pas ennuyante et ne me mettrait plus dans l'embarras, moi qui n'étais jamais allée plus loin que Denver.

J'ouvris donc mon cahier de composition et commençai à écrire. J'écrivis et j'écrivis encore, jusqu'à ce que j'entende Mme Kelly dire: « Mary Ellyn, c'est la troisième fois que je te nomme; c'est l'heure de se mettre en rang pour retourner à la maison. Mais comme tu n'écoutes pas, tu vas rester en retenue pour écrire cent fois *Je serai attentive en classe*. »

Deux jours plus tard, Maureen fit le tour de la classe dans ses beaux souliers en jetant un coup d'œil sur les cahiers de composition des autres. Je ne tins pas compte de son petit sourire narquois et ouvris mon cahier. Je passai rapidement toutes les pages qui portaient les mentions *F* et *I*. J'avais hâte de voir quelle note j'aurais pour ma belle composition, « La nuque de David ».

J'étais très impatiente de voir ma note. Malheureusement, quand mes doigts arrivèrent enfin à ma toute dernière composition, je demeurai bouche bée. En travers de toute la page, Mme Kelly avait tracé un énorme I, le plus gros et le plus rouge de tous ceux que j'avais eus auparavant. J'eus du mal à lire les mots écrits en rouge dans la marge, car les larmes me brouillaient la vue. Une grosse larme tomba d'ailleurs sur le papier et brouilla la partie du commentaire qui parlait encore de ma calligraphie. Je fermai mon cahier brusquement et levai ma main en laissant deux doigts en l'air. Je me fichais qu'on se moque de moi.

À la salle de bains, je m'effondrai sur un siège de toilette et pleurai longuement. Au bout d'un moment, j'entendis la porte s'ouvrir bruyamment.

« Je sais que tu es ici, Mary Ellyn », lança Maureen Murphy en direction des toilettes. « Mme Kelly dit qu'il vaut mieux pour toi que tu reviennes en classe tout de suite. »

J'attendis d'entendre la porte se refermer. « Attendez un peu, Mme Kelly, vous allez voir », murmurai-je alors d'une voix craintive. « Un jour, je vous montrerai. Un jour, j'écrirai des tonnes d'histoires et je les VENDRAI pour beaucoup d'argent. Un jour mes histoires seront dans des livres! Vous verrez bien! »

Des années plus tard, c'est *exactement* ce que j'ai fait. DOUCE REVANCHE POUR MOI, MME KELLY!

Mary Ellyn Sandford

NOTE DE L'ÉDITEUR: Mme Kelly et les lecteurs seront sûrement contents d'apprendre que les textes de Mary Ellyn ont été publiés dans plusieurs magazines ainsi que dans Bouillon de poulet pour l'âme de l'enfant.

Vive la vie !

Fais ce que tu peux
avec ce que tu as, là où tu es.

Theodore Roosevelt

La première fois que j'ai vu Jeff, c'est quand mon meilleur ami Brian et moi étions en quatrième année. Lorsque notre enseignante nous a présenté Jeff, elle a expliqué qu'il était malade et qu'il ne pourrait pas toujours être en classe.

À cette époque, Jeff était complètement chauve à cause des traitements contre le cancer, alors il portait toujours un chapeau. C'est une des raisons pour lesquelles ça a cliqué entre lui et moi : je suis un garçon manqué et j'adore porter des chapeaux. Moi, on ne me permettait pas de porter des chapeaux en classe, alors que Jeff en portait un en tout temps. À part son chapeau, il était un ami normal pour Brian et moi. Il y avait certaines choses qu'il ne faisait pas aussi bien que les autres enfants parce que son traitement l'obligeait à avoir des tubes dans la poitrine, mais nous ne l'avons jamais considéré comme étant malade. La preuve, c'est qu'il ne se comportait pas comme un malade.

La seule fois que nous pensions à la maladie de Jeff, c'est quand il allait à ses traitements de chimiothérapie. Nous le trouvions différent, mais nous nous disions *Jeff ne se sent pas bien en ce moment*, puis les choses revenaient à la normale. Jeff, Brian et moi aimions beaucoup le sport. Nous adorions nager, courir, sauter sur le trampoline. Pas pour rien que nous sommes devenus les meilleurs amis du monde.

Au fur et à mesure que l'année scolaire avançait, Jeff allait mieux. À la fin de l'année, il était en rémission. Le cancer avait disparu.

Durant l'été entre notre quatrième année et notre cinquième année, Brian, Jeff et moi étions toujours ensemble. Nous adorions être dehors, courir partout et rester à dormir chez l'un ou chez l'autre. Vers la fin de l'été, Jeff est parti en vacances quelques semaines avec sa famille. C'est durant ces vacances que j'ai vécu la soirée la plus mémorable de toute ma vie. Le téléphone a sonné pendant que nous étions à table. C'était la mère de Jeff qui appelait pour dire que Jeff était à l'hôpital. Son cancer était revenu. J'étais sidérée. *Attendez une minute. Qu'est-ce qui se passe?* me suis-je demandé.

Jeff et moi nous sommes parlé au téléphone le jour suivant. Il parlait d'une voix normale. Je n'arrivais pas à croire qu'il était hospitalisé de nouveau. Quelques jours plus tard, ma mère et moi sommes allées lui rendre visite à l'hôpital. Lorsque je suis entrée dans la chambre, Jeff avait l'air vraiment faible. Sa mère nous a alors parlé d'un voyage en Californie où Jeff pourrait subir une greffe de moelle osseuse. Ce voyage représentait une partie importante du traitement. Ce jour-là, dans la chambre d'hôpital, tout le monde était peiné et sérieux, mais la pensée de perdre Jeff ne m'a jamais effleuré l'esprit. Je croyais tout simplement qu'il prendrait du mieux.

Pendant les quelques semaines qui ont précédé sa greffe, Jeff avait la permission de jouer avec nous, mais il devait porter un masque chirurgical à cause du risque d'infection. Je sais aujourd'hui que ses parents souhaitaient qu'il ait le plus de plaisir possible pendant qu'il le pouvait. Un soir, ils m'ont emmenée avec Jeff dans un restaurant chic au pied des montagnes. On aurait dit un rendez-vous galant. Nous étions tous les deux sur notre trente-six pour l'occasion. Moi qui ne porte que des shorts et des chapeaux, je me sentais bizarre.

Lorsque Jeff est parti en Californie pour recevoir sa greffe, je lui ai dit *Bye, on se revoit dans un mois environ!* comme si de rien n'était. Je lui ai écrit pendant qu'il était à l'hôpital, et les lettres qu'il m'a envoyées me parlaient des choses que l'on ferait après son retour. Jamais je n'ai pensé ne plus le revoir.

Un soir, je suis allée faire du patin. Brian était censé me rejoindre à la patinoire, mais il était introuvable. Lorsque je suis revenue à la maison, un peu plus tard, mon père était dans le garage en train de réparer quelque chose. Quand il m'a vue, il est allé dans la maison pour dire à maman que j'étais rentrée. Dès que ma mère m'a vue, elle a demandé à me parler seule à seule dans ma chambre. J'ai pris quelques biscuits au chocolat sur le comptoir et me suis précipitée dans ma chambre. « La mère de Jeff a téléphoné... » est tout ce qu'elle a pu dire, mais j'ai tout de suite compris. Les biscuits se sont mis à goûter le vinaigre dans ma bouche et j'ai commencé à pleurer dans les bras de ma mère. Je n'ai jamais été portée sur les pleurs, mais mon cœur venait de se briser. Une sensation de vide immense m'envahissait. C'était difficile à croire. Brian avait reçu la triste nouvelle juste avant de partir patiner, c'est pourquoi il n'était pas venu.

Ce soir-là, Brian et moi avons parlé durant des heures. Nous n'avions jamais parlé beaucoup au téléphone auparavant, parce que nous étions toujours occupés à faire quelque chose. Ce soir-là, cependant, nous avons parlé et parlé pour nous rappeler Jeff. Puis nous nous sommes inquiétés des parents de Jeff. Avaient-ils les moyens de payer tous les frais médicaux occasionnés par la maladie de Jeff? C'est alors que nous avons eu l'idée de faire quelque chose pour aider, sans trop savoir quoi.

Quand nous avons appris que les parents de Jeff n'avaient pas besoin d'argent, nous avons pensé faire quelque chose qui aiderait tout le monde à se rappeler Jeff, quelque chose qui lui rendrait honneur. Brian et moi avons repensé à une course que nous avions faite tous les trois. Jeff adorait la course, mais il lui avait été difficile cette fois-là de terminer l'épreuve à cause de sa maladie. Il était tellement heureux au moment de franchir le fil d'arrivée! Nous étions heureux nous aussi. *Pourquoi ne pas organiser une course en son honneur?*

C'était une bonne idée. Nous savions qu'il faudrait annoncer abondamment la course pour attirer suffisamment de coureurs, et qu'il faudrait trouver des commandites pour la nourriture et les breuvages. Nous savions déjà à quoi ressembleraient les formulaires d'inscription.

Je sais aujourd'hui que ce désir d'organiser quelque chose faisait partie de notre processus de deuil. Tout au long de cette période, nous nous sommes raconté des histoires au sujet de Jeff. À peu près au même moment, ses parents ont fait don d'un arbre à l'école et nous l'avons planté en mémoire de Jeff. Ce fut un moment difficile pour les parents de Jeff, mais tous ceux qui avaient connu Jeff étaient contents: chacun a jeté un peu de terre autour de l'arbre pendant que les parents de Jeff se tenaient la main en pleurant.

Si nous avions su ce que cela impliquerait, nous n'aurions probablement pas organisé cette course. Mais nous n'étions que des enfants avec une idée géniale, alors nous avons osé. Nous avons pris l'annuaire téléphonique et avons appelé Coors, Pepsi, une compagnie de yogourt, n'importe quoi. « Bonjour, nous voulons organiser une course et nous avons besoin de commandites », disions-nous à celui ou celle qui répondait au téléphone. « À qui devons-nous parler ? » Je me demande si la personne à l'autre bout du fil savait que nous n'étions que des jeunes de 5e année !

Toujours est-il qu'un jour, maman est venue me voir, tout excitée. « Un homme de chez Pepsi a téléphoné pour toi. Qu'est-ce qu'il te veut ? » J'imagine que nous avions été convaincants ! Après lui avoir téléphoné et avoir obtenu son soutien, j'ai parlé de la course à mes parents et ils ont promis de m'aider. L'adjoint du directeur d'école a également participé et en a parlé à l'enseignant d'éducation physique, qui fait de la course à pied. Tous les adultes de notre entourage nous ont encouragés.

Nous avons commencé à écrire des lettres à un grand nombre d'entreprises, ce qui était plutôt amusant puisque Brian a la pire écriture du monde. Je ne sais pas comment les gens ont fait pour déchiffrer ses lettres, mais ils y sont arrivés puisque nous avons commencé à recevoir toutes sortes de cadeaux. La compagnie de yogourt nous a donné cinq cents yogourts gratuits et d'autres compagnies nous ont donné de l'argent.

L'organisation de la course fonctionnait tellement bien que nous avons eu besoin d'un organisateur professionnel. Or, quelqu'un nous a offert gratuitement ses services d'organisateur. La course était devenue quelque chose de gros. Tout le quartier mettait la main à la pâte : on remplissait des paquets, on amassait de l'argent, on écrivait des numéros sur les dossards, on tenait des réunions. Bientôt, toute la ville était au courant de l'événement qui s'en venait.

Le jour de la course a été un succès monstre ! Plein de gens ont couru, ReMax a donné des t-shirts et il y a eu des prix pour ceux qui pouvaient battre le temps du professeur d'éducation physique. Le parc où la course a eu lieu était situé près de la maison de Jeff, là où la procession a passé après les funérailles. Cela a rendu la course encore plus émouvante pour Brian et moi. Et nous avons amassé dix mille dollars ! Nous avons remis cet argent à la société de la leucémie au nom de Jeff.

Encore maintenant, je pense souvent à Jeff. Si quelque chose ne va pas dans ma vie, je me dis *Allez, tu vas t'en remettre, cesse de t'apitoyer sur ton sort. Jeff serait heureux de vivre encore, même une vie difficile.*

La course a eu beaucoup d'impact sur mon existence. Ce qui nous a le plus aidés (et je remercie les adultes pour cela), c'est qu'on ne nous a jamais dit « non ». On nous disait plutôt « si vous voulez, vous pouvez ». Cette expérience m'a aidée dans tout ce que j'ai entrepris depuis, c'est-à-dire que j'essaie d'être positive et persévérante.

J'ai entendu parler d'une expédition à vélo entre Los Angeles et Orlando, et je songe à y participer. Certains de mes amis me trouvent extravagante ; il y en a même qui se demandent si c'est possible de parcourir cette distance à vélo. Évidemment que c'est possible ! *Tu es en vie, bien en vie, alors vive la vie !*

Susan Overton

Un gilet pour chaque chien

Si nous faisions toutes les choses que nous sommes capables de faire, nous serions impressionnés par nous-mêmes.

Thomas Edison

Un jour, ma mère et moi étions assises dans son bureau et nous feuilletions le magazine d'une société de protection des animaux. Il y avait une histoire très triste au sujet d'un chien policier du New Jersey qui s'appelait Solo et qu'on avait envoyé dans un édifice pour attraper un suspect armé. La dernière chose que Solo avait faite avant d'entrer dans l'édifice avait été de lécher le visage de son maître. Quelques minutes plus tard, Solo s'était fait tirer dessus. Il est mort en devoir. En lisant l'article, je devinai comment l'officier avait dû se sentir triste, car j'avais moi-même perdu ma chienne Kela peu de temps avant. À sa mort, on aurait dit que mon monde s'était écroulé. Ma chienne avait toujours été ma meilleure amie.

L'article disait plus loin qu'on avait par la suite organisé une collecte de fonds dans le New Jersey pour aider à acheter des gilets pare-balles aux chiens policiers. Je songeai Chaque chien policier devrait être protégé comme l'est un policier. Je ne suis qu'une enfant, mais pourquoi ne pourrais-je pas faire une collecte de fonds pour protéger les chiens de mon secteur?

On m'apprit par la suite qu'un seul gilet pare-balles pour chien policier coûtait 475 $. Ma mère trouvait que c'était beaucoup d'argent à amasser pour une fille de onze ans, mais elle m'encouragea quand même à essayer.

Je téléphonai au service de police local et appris que leurs chiens avaient besoin de gilets pare-balles. Je me rendis compte alors que j'avais besoin de donner un nom à ma collecte de fonds. Comme j'avais prévu amasser l'argent nécessaire à un seul gilet, j'appelai ma campagne « Sauvez un chien ».

J'imaginai ensuite que les bureaux de vétérinaire et les animaleries seraient de bons endroits pour laisser mes dépliants et mes boîtes de collecte de dons. Pour recueillir les dons, j'utilisais des petites boîtes de mets chinois à emporter, ornées d'une photo de moi et Tiko, le chien que j'avais choisi de protéger. J'avais écrit sur chaque boîte « Faites un don de 1 $ pour aider à protéger la vie de ce chien policier. » Je distribuai ces boîtes chez quelques vétérinaires et dans des animaleries.

Un après-midi, je reçus un appel d'un journaliste de la région qui avait vu mon dépliant. Le journaliste voulait écrire un article sur ma collecte de fonds. *Ça va faire connaître mon projet,* pensai-je. Je demandai alors à l'officier Jim Wall, le maître de Tiko, s'il voulait faire prendre sa photo avec Tiko et moi pour l'article de journal. Il accepta.

Quelques jours après la parution de l'article, je décidai d'aller vérifier s'il y avait des dons dans les boîtes de collecte. J'étais très nerveuse de faire la tournée des boîtes. *Y aura-t-il de l'argent dans les boîtes?* me demandais-je. Je n'étais pas du tout certaine de pouvoir amasser suffisamment de fonds pour acheter un gilet pare-balles. Toutefois, quand je vis le contenu de la première boîte de collecte, je n'en crus pas mes yeux. Les amis des bêtes devaient être nombreux, car la boîte débordait littéralement de pièces de 1 $! Par la suite, j'allai régulièrement vérifier le contenu de mes boîtes. Au bout de trois semaines, j'avais amassé plus de trois mille dollars! Je n'en revenais pas. Non seulement avais-je amassé assez d'argent pour acheter un gilet à Tiko, mais il y en avait assez pour acheter des gilets aux cinq autres chiens du service de police de ma région! Je ne pouvais y croire!

Lorsque les policiers de l'unité canine apprirent que chacun de leurs six chiens allait avoir un gilet pare-balles, ils me remercièrent chaleureusement. Ils décidèrent même d'organiser une cérémonie où je remettrais les gilets aux six chiens en question. Lors de cette cérémonie, je fis la connaissance des autres chiens policiers et de leurs maîtres. J'eus un peu peur de ces chiens au début, mais les policiers m'assurèrent qu'ils étaient très doux. Ils m'expliquèrent que ces chiens n'étaient pas seulement des chiens policiers, mais qu'ils étaient aussi leurs vrais chiens de compagnie. Je songeai alors à ma chienne Kela et au chien Solo. Je voulais faire encore plus pour empêcher que des chiens policiers meurent en essayant de sauver des gens.

Quand je commençai à distribuer les gilets pare-balles durant la cérémonie, des journalistes de la télévision arrivèrent avec leurs caméras. Je ne m'attendais pas à voir autant de représentants des médias! J'étais très excitée de leur parler de ma collecte de fonds. Lorsqu'ils me demandèrent si j'avais l'intention de continuer mon projet pour acheter des gilets pare-balles aux cinquante autres chiens de la région de San Diego, où je vis, je répondis: « Oui! Nous devons protéger ces chiens car ils nous protègent chaque jour! »

Peu après, le téléphone ne dérougissait plus! Chaque jour, des journalistes téléphonaient pour des entrevues. Ils voulaient plus d'information sur ma collecte de fonds et sur les endroits où faire les dons. Les médias sont tellement influents que les gens se mirent à envoyer des dons par la poste!

Quand j'y repense, je dois dire que le succès de « Sauvez un chien » m'a d'abord étonnée. Mais je me suis rendu compte ensuite que beaucoup d'autres gens avaient la même opinion que moi au sujet des chiens policiers. Ils voulaient aider mais ne savaient tout simplement pas comment.

Jusqu'à maintenant, j'ai réussi à amasser vingt-cinq mille dollars et à procurer un gilet pare-balles à *tous* les chiens policiers de la région de San Diego! Puis, juste quand je croyais avoir atteint mon plus haut objectif, des gens ont commencé à téléphoner de partout au pays: ils voulaient savoir comment amasser des fonds pour protéger les chiens de leur région. Ma collecte de fonds se poursuit donc dans plusieurs États et j'ai même une page Web qui explique comment monter une campagne de collecte de fonds comme la mienne.

C'est vraiment une récompense de savoir que de plus en plus de chiens sont protégés. Tous mes efforts sont plus que récompensés.

Puis, un jour, après l'école, ma mère m'a dit que la Société pour la prévention de la cruauté envers les animaux (SPCA) voulait me remercier pour mon travail. Ils m'ont donc invitée à New York avec ma mère et m'ont donné un prix ainsi qu'un chèque de cinq mille dollars! Cet argent signifiait dix autres gilets pare-balles!

Je suis très fière que la totalité des fonds amassés soit utilisée pour protéger des chiens policiers. Et je suis renversée d'avoir pu procurer un gilet pare-balles à un si grand nombre de chiens alors que je me demandais si j'allais pouvoir en acheter un seul. Certains soirs, je me sentais fatiguée d'être aussi active, mais je savais que c'était important de recueillir des dons pour sauver ces chiens. La collecte a été beaucoup de travail, mais j'ai appris que la persévérance permet d'accomplir n'importe quoi. Il ne faut pas croire qu'on ne peut rien faire d'important parce qu'on est un enfant. Même lorsqu'une chose semble impossible, on peut y arriver.

Stephanie Taylor, 11 ans

PEANUTS reproduit avec l'autorisation de United Feature Syndicate, Inc.

NOTE DE L'ÉDITEUR: Pour plus d'information sur cette collecte de fonds, visitez le site www.dogvest.com.

Si je pouvais améliorer
le monde,...

... j'éliminerais toutes les armes fabriquées par l'homme et toutes les guerres. Je m'assurerais que tous les gens soient traités également.

Lance Bass, *NSYNC

... je trouverais un objectif positif à chaque habitant de la planète. Je prouverais au monde entier que les gens sont tous égaux quels que soient leur race, leur couleur, leur sexe, leur religion ou leur situation financière. Je rapprocherais un peu plus les gens les uns des autres et je leur rappellerais qu'ils sont tous semblables. Je leur demanderais de réussir leur vie comme êtres humains et de se souvenir que toutes les vies ont la même valeur.

J. C. Chasez, *NSYNC

... je donnerais de la crème glacée à tout le monde. Je ferais plus de place aux enfants et je bannirais toutes les armes et toutes les drogues.

Joey Fatone Jr., *NSYNC

... je ferais en sorte que tout le monde sourie.

Chris Kirkpatrick, *NSYNC

... je mettrais fin au racisme et j'éliminerais les inégalités entre les hommes et les femmes. J'enseignerais la vie à travers la musique.

Justin Timberlake, *NSYNC

... je ferais fondre tous les cœurs gelés et les garderais bien au chaud.

Scarlett Kotlarczyk, 11 ans

… je trouverais une autre façon de tester les médicaments plutôt que de les tester sur les animaux.

Brandon Barger, 13 ans

… je m'arrangerais pour que chaque enfant ait un repas chaud et j'éliminerais la faim.

Timothy Blevans, 11 ans

… j'ouvrirais une grande maison pour tous les orphelins du monde. Il y aurait plein de gens pour m'aider à en prendre soin.

Stacey Bergman, 15 ans

… je ferais prendre conscience au monde que l'important n'est pas ce que les autres pensent de toi, mais ce que tu penses de toi-même. Tu ne devrais pas te dénigrer quand les autres te disent ou te font des choses méchantes, car ce sont eux qui ont besoin d'un peu de *Bouillon de poulet pour l'âme.*

Sarah Hampton, 14 ans

… je retournerais en arrière dans le temps, et je m'arrangerais pour que les gens qui ont découvert les drogues et le tabac ne les découvrent jamais.

Lisa Cline, 11 ans

… je voudrais que tout le monde ait l'esprit ouvert, parce qu'avec un esprit ouvert, on peut accomplir n'importe quoi.

Annemarie Staley, 14 ans

… je m'assurerais que personne ne fait de mal à personne au nom de la religion.

Pratima Neti, 11 ans

… je trouverais un remède pour le diabète. L'ami de mon petit frère souffre du diabète juvénile. Chaque année, ma famille participe à une marche pour le diabète. J'aimerais que cette maladie n'existe pas car l'ami de mon frère doit se faire des piqûres et prendre des médicaments.

Kristin Boden, 13 ans

… je ferais en sorte que tout fonctionne à l'énergie solaire, y compris les usines, les véhicules et toutes les machines. Ainsi, il y aurait bien moins de pollution dans l'air et les gens respireraient mieux.

Tracye Paye, 13 ans

… je donnerais à chaque enfant une grand-mère comme la mienne. Elle n'est pas riche ni célèbre, mais elle a suffisamment d'amour dans son cœur pour ses 21 petits-enfants et arrière-petits-enfants. Et il lui en reste encore. Combien de millionnaires peuvent en dire autant?

Casey Singleton, 18 ans

… je ferais en sorte qu'aucun enfant ne subisse de mauvais traitements.

Kristen Hamilton, 11 ans

… j'aimerais que chaque personne capable donne à sa communauté une heure de son temps par mois pour ramasser les déchets, offrir bain et nourriture aux sans-abri, planter des arbres.

Trevor Burton, 19 ans

… je paierais davantage les enseignants, car les enseignants sont les piliers de tout apprentissage. Sans enseignants, le monde serait un espace inutile pour des gens inutiles.

Angela Rotchstein, 14 ans

… je m'assurerais que tout le monde est capable de lire. Lire est le plus beau cadeau qui soit pour l'esprit et l'imagination.

Jessica Behles, 14 ans

… j'aimerais que les gens acceptent d'être en désaccord au lieu de se battre lorsqu'ils ne s'entendent pas. Après tout, nous sommes tous différents et nous avons chacun notre personnalité. C'est le sel de la vie.

Jill Ananda, 14 ans

… je donnerais à tout le monde l'amour que ma mère adoptive m'a donné. Avant, j'en voulais au monde entier parce que je croyais que personne ne m'aimait et ne pourrait jamais m'aimer. Personne ne voulait d'une fille de 13 ans, mais ma mère adoptive est arrivée et m'a montré qu'elle s'intéressait à moi. C'est vraiment cela que je donnerais à chaque personne. L'amour est tout ce dont le monde a besoin.

Mia Sifford, 17 ans

… je donnerais à tous les enfants du monde une couverture, non seulement pour les garder au chaud, mais pour les réconforter. Nous avons tous besoin de quelque chose de rassurant qui nous aide à oublier les problèmes dans le monde, ne serait-ce que quelques instants.

Steve Hayden, 13 ans

… je dirais à tous les enfants du monde qu'ils peuvent réussir ce qu'ils entreprennent. Il y a toujours une solution à un problème; on n'a qu'à regarder dans son cœur pour la trouver.

Alysia Escalante, 13 ans

... je réparerais le trou dans la couche d'ozone pour que la chaleur du soleil ne nous tue pas.

Nikole Pegues, 11 ans

... je demanderais à chaque personne de l'école de dire une parole aimable par jour à une autre personne. Je voudrais que les membres de chaque famille se disent qu'ils s'aiment.

William Baun, 12 ans

... je voudrais que les gens se parlent plus et s'écoutent plus. Je voudrais que tout le monde ait du temps pour jouer.

Neil Gogno, 9 ans

... je cesserais la violence qu'il y a à la télévision, car c'est là que les gens prennent l'idée qu'on peut blesser ou tuer quelqu'un. L'autre jour, alors que ma belle-mère et moi passions d'une chaîne de télé à l'autre, nous avons vu sept armes à feu et trois actes de violence en une seule minute. Même mon chien a eu peur !

Bethany Hicks, 12 ans

... je ferais du monde un endroit meilleur sans bombardements ni fusillades.

Chap Arst, 13 ans

... je voudrais que chacun et chacune ait au moins une grande amitié sur laquelle il ou elle peut compter.

Andrea Hawsey, 11 ans

... je créerais des véhicules qui fonctionnent à partir de déchets de source naturelle afin d'éliminer la pollution.

Rosie Huf, 11 ans

... je mettrais sur pied plus de clubs et d'activités qui aideraient les gens à se tenir loin des gangs, de la drogue et du crime.

Stacy Luebbe, 14 ans

... je ramènerais pour toute une journée les êtres chers que nous avons perdus.

Rita Koch, 10 ans

... je m'assurerais que tous les enfants du monde peuvent aller à l'école et ont les livres *Bouillon de poulet pour l'âme* pour ne pas se sentir seuls.

Allison Opsitnick, 12 ans

... je replanterais les forêts tropicales humides partout dans le monde pour que les arbres poussent et que les rivières coulent. Je ferais revenir toutes les espèces animales disparues, sauf les dinosaures!

Kyla Cangemi, 10 ans

Un peu de mon père

Vous devez être vous-même le changement que vous souhaitez voir dans le monde.

Gandhi

Un matin, très tôt, mon père partit travailler en voiture. En chemin, il dut tourner brusquement le volant pour éviter un cerf. La voiture dérapa sur la glace noire, heurta un parapet et fonça sur un camion qui venait en sens inverse. Mon père mourut sur le coup. Il avait 35 ans. La présence de réverbères aurait pu prévenir l'accident, mais il n'y en avait malheureusement pas sur ce tronçon d'autoroute appelé le Marquis of Lorne Trail, en périphérie de Calgary, en Alberta.

J'avais seulement onze ans quand mon père mourut. J'étais dévasté par sa mort, surtout lorsque j'appris qu'elle aurait pu être évitée. Sur une période de deux ans, mon père ainsi qu'un autre automobiliste furent tués sur ce tronçon d'autoroute, et vingt-neuf accidents se produisirent. Je me posais souvent la question *Que pourrais-je faire pour que mon père ne soit pas mort pour rien?*

Le jour où je trouvai une idée fut un grand jour pour moi: je me donnai l'objectif de faire installer des réverbères pour améliorer la visibilité des automobilistes.

Après avoir déterminé ce qu'il fallait que je fasse pour atteindre mon objectif, je fis tous les efforts nécessaires pour l'atteindre. Mais je ne réalisais pas quel travail ce serait! J'étais déterminé et très motivé, et je ne voulais pas qu'une autre personne meure à cet endroit.

Dans mes cours, à l'école, nous étudiions la structure gouvernementale. J'essayai donc de trouver une façon d'exercer des pressions sur l'administration municipale pour qu'elle décide d'installer des réverbères. Avec l'aide de mes camarades de classe, je distribuai des dépliants dans les maisons et les centres commerciaux. Je fis passer une pétition et j'obtins les trois cents signatures qu'il fallait pour attirer l'attention des politiciens responsables de la sécurité routière. Je pris aussi la peine de contacter personnellement ces politiciens pour leur expliquer ce que j'essayais de faire. Étonnamment, plusieurs d'entre eux m'écoutèrent attentivement malgré mon jeune âge. Il y eut finalement une réunion à la mairie au sujet de la nécessité d'installer des réverbères.

Avant la réunion, les médias locaux apprirent ce que j'essayais de faire et en parlèrent. Les journalistes aidèrent à sensibiliser les citoyens au danger du Marquis of Lorne Trail et à la nécessité de poser des réverbères.

Les médias parlèrent beaucoup de mon initiative. Cela sensibilisait les gens de ma région, surtout quand ils apprenaient en plus que j'avais perdu mon père et que je souffrais. Un grand nombre de personnes me racontèrent qu'elles avaient décidé d'aider ma cause parce que ma situation les avait touchées. La pression publique commença à monter. Quatre mois après la mort de mon père sur cette autoroute, le conseil municipal accepta de dépenser 290 000 $ pour faire installer des réverbères.

À certains moments de ma démarche, il fut difficile émotionnellement de raconter l'accident encore et encore. Je dormais mal parfois, et je pleurais. À d'autres moments, j'étais heureux et fier que l'accident de mon père serve à prévenir d'autres accidents mortels.

Presque un an après la mort de mon père, le 16 septembre 1996, je vécus un grand moment de fierté. Sur le bord de la route, avec un walkie-talkie, je donnai le signal aux travailleurs municipaux pour qu'ils allument en primeur les nouveaux réverbères. Durant cette cérémonie, on me remit une plaque commémorative de la Ville de Calgary pour me remercier de mes efforts. Depuis ce temps, le nombre de collisions sur ce tronçon de route a énormément diminué.

J'ai aidé des gens que je ne rencontrerai jamais, mais je pense que j'ai aussi aidé ma mère, mon petit frère, Shaun, et ma petite sœur, Kaitlin, à être plus déterminés pour continuer d'aimer la vie. Je leur ai remonté le moral et eux m'ont soutenu. Nous avons pleuré ensemble. Nous avons ri aussi. Nous avons réfléchi à la vie ensemble. La mort de mon père a resserré nos liens familiaux ; nous avons réussi à faire ressortir quelque chose de positif de cette situation, ce qui a soulagé un peu notre chagrin.

C'est mon père, toutefois, qui m'a le plus enseigné sur la détermination, le courage et la foi. À sa façon à lui, à travers le projet des réverbères, mon père m'a aidé à grandir. J'ai appris que la détermination et l'effort peuvent aider à surmonter bien des obstacles. On peut accomplir n'importe quoi.

La vie continue. Les caméras de télévision sont éteintes et la mairie travaille sur d'autres dossiers. Toutefois, les réverbères seront toujours là pour m'aider à traverser les moments difficiles.

Je sais que ces réverbères vont toujours me rappeler le terrible accident et que j'aurai toujours de la peine d'avoir perdu mon père, mais j'ai la consolation de savoir que l'endroit est plus sécuritaire. Je sens la présence de mon père sur cette route. J'aurai toujours la consolation de savoir qu'un peu de mon père éclaire cette route.

Michael Kavalinas, 16 ans
Racontée par Monte Stewart

Une course mémorable

Treize ans peut être un âge difficile. Dans mon cas, j'ai dû m'adapter à la transformation de mon corps, surmonter le divorce plein d'amertume de mes parents, m'habituer à une nouvelle famille et partir de la campagne pour déménager dans une banlieue peuplée.

Lorsque j'ai déménagé, on a dû vendre mon petit poney brun, compagnon bien-aimé. J'étais anéantie. Impuissante, esseulée, je ne pouvais plus ni manger ni dormir, et je pleurais tout le temps. Ma famille telle qu'elle était avant le divorce me manquait, de même que ma maison et mon poney. À un moment donné, mon père s'est rendu compte que mon poney me manquait et m'a acheté un vieux cheval roux dans un encan de la région.

Cowboy était probablement le cheval le plus moche du monde. Quand il marchait, il avait les pieds et les genoux tournés vers l'intérieur, mais ses défauts ne me dérangeaient pas. Je l'aimais, un point c'est tout. Je me suis inscrite à un club d'équitation. J'y ai entendu toutes sortes de commentaires désobligeants à propos de Cowboy et de son allure. Je ne laissais pas voir mes sentiments, mais ça me faisait beaucoup de peine. Les autres membres du club montaient de magnifiques chevaux.

Le club d'équitation organisait régulièrement des concours. Lorsque Cowboy et moi participions aux concours où le cheval est jugé sur son apparence, on nous montrait rapidement la sortie. Rien ne pouvait embellir Cowboy, ni les soins, ni les vitamines, ni l'amour inconditionnel. Finalement, je me suis rendu compte que je devais me concentrer sur les événements qui faisaient appel à la vitesse. J'ai choisi la course de tonneaux.

Une fille nommée Becky participait aux courses avec une grosse jument brune pure race. Becky était habituée de remporter le premier prix. Inutile de dire qu'elle n'était pas du tout intimidée de me voir arriver avec mon vieux cheval pour la course. Avec raison : je suis arrivée avant-dernière.

C'est le sourire narquois que Becky m'a fait avant cette course qui m'a donné la détermination de persévérer dans l'espoir de lui rafler le premier prix au prochain concours. Tout au long du mois qui a suivi, je me suis levée très tôt chaque matin pour monter Cowboy jusqu'à l'aréna, une promenade d'environ huit kilomètres. Nous nous exercions pendant des heures sous le chaud soleil, puis nous retournions à la maison. Le chemin du retour était très fatigant; les huit kilomètres me semblaient interminables. Même après tous ces efforts, cependant, je n'avais pas confiance en moi lorsque le jour de la course est arrivé. Pendant le tour de Becky, je suis restée assise à la barrière en suant à grosses gouttes pendant qu'elle et son cheval filaient entre les tonneaux avec aisance.

Lorsque mon tour est arrivé, Cowboy a failli tomber en se rendant au fil de départ, au grand plaisir des autres cavaliers. Mais je ne me suis pas découragée, j'ai enfoncé mon chapeau sur ma tête, j'ai caressé le gros cou rouge de Cowboy et j'ai attendu le signal de départ. Au signal, nous avons foncé sur le premier tonneau et l'avons contourné avec précision. Puis nous avons fait le tour des autres tonneaux presque parfaitement avant de prendre le virage final pour nous ruer sur le fil d'arrivée.

À notre arrivée, aucun applaudissement ne s'est fait entendre. Seulement un silence étonnant. Le cœur me débattait lorsque l'animateur a enfin annoncé notre temps. Cowboy et moi avions battu Becky et son pur-sang par plus de deux secondes!

J'ai reçu bien plus que le premier prix ce jour-là. À 13 ans, je me suis rendu compte d'une chose: quelles que soient mes chances, je peux gagner si je travaille assez fort. Je peux être le maître de ma propre destinée.

Barbara L. Glenn

On dit qu'une personne a besoin de trois choses seulement pour être véritablement heureuse en ce monde: quelqu'un à aimer, quelque chose à faire et quelque chose à espérer.

Tom Bodett

Mon rêve américain

Lorsque j'avais trois ans, je vivais dans un orphelinat en Hongrie. Je dormais dans un très petit lit dans une immense chambre avec vingt-cinq autres garçons et filles. J'étais le plus jeune garçon de la place, et on se moquait souvent de moi parce que j'étais le plus petit. Ma sœur, Kristin, me défendait lorsqu'elle le pouvait, mais les garçons les plus vieux étaient vraiment méchants envers moi. On nous avait enlevés à notre mère naturelle lorsque nous étions bébés parce qu'elle ne pouvait pas s'occuper de nous.

Quand j'avais à peu près un an, une dame est venue nous chercher, Kristin et moi. Sa famille est devenue notre famille d'accueil. Nous pensions avoir trouvé un foyer et l'amour d'une mère, mais environ un an et demi plus tard, la dame a décidé qu'elle n'avait plus les moyens de nous garder. Un matin, elle nous a emmenés à l'orphelinat en nous disant que nous allions y passer la journée en visite, et elle n'est jamais revenue.

Nous étions de retour à l'orphelinat depuis six mois lorsque Noël est arrivé. Il n'y avait de cadeaux pour aucun des enfants. Je possédais quelques vêtements seulement et je n'avais aucun jouet. Nous avions deux repas par jour mais le pain était sec et la nourriture, épouvantable. J'avais un bon ami à l'orphelinat qui s'appelait Attila. Nous parlions souvent de ce qui se passerait si quelqu'un venait nous chercher pour nous adopter. Notre rêve était d'avoir une vraie famille et de faire les choses que la plupart des autres enfants faisaient. Par exemple, je n'étais jamais allé nager ou voir un film au cinéma. De temps en temps, Attila, Kristin et moi regardions la seule émission que nous avions à la télévision à l'orphelinat: l'émission des tortues Ninja.

Deux ou trois fois, des gens sont venus à l'orphelinat et ont parlé avec Kristin et moi, mais ils ne sont jamais revenus nous voir.

Un jour, une jolie dame bien coiffée et un homme très costaud portant des lunettes sont venus nous voir, ma sœur et moi. Nous ne comprenions pas ce qu'ils disaient parce que nous parlions seulement le hongrois, mais la petite Hongroise qui les accompagnait nous a raconté qu'ils venaient d'un endroit lointain appelé l'Amérique. Les deux Américains ont passé beaucoup de temps avec nous ce jour-là. Le soir, d'ailleurs, j'ai raconté à Attila quelle belle journée j'avais passée.

Les Américains sont venus nous visiter chaque jour pendant une semaine et nous ont emmenés dans de longues promenades. À un moment donné, la petite Hongroise nous a raconté que le monsieur et la dame désiraient nous adopter et nous emmener avec eux en Amérique. Nous étions tellement excités et heureux.

Lorsque j'ai raconté à Attila ce qui allait arriver, il a été très triste. Il ne voulait pas que nous le laissions derrière. Je lui ai alors suggéré de demander à l'Américain s'il voulait l'emmener aussi en Amérique pour être mon frère. Lorsque le couple d'Américains est revenu, Attila est monté sur les genoux de l'homme et lui a demandé s'il pouvait venir aussi. Toutefois, comme l'homme ne parlait pas hongrois, il n'a pas compris ce qu'Attila avait dit et s'est contenté de sourire.

En fin de compte, Kristin et moi avons pris un gros avion à réaction pour nous rendre en Amérique. Les choses sont très différentes ici, mais nous les trouvons merveilleuses. La nourriture goûte bon, j'ai ma propre chambre avec un grand lit et beaucoup de vêtements. J'ai reçu un animal en peluche juste à moi : c'est mon tout premier jouet.

Tout le monde est gentil depuis le début, et nos voisins nous ont même donné ce qu'ils appellent une bicyclette. J'ai appris très vite à pédaler tout seul. Quand Noël est arrivé, il y avait beaucoup de boîtes sous l'arbre pour Kristin et moi. L'Amérique est un endroit extraordinaire et j'y suis très heureux.

Un an après notre arrivée en Amérique, nous sommes allés à une cérémonie spéciale qui nous a donné le statut de citoyens américains ! Après la cérémonie, deux hommes munis d'une caméra de télévision sont venus et nous ont posé des questions sur la vie que nous avions en Hongrie. Le soir même, nous sommes passés à la télé comme les tortues Ninja !

J'espère qu'Attila nous a vus et je me demande s'il sait que les rêves peuvent vraiment se réaliser.

Ryan Kelly, 10 ans

2

L'AMITIÉ

Si quelque chose te rend triste, je te consolerai,
Si quelque chose te fait peur, je te rassurerai,
Si tu te fais du souci, je te réconforterai,
Si tu veux abandonner, je t'encouragerai,
Si tu te sens perdu et que tu broies du noir,
Je te tiendrai la main et serai ton phare.
Je ferai tout cela, c'est promis.
Pourquoi, me demandes-tu?
Parce que tu es mon ami.

Nicole Richie, 15 ans

L'amie oubliée

L'amitié désintéressée est une des choses les plus rares et les plus belles de la vie.

James Francis Byrnes

C'était mon dixième anniversaire de naissance (je passais à un âge à deux chiffres) et je me préparais à avoir la plus grande fête de ma vie. La liste d'invitées, que je gardais à la fin de mon cahier de devoirs, contenait seulement les noms de quelques amies proches. Toutefois, au cours des deux semaines qui précédèrent le vendredi soir très spécial de ma fête, la liste s'allongea et passa de sept invitées à dix-sept. Presque toutes les filles de ma classe de cinquième année étaient invitées à coucher chez moi pour l'occasion. J'étais très contente lorsqu'elles acceptèrent toutes avec joie mon invitation. La soirée allait être pleine d'histoires d'horreur, de pizza et de présents. Ce que j'ignorais, c'est que j'allais chérir un cadeau beaucoup plus que les autres ce soir-là.

Le vendredi soir de ma fête, le salon chez moi était plein de cris et d'éclats de rire. Nous venions de terminer une partie de Twister et faisions maintenant la file pour jouer au limbo lorsque la sonnette d'entrée retentit. Je n'y fis pas attention car je n'attendais personne : toutes mes camarades d'école que j'aimais étaient déjà chez moi, dans mon salon, et se préparaient à passer sous le bâton de limbo tenu par mes deux sœurs.

« Judy, viens ici une minute », me demanda maman à la porte d'entrée.

Je fis les gros yeux et haussai les épaules comme pour dire *Mais qui peut bien vouloir me déranger en pareil moment?* J'aurais même voulu dire *Ah! Que c'est dur d'être une fille populaire!*

Je sortis de la pièce pour aller voir à la porte d'entrée. En voyant qui c'était, je restai muette d'étonnement. Mon visage rougit. Je n'en revenais pas: à la porte se tenait Sarah Westly, la fille tranquille qui était assise à côté de moi en musique, et elle m'apportait un cadeau.

Je repensai à ma liste d'invitées qui s'était allongée de jour en jour: *Comment avais-je pu oublier d'inviter Sarah?*

Je songeai ensuite à la façon dont j'avais procédé: chaque fois qu'une personne se montrait intéressée à venir à ma fête, j'ajoutais son nom sur la liste. Les enfants s'invitent souvent eux-mêmes aux fêtes d'anniversaire afin de ne pas être exclus, mais Sarah, trop timide, n'avait rien dit. Jamais elle ne s'était informée de ma fête d'anniversaire. Jamais elle ne s'était imposée dans le cercle d'amies qui m'entourait à l'heure du midi. Une fois, même, elle m'avait aidée à porter mon sac à dos pendant que je montais mon projet de science au troisième étage.

J'imagine que j'avais oublié de l'inviter parce qu'elle ne s'était pas invitée elle-même. J'acceptai le cadeau de Sarah et lui demandai de se joindre à nous.

« Je ne peux pas rester », répondit Sarah en baissant les yeux. « Mon père m'attend dans la voiture. »

« Peux-tu rester juste un moment? » suppliai-je presque. Je me sentais mal à l'aise d'avoir oublié de l'inviter et je voulais vraiment qu'elle reste.

« Merci, mais je dois partir », répondit-elle en se tournant vers la porte. « À lundi! »

Je restai devant la porte qui s'était refermée, le cadeau de Sarah dans les mains et un gros vide dans le cœur.

J'ouvris le cadeau de Sarah des heures après la fin de la fête, des heures après les jeux, la nourriture, les histoires de fantômes, la bataille d'oreillers, les blagues à celles qui s'endormaient les premières et les ronflements.

Dans la petite boîte que Sarah m'avait donnée, il y avait un chat en céramique d'environ sept centimètres de haut, avec la queue dans les airs. C'était pour moi le plus beau cadeau, même si je ne suis pas folle des chats. Je sus plus tard que mon chat de céramique était pareil au chat de Sarah, Seymour.

Je ne m'en rendis pas compte à l'époque, mais Sarah était alors ma seule véritable amie. Alors que la plupart des autres filles n'étaient que des copines de passage, Sarah était toujours là pour moi, loyale et rassurante. Elle était une amie inconditionnelle qui m'encourageait et me comprenait toujours.

Je m'en voudrai toujours d'avoir oublié de l'inviter. D'un autre côté, je n'aurais peut-être jamais découvert la précieuse amitié de Sarah si je m'étais souvenue de l'inviter à cette mémorable fête d'anniversaire.

Judith Burnett Schneider

Crache en l'air
et ça te retombera sur le nez !

On reconnaît ses vrais amis à leurs gestes et non à leurs mots.

George Washington

C'était enfin le printemps. Le soleil était haut et le ciel, sans nuages. Les oiseaux chantaient. Les fleurs déployaient leurs couleurs. Mieux encore, c'était samedi, le jour idéal pour jouer dehors avec des amis. Le problème, c'est que j'habitais le quartier depuis deux mois seulement, alors je n'avais pas encore d'amis. Ma famille déménageait souvent. C'est difficile de toujours être la petite nouvelle.

Ce samedi-là, j'étais prise avec mon petit frère John et ma nouvelle gardienne, Mary, pendant que mes parents étaient en voyage d'affaires. Amusante journée en perspective !

Juste au moment de prendre le repas du midi, le téléphone sonna. Je pris le combiné. « Allô ! Résidence des Morrell, Lou à l'appareil. »

« Bonjour Lou. C'est Alicia. »

Mon cœur s'emporta un moment: « Alicia Whitman ? »

Elle gloussa: « Tu connais une autre Alicia ? »

« Non. » Il n'y avait qu'une Alicia: la fille la plus populaire, la plus jolie et la plus riche de ma classe.

« Je t'appelle pour t'inviter à venir chez moi cet après-midi. On pourrait faire une promenade à cheval. »

« Attends. Je vais demander. » Le cœur battant, je courus à la cuisine. « Mary, puis-je aller jouer avec mon amie Alicia cet après-midi ? »

Mary essayait de ramasser les petits pois plus rapidement que mon petit frère les laissait tomber. « Où habite-t-elle ? »

« À quelques maisons d'ici », répondis-je en me remémorant la belle maison de briques devant laquelle nous passions en allant à l'école. Je retins mon souffle.

« Ta mère te laisserait-elle y aller ? »

« Oui, bien sûr. S'il vous plaît, Mary, s'il vous plaît ! »

John laissa tomber toute son assiette de sa chaise haute.

« Eh bien, d'accord », dit Mary en soupirant.

Je me ruai sur le téléphone. « Alicia ? Je peux venir. À quelle heure ? »

« Une heure ? »

« OK, à tantôt. »

J'étais tellement excitée que j'avais du mal à reprendre mon souffle. J'allais jouer chez Alicia Whitman ! Monter à cheval avec elle ! Toutes les filles de la classe voulaient être l'amie d'Alicia.

« Viens dîner ! » appela Mary.

« Je n'ai pas faim. Il faut que je me prépare. »

Je pris le temps de choisir mes vêtements : mon meilleur short, un t-shirt propre et mes chaussures neuves. Je me lavai le visage et peignai mes cheveux. Lorsque je fus satisfaite de moi, j'annonçai à Mary que je m'en allais.

Je sortis de la maison. Le soleil plombait, éblouissant. Voitures et camions filaient sur l'autoroute au loin. Je me moquais de la chaleur et du bruit. J'étais trop occupée à m'imaginer qu'Alicia devenait ma meilleure amie. J'aimais bien Alicia depuis le début. Nous nous ressemblions beaucoup. Nous aimions lire. En classe, nos mains se levaient en même temps pour répondre aux questions. Nous obtenions des A dans nos travaux. Nous pratiquions les mêmes sports, mais Alicia était toujours choisie en premier et moi en dernier. Et nous étions toutes les deux folles des chevaux. Je sentais que nous pouvions être de bonnes amies, à condition qu'on nous en donne l'occasion.

Le trottoir me paraissait interminable. Le chemin ne semblait pourtant pas si long en voiture! Je transpirais dans mon t-shirt et j'avais très mal à un talon. Je m'arrêtai et enlevai ma chaussette : j'avais une grosse ampoule. *Aïe!* Je continuai mon chemin, mais sur la pointe des pieds. *Ce ne devait plus être bien loin, maintenant.*

Quelques pâtés de maisons plus loin, de l'autre côté de l'autoroute, j'aperçus le cheval d'Alicia, Buttercup, dans le pré. Tout ce qu'il me restait à faire, maintenant, c'était de traverser quatre voies de trafic. J'espérais ne pas être en retard!

Les voitures et les camions passaient à toute allure. J'attendis longtemps une trêve qui me permettrait de traverser. Lorsque ce fut le temps, je filai de l'autre côté. *Wow! J'avais réussi!*

De beaux vieux arbres entouraient la maison des Whitman. Leur ombre me fit le plus grand bien. J'arrangeai mes cheveux et mes vêtements. J'avais la bouche sèche. J'espérai qu'Alicia m'offrirait une boisson froide. Je montai les marches du perron et sonnai à la porte.

Personne ne répondit.

Je sonnai de nouveau, puis je frappai. Personne.

Peut-être étaient-ils dans le jardin? Je contournai la maison. Aucune voiture devant le garage. Personne sur la terrasse. Je frappai à la porte arrière.

Aucune réponse.

La cabane dans les arbres était vide, elle aussi. J'y grimpai pour vérifier. Il n'y avait personne, sauf Buttercup, le cheval, qui se baladait encore dans le pré.

Je n'arrivais pas à y croire. *Ai-je mal compris Alicia? A-t-elle bien dit aujourd'hui? Pourquoi m'inviter alors qu'elle n'est pas là? Peut-être est-elle allée me chercher à la maison?* Sûrement! Alicia ne se rendait pas à l'école à pied ou en autobus, songeai-je, c'était une belle voiture noire qui venait la déposer le matin à l'école et l'y attendre le soir. Elle ne s'attendait donc pas à ce que je vienne à pied, conclus-je, et elle était partie me chercher. Nous nous étions tout simplement manquées!

Soulagée, je retournai devant la maison et m'assis sur les marches du perron. J'attendis, j'attendis. Il se fit de plus en plus tard. Pas d'Alicia. Pas de Whitman. Personne.

Je restai assise, la tête dans les mains, plus désappointée à chaque minute qui passait. Finalement, je compris qu'Alicia ne viendrait pas, me levai et repartis chez moi. J'avais honte. Je désirais si fort me faire une amie que je m'étais laissée jouer un vilain tour.

Au cours du week-end, ma honte se transforma et le lundi matin, elle était devenue de la colère. La beauté et la popularité d'Alicia ne lui donnaient pas le droit d'être méchante avec les autres! Lorsque j'aperçus Alicia dans la cour d'école, entourée de son cercle d'amies habituel, je m'approchai rapidement. « Ce que tu as fait est méchant, Alicia Whitman. Je ne veux pas être ton amie, ni maintenant ni jamais! » lui lançai-je avant de tourner les talons.

« Attends! cria Alicia. Qu'est-ce que j'ai fait? »

Je racontai à tout le monde ce qu'elle avait fait.

Alicia fit non de la tête. « Je ne t'ai pas appelée, Lou. Ce n'était pas moi. Ma famille n'était pas à la maison en fin de semaine. »

Quelqu'un rigola et dit: « Mademoiselle est fâchée! »

Je ne fis pas attention et dis: « Alors qui m'a téléphoné, Alicia? Qui m'a joué ce tour? »

Alicia regarda tout autour. Ses yeux s'arrêtèrent sur Morgan, qui se retenait de rire. En plantant son regard dans celui de Morgan, Alicia rétorqua à l'intention de Lou: « C'était un très mauvais tour, Lou. Je ne sais pas qui a fait ça. Chose certaine, cette personne n'est pas mon amie. »

Les joues de Morgan tournèrent au rouge. « C'était seulement une blague, tu vois bien », dit Morgan.

« Certaines blagues ne sont pas drôles, d'accord? » rétorqua Alicia en prenant mon bras.

Toutes les autres filles hochèrent la tête et se rapprochèrent d'Alicia et moi. Morgan ne riait plus, car tout le monde s'éloigna et *la* laissa seule à son tour.

Lou Kassem

Les meilleures amies

Je te croyais ma meilleure amie
La meilleure de toute ma vie
Mais quand j'ai su la vérité
Un doute s'est installé.

Nous nous disons encore amies,
Mais je nous sens désunies.
On se voit tous les jours,
Mais mon cœur est si lourd.

Tu t'es fait d'autres amis
Et j'en ai de nouveaux aussi.
Notre amitié est comme un désert,
Dans mon âme c'est l'hiver.

Je souhaite tous les jours
Que tu sois de retour,
Que tu reviennes dans ma vie,
Que tu redeviennes mon amie.

Whitney M. Baldwin, 12 ans

*C'est le contenu qui importe,
pas le contenant.*

Le Talmud

Directement du paradis

Tu souffriras et tu feras souffrir. Tu éprouve-
ras de la joie et tu éprouveras de la sérénité.

Alison Cheek

Le passage de l'école primaire à l'école secondaire est toujours difficile. Heureusement, à l'époque où je fis le grand saut, j'avais cinq grandes
amies : Kylie, Lanie, Laura, Mindy et Angela. Nous
avons vécu nos plus importants moments ensemble
et nous avons tout partagé, le bon comme le moins
bon. L'amitié de mes amies me nourrissait. Avec
leur aide, je suis devenue une jeune femme pleine
d'assurance et de dynamisme, alors que j'étais une
fillette plutôt renfermée. La vie sans mes amies était
inimaginable. C'est du moins ce que je pensais.

L'inimaginable se produisit par un beau jour de
printemps de ma première année d'école secondaire.
La vie était parfaite. C'était un vendredi et la fin de
semaine nous attendait. Après avoir planifié avec
mes amies ce que nous allions faire durant la fin de
semaine, je les saluai chaleureusement en leur
disant, comme toujours, que je les aimais, et je partis
en compagnie de Laura.

Laura et moi avions décidé d'aller faire quelques courses au centre commercial avant de rentrer
chez nous. De retour chez Laura, je remarquai quelque chose de très bizarre : ses deux parents attendaient devant la maison. Je sentis tout de suite qu'il
se passait quelque chose. Laura sembla également
surprise que son père soit rentré si tôt du travail.
Lorsque nous arrivâmes près de la maison, le père de

Laura annonça doucement : « On a une dure nouvelle à vous annoncer ». Ma gorge se serra et mon cœur se mit à battre fort. *Que va-t-il nous dire ?*

Lorsque je découvris ce qu'il avait à dire, je regrettai d'avoir voulu savoir. Je cherchai réconfort dans le regard de la mère de Laura, mais je n'y vis que des larmes. Lorsqu'elle essaya de parler, les mots restèrent pris dans sa gorge. Elle parvint finalement à sortir cette phrase qui détruisit ma vie à jamais : « Il y a eu un accident. »

Les visages de toutes les personnes que j'aimais se mirent alors à se bousculer dans ma tête. Mon cœur s'emballa. Ma première réaction fut de refuser de croire au malheur. Tout allait bien, rien n'était arrivé, personne n'était concerné, la mauvaise nouvelle disparaîtrait, les choses reviendraient à la normale. Malheureusement, je ne pouvais pas fuir la réalité. Je m'assis sur le bord du trottoir, en état de choc, pendant qu'on m'annonçait la nouvelle.

Mes meilleures amies avaient eu un accident. Lanie et Mindy s'en étaient tirées indemnes. Kylie, toutefois, était gravement blessée. Je remarquai instantanément que personne ne parlait d'Angela. Avant d'oser demander de ses nouvelles, je pris une longue respiration. Au fond de moi, je savais déjà ce que je ne voulais pas entendre. J'essayai de ne pas écouter mon instinct. Après tout, Angela ne pouvait pas être morte. Elle n'avait que quinze ans !

On me mit alors au courant, et je n'eus pas d'autre choix que de faire face à la réalité. Angela était décédée. Sur le coup, j'éclatai de rire. Il fallait que ce soit une blague de mauvais goût. Si je ne pleurais pas, c'est à cause de mon refus intérieur d'accepter la réalité. Aucune larme ne mouilla mes yeux. Je vivais un état de choc intense. Ma vie était changée à jamais.

Lorsque j'arrivai à l'hôpital, Lanie fut la première personne que je vis. Elle était assise dans le couloir. Même si c'était bel et bien elle, ce n'était pas *ma* Lanie à moi. Ma Lanie à moi était pleine de courage. Or, la Lanie que je voyais maintenant avait les yeux d'une étrangère. Pour la première fois de nos vies, nous ne pouvions pas entrer en contact. J'étais dévastée de la voir aussi souffrante. Elle ne pouvait même pas parler.

Comme si ce n'était pas suffisant, toutefois, on m'expliqua que je devais accepter certaines conditions si je voulais voir Kylie. Il fallait que je demeure calme et que je lui dise qu'elle allait s'en sortir. Le plus dur, c'est qu'on insista pour que je ne pleure pas, car il ne fallait pas perturber Kylie. J'acceptai tout de suite ces conditions. Je voulais seulement la voir.

Je pénétrai dans la salle de soins intensifs et trouvai Kylie branchée à toutes sortes de machines. Elle criait et pleurait. C'était difficile de prétendre que tout allait bien alors qu'elle semblait vivre l'enfer. J'avais le cœur brisé. Elle agonisait et je ne pouvais pas l'aider. Lorsque je lui murmurai que je l'aimais, mes yeux se remplirent de larmes; je me retournai vivement et filai vers la porte.

Une fois sortie de la chambre de Kylie, j'essayai de me calmer, mais je paniquai à nouveau lorsque j'appris que le père d'Angela s'en venait à l'hôpital pour voir les amies de sa fille. Mon instinct me dicta de m'enfuir, et c'est exactement ce que je fis. Je courus aussi vite que je pus jusqu'à l'autre bout de l'hôpital. Je ne me sauvais pas du père d'Angela, mais de la vérité. Je ne supportais pas l'idée de lui faire face, car je savais que cela m'obligerait à croire qu'Angela était morte pour toujours. Je n'étais pas prête. Quelque part au fond de moi, j'espérais me réveiller de ce cauchemar horrible. Mais ce n'était malheureusement pas un cauchemar.

Ce soir-là, toutes mes amies se retrouvèrent chez Laura. Nous nous consolâmes les unes les autres et nous remémorâmes nos bons moments avec Angela. Des moments que nous ne revivrions plus jamais. Je ne me permettais pas encore de pleurer ma peine. Si je l'avais fait, cela aurait voulu dire que je croyais à ce qui était arrivé. Je savais que c'était vrai, mais je ne voulais pas l'accepter; alors je ne l'acceptais pas.

Plus tard cette semaine-là, j'allai au salon funéraire. La jeune femme vibrante que j'avais connue était couchée, froide et sans vie, dans un cercueil. Ce n'était pas du tout la Angela que j'avais connue. Ensuite eurent lieu les funérailles. C'est aux funérailles que je sentis l'esprit de ma Angela à moi.

Ce fut merveilleux de voir tous ces gens venir témoigner de leur amour pour Angela. Le microphone était ouvert; tous ceux qui le voulaient pouvaient rendre un dernier hommage à Angela. Je me rendis compte qu'Angela avait touché non seulement ma vie, mais la vie de chaque personne qu'elle connaissait. Elle était mon rayon de soleil; sans elle, mes jours étaient plus sombres. Comment pourrais-je vivre sans l'affection, la chaleur et la confiance de ma meilleure amie?

Je ne croyais pas que ma vie pouvait être pire, mais je me trompais: sans avertissement, mes parents annoncèrent qu'ils divorçaient. Dès que je l'appris, je voulus téléphoner à Angela. C'était toujours elle que j'appelais quand j'étais heureuse ou malheureuse. Mais elle n'était plus là.

Toutes mes amies étaient encore dévastées par la mort d'Angela. Ce n'était sûrement pas le temps de les accabler davantage avec mes problèmes. Finalement, je restai seule avec le sentiment d'être abandonnée. J'enfermai toutes mes pensées, mes questions et mes frustrations à l'intérieur de moi. Je croyais que cela voulait dire que j'étais forte. Il me fallut un long moment encore avant de comprendre que quelqu'un serait toujours là pour moi quoi qu'il arrive : Dieu. Il avait toujours eu le don d'arriver dans ma vie les bras ouverts alors que je n'avais nulle part où aller. Je me rendais compte que Dieu avait une curieuse façon de se manifester. Cette fois, il avait placé dans mon existence une situation de crise dont j'allais sortir grandie.

De façon inattendue, Brenda Hampton, créatrice, scénariste et chef de production de l'émission *7th Heaven* me demanda si j'accepterais de tourner un épisode sur le deuil d'une amie. Je n'avais toujours pas pleuré ma peine. En fait, je faisais semblant. Je faisais semblant que tout allait bien. Or, quand Brenda me demanda si je voulais faire cet épisode, je me rendis compte subitement que j'avais besoin de laisser sortir mes émotions et mes peurs si je voulais passer au travers. J'acceptai donc ce que Brenda me proposait. Elle monta un épisode appelé « La vie n'est que changement ».

Je n'étais pas prête à éprouver la vague d'émotions qui se mit alors à m'envahir. Le tournage de l'émission fut épuisant tant physiquement qu'émotionnellement. Les émotions que je ne voulais pas ressentir depuis l'accident se mirent à déferler et je ne savais pas comment y réagir. Heureusement, je me sentais assez bien pour me tourner vers mes amis et ma famille pour accueillir l'amour, les conseils et la sécurité qu'eux seuls pouvaient me donner. Je pris conscience que je devais accepter ma souffrance. Lorsque les larmes commencèrent à couler, elles coulèrent pendant des semaines. Durant cette période, je découvris une chose : Angela n'était plus avec nous physiquement, mais son esprit ne nous avait jamais quittés.

Un jour, après avoir visité la tombe d'Angela au cimetière, j'ouvris la radio. Les cinq chansons qui jouèrent alors furent les cinq chansons préférées d'Angela et moi. Nos cinq chansons favorites jouèrent d'affilée ! J'arrivai ensuite en haut d'une colline et j'aperçus un arc-en-ciel magnifique. Des frissons parcoururent tout mon corps et j'eus un grand sourire, car j'étais convaincue que c'était un signe. Pour mes amies et moi, en effet, les arcs-en-ciel symbolisaient notre amitié avec Angela. Et voilà qu'Angela m'apparaissait dans cet arc-en-ciel, belle comme toujours, juste pour me rappeler qu'elle était encore à mes côtés et ne m'avait jamais véritablement quittée. Je pleurai, mais cette fois de bonheur et de joie. J'avais compris qu'un ange veillait sur moi pour toujours et que cet ange se nommait Angela.

Beverley Mitchell

On se donne des nouvelles !

Qu'y a-t-il de mieux que se faire de nou-
veaux amis ? Garder ses vieux amis.

Elmer G. Leterman

Il y a deux ans, ma famille a déménagé. Le jour du déménagement, ma meilleure amie et moi avons pleuré durant des heures, assises par terre dans ma chambre vide. Pendant les cinq heures de voiture que ma famille et moi avons ensuite faites pour nous rendre à notre nouveau domicile, je me suis sentie misérable. Mon ancienne vie me manquait déjà, ma nouvelle vie était insupportable.

Quand nous sommes enfin arrivés à destination, je me suis ruée sur le téléphone pour appeler ma meilleure amie et lui donner ma nouvelle adresse ainsi que mon nouveau numéro de téléphone. Nous avons parlé un peu, mais j'ai dû raccrocher rapidement parce que les interurbains coûtent cher.

Le premier jour d'école, j'ai encore téléphoné à mon amie pour lui donner des nouvelles. Puis, à l'Halloween, je lui ai envoyé une lettre et une photo de mes nouveaux amis et moi.

Peu de temps après, elle m'a envoyé une lettre, ou plutôt un amas de bouts de papier qui disaient « Meilleures amies pour toujours ».

Quand j'ai enfin pu correspondre avec elle par courrier électronique, je lui ai écrit les plus longues lettres de ma vie. Je n'ai jamais reçu de réponse. Après ma troisième lettre électronique sans réponse, mes messages ont commencé à raccourcir. À chaque jour, ma colère montait. Je n'ai jamais reçu de réponse.

Ma mère m'a alors conseillé d'appeler d'autres amis et pas seulement cette amie-là. Renoncer à ma meilleure amie? Renoncer à la personne que j'avais connue toute ma vie? La personne avec laquelle j'étais passé des couches aux Barbies au vernis à ongles, et qui avait été dans ma classe de la 1re à la 5e année?

La réponse était claire: pas question! Toutefois, après cinq autres messages électroniques, trois autres appels téléphoniques et deux autres lettres sans réponse, j'ai réfléchi un peu plus à ce que ma mère m'avait dit. Chaque soir pendant environ une semaine, j'ai songé à ses mots. *Devrais-je laisser tomber?*

Il me semblait que, si elle avait vraiment été ma meilleure amie, elle aurait pris une minute pour me téléphoner, pour taper « Bonjour » sur le clavier de l'ordinateur ou pour griffonner quelques mots sur un bout de papier. Pour moi, donner des nouvelles est important; c'est un geste qui fait partie de l'amitié. Elle ne semblait pas s'en préoccuper.

Après deux ans de silence, j'ai finalement reçu un coup de fil de ma meilleure amie. Elle s'est excusée de n'avoir pas écrit et m'a dit qu'elle avait été très occupée. Son appel m'a tellement étonnée que je n'ai pas pensé à lui en vouloir. Je lui ai pardonné. J'imagine que donner des nouvelles n'est pas son genre et qu'elle n'avait pas l'intention de me faire de la peine.

Je me suis rendu compte que les véritables amis ne perdent jamais vraiment le contact. Même après deux ans sans se voir, on aurait dit que nous nous étions vues la veille. Maintenant, elle et moi nous écrivons régulièrement. Du moins elle *essaie,* elle *essaie vraiment.*

Emily Burton, 11 ans

Mon premier solo

Le jour de mon premier solo est enfin venu. Tout le monde est là: ma mère et mon père, mon petit frère. Oncle Scott et tante Tammy sont même passés prendre ma grand-mère à la maison de soins pour qu'elle ne rate pas l'événement. C'est un grand événement, en effet, un concert préparé depuis longtemps. Pour l'occasion, toute la classe s'est mise sur son trente-six. J'ai moi-même déniché une nouvelle robe qu'on a soldée juste à temps pour le grand soir.

Sur la couverture du programme, on peut voir mon nom en jaune vif entouré d'une chaîne de marguerites. « Cindy Hamond... soliste ». C'est exaltant de voir mon nom sur le programme plutôt que celui de Renee Swanson.

Renee et moi sommes dans la même classe depuis la maternelle. Nous participons aux mêmes activités, mais c'est toujours elle la première. Le récital de danse a besoin de quelqu'un pour la finale? C'est Renee qu'on choisit. Il faut vendre des biscuits pour le club de guides? La dame qui vient vous répondre à la porte vous dit l'air désolé qu'elle vient d'en acheter vingt boîtes à Renee Swanson, « une jeune fille charmante »... *Évidemment.* On joue à la balle molle? Renee Swanson occupe le premier but tandis que je la regarde jouer du fond du champ. L'école monte une pièce de théâtre? Renee Swanson décroche le premier rôle alors que je joue sa mère, ou sa sœur, ou sa voisine... Une fois, j'ai joué le rôle de son chien!

La seule fois où je passe avant Renee Swanson, c'est quand l'enseignante appelle les élèves par ordre alphabétique, car mon nom de famille

(Hamond) vient avant le sien (Swanson). Je gagne à tout coup à ce jeu… Qu'est-ce que vous voulez, on se contente des victoires qu'on peut!

Le jour des auditions pour le concert, j'étais extrêmement nerveuse. Nous attendions dans la bibliothèque pendant que Mme Jenkins nous faisait venir l'une après l'autre dans la salle de concert. À un moment donné, Mme Jenkins est arrivée à la lettre H. Mon cœur s'emballait chaque fois qu'elle passait la tête dans la porte pour appeler un nom. Lorsqu'elle m'a enfin appelée, je tremblais comme une feuille.

Lorsque je suis revenue dans la bibliothèque, Renee m'a souri. Un peu plus tard, Mme Jenkins a appelé Renee, qui est sortie tranquillement. Elle était aussi calme et aussi souriante lorsqu'elle est revenue de son audition.

À la fin de la semaine, quand Mme Jenkins est venue nous donner les noms de ceux qui allaient faire partie de la chorale spéciale, je n'étais pas du tout surprise que Renee soit sur la liste et moi pas. « Comme d'habitude », ai-je pensé.

Des applaudissements ont alors interrompu ma réflexion. Tout le monde me regardait. *Oups! J'en ai manqué un bout.* Mme Jenkins est venue me voir: « Cindy, tu vas devoir répéter avec moi durant tes heures d'étude. Le solo demande plus de préparation. »

Le solo? J'ai obtenu le solo? J'ai regardé Renee. Elle a souri et m'a fait signe qu'elle me félicitait. Oh, je ne vous l'ai pas encore dit, Renee possède une autre qualité: elle est toujours *si* aimable.

Le jour de notre concert, chacun monte sur scène et prend sa place. Je suis la première en avant, au centre. Mme Jenkins lève sa baguette et la chorale se met à chanter. Je vois ma mère se pencher vers l'avant sur son siège, la caméra vidéo à la main. Mon père sourit et me fait des clins d'œil.

Le grand moment arrive. Le projecteur s'allume puis m'encercle dans sa vive lumière. Mme Jenkins hoche la tête et pointe sa baguette sur moi. Sa baguette a probablement des pouvoirs magiques car elle me fait perdre la voix instantanément.

Je ne peux plus respirer. Je ne peux plus penser. Mais surtout, je ne peux plus chanter. La première note sort mais reste prise en travers de ma gorge. La chorale continue de chanter doucement derrière moi. Mme Jenkins commence à s'impatienter.

« T'es capable, Cindy », murmure Renee derrière moi. « Je sais que t'es capable. » Je n'en suis pas aussi certaine.

Mon tour arrive à nouveau. J'inspire profondément, j'ouvre la bouche et je chante aussi fort que je le peux. Malheureusement, tout ce qui sort est une sorte de couinement rouillé. Au même moment, juste derrière moi, on entend le timbre pur de la note parfaite. Renee me pousse gentiment avec le dos de la main pour que je prenne son relais. Ma voix s'élève alors et rejoint la sienne. Quand la note suivante résonne, elle vient entièrement de moi.

Le reste du solo se passe bien. À la dernière note du concert, un tonnerre d'applaudissements gronde dans la salle. Il y a même une ovation debout! D'accord, ce sont nos parents et il nous est facile de leur plaire, mais c'est quand même une ovation debout.

Lorsque nous sortons de la scène, ma famille me félicite et m'embrasse. Renee s'approche ensuite pour me prendre dans ses bras. Ça fait drôle que ce soit elle qui me félicite.

« Merci, Renee. » C'est tout ce que je peux dire.

Renee me sourit de son beau sourire : « De rien. Tu as toujours été là pour moi. Toutes ces années et toutes les choses que nous avons vécues ensemble ! » Renee m'étreint à nouveau. « Les amis, c'est fait pour ça ! »

Les amis ? A-t-elle dit « amis » ?

« Tu as raison », dis-je lentement. J'aime bien l'idée d'être son amie. C'est alors moi qui la serre dans mes bras. « Les amis, c'est fait pour ça. »

Cynthia Marie Hamond

Avec ou sans corset

L'expérience nous apprend qu'il faut don-
ner priorité aux rares personnes capables
de nous apprécier tels que nous sommes.

Gail Godwin

J'avais hâte d'aller à l'école et de voir mes amis. Quelle réaction auraient-ils en me voyant? Je ne savais pas trop, mais j'étais convaincue qu'ils n'auraient pas la même réaction qu'à la rentrée il y a trois ans.

Revenons à cette terrible rentrée d'il y a trois ans. Le tout premier jour de classe, mon beau-père, Buddy, me conduisit à l'école de bonne heure pour ne pas être en retard à son travail. Quand il arrêta la voiture devant l'école, je ne voulais plus sortir. Je regardai les quelques élèves groupés à l'entrée de l'école et cela me rendit nauséeuse. Malheureusement, je ne pouvais plus reculer. Ravalant mes larmes, j'ouvris la porte lentement et me forçai à sortir. Je me sentais gauche et laide. Le corset orthopédique que je portais me maintenait si rigidement que j'avais du mal à bouger. Au bout d'un moment, je fus sortie de la voiture. Buddy me dit alors au revoir et repartit, me laissant seule sur le trottoir.

À cet instant, je me sentis abandonnée car je ne connaissais absolument personne. J'aurais tout donné pour être à mon ancienne école avec mes anciens amis. Mes vieux amis, eux, savaient déjà tout au sujet de mon corset orthopédique. De plus, ils m'avaient connue avant qu'on pose le corset, alors ils savaient que je n'étais pas le… le… le monstre que j'avais l'impression d'être en ce moment.

Toujours est-il que certains élèves attendaient devant les portes encore verrouillées de l'école. Pas besoin de les regarder pour savoir qu'ils me dévisageaient tous. Je sentais leur regard. Et de toutes façons, qui aurait pu les en blâmer? J'étais probablement la chose la plus bizarre qu'ils aient vue. *Alors, qu'ils me regardent,* pensai-je. *Je vais les ignorer.* Je leur tournai le dos et m'assis avec raideur sur les marches qui reliaient le trottoir et l'entrée de l'école. Des larmes chaudes et rageuses coulèrent sur ma robe, mais je les essuyai vivement.

Je baissai les yeux pour regarder ma robe. Ce serait une jolie robe… sur quelqu'un d'autre. Mon corset gâchait tout. Je me sentais anormale. J'avais envie de pleurer et de m'enfuir pour qu'on ne me dévisage plus. Mais j'étais prisonnière, prisonnière de cet affreux corset de cuir et d'acier. Le cuir m'enveloppait le torse et reposait sur mes hanches. Deux étroites barres de métal remontaient dans mon dos. Devant, une barre plus large remontait sur ma poitrine jusqu'à l'armature du cou, ce qui tenait ma tête en place. Pour tourner la tête, je devais absolument tourner tout mon corps.

Ce matin-là, cependant, je n'essayai pas de tourner la tête. Je ne voulais pas voir le regard étonné des autres. Les gens me regardaient constamment et me posaient beaucoup de questions sur mon corset, mais je ne m'y habituais pas. Je détestais être différente. Et le corset empirait tout. Aucun moyen de cacher cette monstruosité. Mon corset était la première chose que les autres voyaient et dont ils pouvaient se moquer.

Assise sur les marches à attendre, je me disais que ma vie ne pouvait pas être plus misérable. Je me trompais. Nous étions en septembre, mais la journée était chaude et le soleil montait. Il n'y avait plus d'ombre tout à coup. Je sentais la sueur me couler dans le dos et sous les bras. *Il ne manque plus que ça. Je vais sentir la sueur en plus de porter un corset.* J'aurais voulu disparaître.

Évidemment, je ne disparus pas. Je réussis à passer au travers de cette journée-là, au travers de la suivante et au travers de toutes les journées des trois années qui suivirent. Malgré mon horrible corset, j'arrivai à me faire des amis, une fois que tout le monde en eut pris l'habitude. Je me sentais encore étrange et laide la plupart du temps, cependant, et j'avais hâte qu'on m'enlève ce corset.

Le jour de ma délivrance arriva enfin, un jeudi pluvieux du printemps. Le médecin m'annonça qu'on m'enlèverait enfin mon corset. J'étais si heureuse que je le serrai dans mes bras et lui dis que j'aimerais la pluie toute ma vie en souvenir de ce jour de délivrance!

Je voulus d'abord téléphoner à ma meilleure amie pour lui annoncer la bonne nouvelle, mais je décidai de garder la surprise pour le lendemain à l'école. J'avais tellement hâte d'entendre les oh! et les ah! que tous mes amis lanceraient en me voyant sans ce corset horrible.

Le lendemain, je montai les marches de l'école en dansant. *Attends qu'ils me voient,* pensai-je.

J'attendis. À mon premier cours, personne ne réagit. Que se passait-il? Ils ne s'apercevaient de rien? Peut-être étaient-ils trop surpris pour parler... Au cours suivant, quelqu'un dirait sûrement quelque chose. Toutefois, aucune réaction. Je commençais à trouver cela étrange. Peut-être étais-je aussi laide sans corset qu'avec! Peut-être mes amis s'en fichaient-ils. Au dernier cours du matin, rien non plus.

À la fin de la journée, je me sentais triste et confuse. Même Danielle, ma meilleure amie, n'y fit pas allusion. Pourtant, elle savait combien j'avais détesté porter le corset. Je ne savais pas quoi penser. Il fallait au moins que je sache ce que Danielle pensait. J'allais passer la soirée chez elle, alors j'avais décidé de lui en parler.

Au bout de quelques heures chez elle, elle n'avait toujours rien dit. Mais comme j'avais peur de lui poser la question à elle, je demandai à sa petite sœur Ann. « Ann, tu ne remarques rien de nouveau sur moi? » lui demandai-je.

« As-tu changé tes cheveux? » répondit-elle.

« Non. Mes cheveux n'ont pas changé », lui rétorquai-je impatiemment. « C'est mon corset. Je ne l'ai plus! » Je pivotai sur moi-même et tournai la tête dans tous les sens. « Tu vois? Je n'ai plus de corset! »

Ann me regarda et haussa les épaules: « Ah oui! je savais que tu avais quelque chose de différent, mais je ne savais pas au juste ce que c'était! »

C'est seulement plus tard que je me suis rendu compte que mes amis m'avaient, depuis longtemps, acceptée telle que j'étais. Ils ne voyaient tout simplement plus mon corset. C'est l'amie qu'ils voyaient lorsqu'ils me regardaient, avec ou sans corset.

Anne McCourtie

3

LA FAMILLE

Quand il y avait un monstre sous mon lit,
Que je faisais des cauchemars de momies,
Que le tonnerre faisait trop de bruit,
Tu étais là, père bien-aimé.
Quand un genou écorché me faisait pleurer
Que mon nez n'arrêtait pas de couler,
Que j'avais besoin d'être encouragée,
Tu étais là, mère bien-aimée.
Qui me tenait la main quand j'avais peur?
Qui mangeait les bonbons destinés à sa sœur?
Qui racontait les meilleures histoires d'horreur?
C'était toi, frère bien-aimé.
Quand j'ai des problèmes ou des difficultés,
Ma famille est là pour m'encourager,
Pour me dire que je peux y arriver,
Je l'aime, ma famille bien-aimée.

Lisa-Dawn Bertolla

Hé! Vous rappelez-vous quand…?

Quand je me remémore mon enfance, je me rappelle toujours les bons moments passés avec mes cousins. Nous sommes cinq à avoir développé de bons liens: mon frère Jack, mes cousins Marleigh, Weston et Michael, ainsi que moi-même. Chaque été, depuis l'âge de six ou sept ans, nous passons beaucoup de temps ensemble. Chaque été, je rapporte des souvenirs que je chérirai toute ma vie.

Chaque fois que je vois mes cousins, nous jouons à un jeu appelé « Hé! Vous rappelez-vous quand…? » et alors nous nous remémorons tous nos bons souvenirs.

« Hé! Vous rappelez-vous quand Jack a demandé le service aux chambres à l'Hôtel Disneyland alors qu'on s'apprêtait à partir? Tante Pam était tellement fâchée que Jack a dû payer de sa poche et on n'a même pas pu manger ce qu'ils nous avaient apporté! » Quel bon souvenir!

« Vous rappelez-vous quand Kyle a perdu au jeu de Spoon? On l'a obligé à vendre des pruneaux sur le coin de la rue vêtu d'une robe mauve avec une pancarte dans le cou qui dit "Le petit garçon aux pruneaux!" À un moment donné, un hélicoptère et une auto de patrouille de la police sont arrivés: une voisine avait appelé la police pour dire qu'il y avait un gars suspect qui quêtait de l'argent dans la rue! »

« Vous rappelez-vous la fin de semaine au lac Tahoe, quand Jack essayait de parler comme Jim Carrey? Vraiment, tout ce qu'il disait sortait tout droit d'un film de Jim Carrey! »

« Vous rappelez-vous quand nous étions dans ce magasin? Weston avait décidé de tester la caméra vidéo qui était branchée à un écran géant, et il l'a mise dans son pantalon? Tout le monde s'est tourné vers l'écran! »

« Vous rappelez-vous quand…? » Et nous continuons comme ça pendant des heures.

Un été, nous étions tous les cinq en vacances à Palm Springs, avec tante Kathi et grand-maman Nana. Durant la journée, il faisait 45 °C dehors et l'eau de la piscine montait jusqu'à plus de 38 °C. Quand il faisait vraiment trop chaud, nous aimions aller dans un centre commercial, car l'air était climatisé.

Une de ces journées où il faisait trop chaud, nous sommes allés dans un magasin de meubles. Dans un des rayons du magasin, il y avait deux immenses étagères d'oreillers. Michael a décidé que ce serait amusant de l'enterrer sous une montagne d'oreillers moelleux. Évidemment, nous sommes passés à l'action. En moins de deux minutes, Michael était enseveli sous les oreillers. Les tablettes étaient vides. Nous étions en train de rire aux larmes quand une vendeuse d'âge mûr est apparue. Nous nous sommes alors dépêchés de nous éloigner, et la vendeuse a commencé à remettre les oreillers sur les tablettes. Convaincu que c'était nous, Michael a soudainement surgi de sous la pile en criant très fort « Ouaaaaaah! »

La vendeuse a eu un sursaut épouvantable et a crié si fort que tout le monde dans le magasin s'est tourné vers elle. Se rendant compte de son erreur, Michael s'est mis à courir. Il nous a aussitôt rejoints en criant « Allez, allez! » Nous sommes sortis du centre commercial pendant que la vendeuse et tante Kathi (qui venait de se rendre compte du mauvais tour) couraient vers nous. Nous avons couru un peu et nous nous sommes engouffrés dans une boutique en faisant semblant de chercher quelque chose.

Lorsque tante Kathi nous a rattrapés, elle nous a obligés à retourner dans le magasin pour ramasser les oreillers. Mais, surtout, elle nous a forcés à faire nos excuses à la vendeuse qui n'était pas contente du tout. Tante Kathi et Nana n'étaient pas très contentes non plus. L'incident des oreillers aura toujours sa place dans notre jeu du « Hé! Vous rappelez-vous quand…? » Qui sait, nous jouerons peut-être encore à ce jeu quand nous serons vieux et que nous dormirons dans nos berceuses!

« Hé! Vous rappelez-vous quand Michael est arrivé vêtu d'un maillot de bain pour femmes? … Ou la fois que…? »

Kyle Brown, 16 ans

Nous n'avions pas grand-chose,
mais nous vivions dans l'abondance.

Sherry Thomas

Familles au grand cœur

Le Noël de mes dix ans approchait et je n'avais pas hâte. Mes parents n'avaient pas beaucoup d'argent. Papa était prédicateur et les prédicateurs de notre église ne gagnent pas beaucoup d'argent. Ma mère disait que nous étions assez vieux pour être braves et ne pas attendre de cadeaux. Être ensemble devait nous suffire.

Nous n'étions pas la seule famille de notre petite communauté à prévoir un Noël de vaches maigres. Toutefois, de savoir que les autres vivaient la même chose que nous ne m'aidait pas. Un soir, en nous glissant dans notre lit, ma sœur et moi nous mîmes à nous apitoyer sur notre sort.

« Comment vais-je faire pour porter encore la même vieille robe ? » me plaignis-je.

« Je sais », répondit ma sœur. « Je pense que je ne demanderai pas un cheval pour cadeau, cette année. J'en demande un depuis des années, mais je n'en ai jamais reçu. »

« Ouais, et même si tu en recevais un, où le mettrait-on ? » répondis-je. Je sapai ainsi son dernier espoir.

Je n'arrêtais pas de penser à ce vieux rêve de ma sœur d'avoir un cheval. J'aurais été prête à me priver de cadeau pendant dix Noël d'affilée pour que son rêve se réalise.

Le lendemain, maman tourna le couteau dans la plaie en nous disant qu'elle avait économisé et magasiné pour donner à la famille Walters un panier de Noël.

« S'il y a des gens qui méritent de l'encouragement, c'est bien les Walters », nous rappela maman.

« C'est bien les Walters, maman. Je ne voudrais pas me retrouver sur leur perron, même morte. »

Maman me regarda de travers, mais je savais qu'elle serait d'accord pour dire que les Walters étaient des gens plutôt étranges. Ils avaient l'air d'une bande de clochards. Je me disais qu'ils auraient pu au moins se laver les cheveux de temps en temps. Après tout, l'eau ne coûte rien. Je me suis toujours sentie gênée d'eux.

Maman était déterminée à offrir un panier de Noël aux Walters. Et ce fut notre tâche à nous, les enfants, de transporter jusqu'à la maison des Walters le panier débordant que ma mère avait préparé. Il y avait notamment de la farine et du sucre, une petite dinde, des pommes de terre et des pêches en conserve. Ma sœur et moi avions décidé qu'une fois rendues chez les Walters, nous laisserions le panier sur le perron et irions nous cacher.

En chemin, nous remarquâmes que maman avait dissimulé à travers la nourriture un petit cadeau pour chacun des enfants Walters. J'étais vexée. Comment ma mère pouvait-elle être si généreuse avec les enfants des autres alors que sa propre famille avait tout juste de quoi vivre ?

Toujours est-il que nous livrâmes le panier, nous frappâmes fort à la porte et nous courûmes nous cacher derrière un buisson. Une fois derrière le buisson, je regardai derrière moi et vis que ma sœur était debout en plein milieu du chemin. Cela me fâcha, car je ne voulais pas que les Walters sachent que nous étions les généreux donateurs.

Les Walters sortirent prendre le panier et refermèrent la porte. Je chuchotai alors à ma sœur : « Que fais-tu ? Je suis certaine qu'ils t'ont vue ! »

« Je voulais voir leur visage au moment où ils verraient leurs cadeaux », répondit innocemment ma sœur. « C'est le meilleur moment. »

« Si tu le dis, répondis-je en me calmant. Alors, avaient-ils l'air contents ? »

« Eh bien, content oui, mais surtout, ils avaient l'air de se dire *Peut-être que les gens nous acceptent après tout.* »

Le matin de Noël arriva enfin. À ma grande surprise, je reçus en cadeau une robe fabuleuse. Je regardai mes parents avec un grand sourire et des yeux qui disaient *Je n'arrive pas à croire que vous m'offrez cette robe magnifique.* Près de moi, ma sœur mourait d'envie de déballer son cadeau, un tout petit paquet sous l'arbre. Elle le déballa et trouva une étrille pour brosser les pelages d'animaux. *Une étrille ? Mes parents sont fous ou quoi ?* Le visage de ma sœur avait blêmi. *C'est une mauvaise blague ou quoi ?* pensai-je.

Pendant ce temps, mon père était sorti dehors. Avant que j'aie eu le temps de dire un seul mot, il se planta devant la grande fenêtre du salon assis sur le nouveau cheval de ma sœur !

Ma sœur était si excitée qu'elle sautait et se tenait la tête en criant : « Oh mon Dieu ! Oh mon Dieu ! » Les yeux pleins de larmes, elle courut dehors pour rencontrer son nouvel ami.

« Maman, comment as-tu fait pour acheter tout ça ? » demandai-je. « Nous pensions ne rien recevoir. »

« Oh, tout le monde a contribué, pas nécessairement en argent, mais en entraide. Mme Olsen m'a vendu la robe à tempérament. Ton père, lui, a offert ses services de consultation matrimoniale au fils des Millet. Moi, j'ai aidé Mme Marshall à installer ses lumières de Noël étant donné que son arthrite l'en empêche. Nous étions contents d'apprendre qu'un des chevaux de M. Jones avait besoin de quelqu'un pour s'en occuper, et M. Jones était content de savoir que nous avions quelqu'un qui aimerait s'en occuper. Et puis, pour un moment, nous avons pensé que tout était perdu parce que nous n'arrivions pas à trouver d'endroit pour loger le cheval. Ensuite, les Larsens, qui habitent un peu plus loin, nous ont offert une partie de leur pâturage pour le cheval. »

« Quand tu as donné de la nourriture aux Walters, nous étions surprises car nous avons nous-mêmes tout juste de quoi vivre. Surtout que les Walters n'ont rien à donner en retour. »

« Ça viendra un jour. Mais tu sais, il y a assez de choses pour partager. Tout appartient à Dieu de toute façon. Cela importe peu que quelqu'un puisse donner ou non. Quand on écoute son cœur, les bons cadeaux aboutissent dans les bonnes familles. »

Maman savait toujours.

Je jetai un coup d'œil par la fenêtre et aperçus ma sœur sur son cheval. Je repensai à ce qu'elle avait dit de la réaction des Walters devant leur panier de Noël. Les Walters s'étaient sentis acceptés des autres, et ce sentiment était plus précieux que n'importe quel cadeau. *Les familles qui sont géné-reuses le sont envers toutes les autres familles, quelles qu'elles soient,* pensai-je.

C'est à l'occasion de ce Noël-là que j'ai appris le plaisir de donner.

Rachelle P. Castor

Ensemble,
on peut tout accomplir

La solidarité familiale a toujours été importante pour mes sœurs, ma mère et moi, surtout après le départ de mon père. J'imagine qu'il n'éprouvait pas envers nous les mêmes sentiments que nous envers lui puisqu'il nous a quittés pour fonder une nouvelle famille ailleurs.

J'ai souvent hésité à parler de mes sentiments à ma mère, car je savais qu'elle avait bien d'autres soucis, notamment celui de faire fonctionner le ranch toute seule, sans mon père. J'étais assez vieux pour aider, d'ailleurs chacun apportait sa contribution. Ma mère en arrachait quand même. Quand j'avais le goût de parler, je parlais avec ma sœur aînée, Alana, ou je parlais avec les sœurs B.

Les sœurs B, c'était nos six vaches. Le nom de chacune commençait par la lettre B. Ces vaches faisaient véritablement partie de la famille. J'ai eu ma première vache quand elle était âgée de seulement trois jours. Nous l'avons nourrie au biberon et l'avons baptisée Belle. Belle est devenue une belle vache qui a donné naissance à deux autres vaches, Brandy et Betsey. Belle est ensuite devenue la grand-mère de Bootsie. J'ai donné Bootsie à ma petite sœur, Adena. Ensuite, j'ai eu une autre vache que j'ai donnée à ma sœur aînée, Alana. Nous l'avons appelée Blue, et Blue a eu un veau nommé Bailey.

Les six sœurs B étaient toujours ensemble. Pour nous, c'était évident qu'elles s'aimaient. Et nous les aimions aussi. Nous allions les montrer à certaines expositions agricoles et nous en prenions vraiment soin.

Lorsque mon père nous a quittés, il est déménagé plus bas sur la même route! On le voyait donc chaque jour passer en camion ou travailler sur son terrain. Il ne venait jamais nous voir. Il faut croire que sa nouvelle famille le tenait occupé… Bref, la situation était trop pénible pour nous tous, surtout pour ma mère, et nous avons décidé de vendre la propriété et de déménager.

Avant de déménager, nous devions vendre tous les animaux de la ferme. Nous tenions mordicus à vendre les sœurs B ensemble, car elles formaient une vraie famille à elles seules. Il fallait dénicher un acheteur qui en prendrait bien soin et qui les garderait ensemble. Nous avons donc fait paraître une annonce dans le journal.

Nos prières parurent exaucées lorsqu'un homme nous téléphona pour dire qu'il souhaitait acheter les vaches pour son élevage. Il expliqua à ma mère qu'il pouvait payer seulement mille huit cents dollars pour les six, qu'il avait d'autres vaches, un grand pâturage et une grande étable.

Cet après-midi-là, ma mère, mes sœurs et moi allâmes rencontrer chez lui notre acheteur potentiel. L'homme se montra très aimable. En ce qui nous concerne, nous étions très contents d'avoir trouvé un bon endroit pour les sœurs B. À un moment donné, l'acheteur regarda ma sœur Adena et lui dit qu'elle pourrait rendre visite à Bootsie n'importe quand et qu'il prendrait bien soin de Bootsie. Ma mère lui répéta qu'elle lui vendrait les vaches seulement s'il s'engageait à ne pas les revendre séparément et à ne pas les tuer pour la viande. Il promit à ma mère.

Le lendemain, je m'occupai de mettre les sœurs B dans la remorque pour les livrer à leur nouveau propriétaire. Elles nous faisaient tellement confiance qu'elles montèrent dans la remorque sans faire de chichi. Mes sœurs avaient les larmes aux yeux; les yeux me chauffaient à moi aussi. J'essayais de me convaincre que les sœurs B seraient bien chez leur nouveau propriétaire. De toute façon, elles ne pouvaient pas nous suivre là où nous déménagions.

Une semaine plus tard, durant notre vente de garage « pré-déménagement », une de nos voisines vint voir ma mère. Elle lui raconta qu'elle avait failli acheter notre « grosse vache rouge » le jour précédent. Ma mère lui répondit qu'elle devait se tromper et demanda qui avait voulu lui vendre la vache. Lorsque la voisine nomma le vendeur, je restai bouche bée. Elle parlait bel et bien de celui qui avait acheté les sœurs B. Nous lui avions fait confiance, et une semaine plus tard seulement il revendait notre Belle… loin de son bébé et du reste de sa famille! Cet homme nous avait menti.

Ma mère nous empila dans la voiture et fila vers la maison du revendeur. Lorsqu'il vint répondre à la porte, ma mère lui répéta ce que la voisine avait dit et l'homme lui claqua la porte au nez. Mes sœurs pleuraient maintenant, et ma mère implorait l'homme de nous dire où étaient les sœurs B afin que nous les rachetions. Ma mère se mit à pleurer, elle aussi, mais l'homme ne voulut pas ouvrir la porte.

De toute ma vie, je n'avais jamais vu ma mère aussi déterminée. Elle annonça qu'elle finirait bien par savoir à qui les vaches avaient été vendues. Elle téléphona à plusieurs encans et finit par en trouver un où l'on avait enregistré des vaches qui seraient vendues aux enchères le matin suivant à huit heures.

Ce soir-là, j'eus du mal à m'endormir. *Comment quelqu'un peut-il faire ça?* me répétais-je. Le soleil finit par se lever et nous nous dépêchâmes de nous rendre à l'encan. Nous étions là à sept heures.

À notre arrivée, ma mère trouva les vaches dans un enclos. Elles avaient mauvaise mine. Leurs corps étaient couverts d'égratignures et amaigris, mais nous étions heureux de les voir en vie. Belle fut la première à nous apercevoir; elle s'approcha aussitôt de nous. Les vaches étaient aussi contentes de nous voir que nous l'étions de les retrouver. Un homme arriva. Il était là pour acheter du bétail. Il nous expliqua que les six vaches coûtaient environ trois mille dollars. Je n'en croyais pas mes oreilles! C'est la raison pour laquelle l'acheteur des sœurs B nous avait trompés: il voulait faire du profit.

Je suggérai à ma mère et à mes sœurs de prier. Que faire d'autre? Nous ne disposions certainement pas de trois mille dollars pour racheter nos vaches, et nous ne savions pas comment faire des offres aux enchères. Nous n'avions d'autre choix que de prier Dieu pour recevoir son aide.

Alana eut soudain une idée. Elle avait apporté avec elle quelques photos des sœurs B qui dataient d'une récente exposition agricole, et elle avait décidé de raconter notre histoire à tout le monde. Chaque fois que des gens arrivaient à l'encan, elle se jetait sur eux, leur montrait les photos et leur racontait notre mésaventure. L'homme qui nous avait acheté les sœurs B était là et nous observait. Lorsqu'il se rendit compte que nous parlions de lui à tout le monde et que tout le monde le regardait, il rougit et quitta prestement la salle. La plupart des hommes avec qui Alana parla promirent de ne faire aucune offre sur nos vaches. Ça augurait bien! Peut-être avions-nous une chance de récupérer nos vaches!!!

Il nous fallut attendre jusqu'à 11 h avant de voir la première de nos vaches. C'était Brandy. Malheureusement, nous ne comprenions pas très bien la façon de procéder, ce qui fait qu'Alana ne leva pas assez vite son carton numéroté et ne se fit pas voir à temps. Résultat: quelques hommes misèrent sur Brandy parce qu'ils ne virent pas Alana. Les prix montèrent trop vite et nous perdîmes Brandy. Par la suite, toutefois, nous savions comment procéder.

Chaque fois qu'une de nos vaches arrivait, Alana levait bien haut son carton numéroté et personne ne misait. À un moment donné, le crieur arrêta l'encan et cria qu'il fallait cesser ce manège, mais personne n'y fit attention. Alana continua de lever son carton et les hommes continuèrent de ne pas miser sur les vaches. À dix-sept heures, nous avions racheté toutes nos vaches, excepté Brandy, pour 2200 dollars. Belle, la mère de Brandy, meugla longtemps pour ravoir son bébé près d'elle. Cela nous attristait. Pour payer les 2200 dollars, maman utilisa les 1800 dollars qu'elle avait reçus de la vente initiale des six vaches. Pour combler les 400 dollars manquants, elle prit une partie des recettes de notre vente de garage. L'important, cependant, c'est que nous avions réussi à récupérer nos vaches.

Des amis de la famille trouvèrent une place pour les sœurs B. Au début, nous n'avons pas demandé d'argent en échange, mais l'argent était secondaire. Nous voulions d'abord savoir les vaches entre bonnes mains. Récemment, nos amis nous ont fait parvenir 1500 dollars pour nos vaches. Après tous les sacrifices que nous avons faits, ce cadeau était bienvenu.

Les membres d'une famille doivent s'aimer et se protéger mutuellement. Or, les sœurs B font partie de notre famille. Maintenant, quand nous allons les visiter, elles sont toujours ensemble, tout comme ma mère, mes sœurs et moi.

Ce qui nous est arrivé a été difficile, mais nous en sommes sortis enrichis. Il y a bien des gens malhonnêtes sur la terre, mais il y a également beaucoup de gens aimables qui sont prêts à aider leur prochain. Le plus beau de toute cette histoire, c'est que nous avons fait cela ensemble. Ensemble, nous pouvons tout accomplir.

Jarod Larson, 16 ans

Gains et pertes

L'esprit peut exercer une influence énorme sur le corps ; très peu de maux peuvent venir à bout d'une énergie bien canalisée et d'un esprit déterminé.

Katherine Lambert-Scronce

Nous vivons tous des moments inoubliables au cours de notre existence. Je vais vous raconter un moment qui restera à jamais gravé dans ma mémoire.

Pendant les quinze premières années de ma vie, j'ai été enfant unique. Je n'avais ni frère ni sœur. Heureusement, mes parents étaient toujours là pour m'aimer et prendre soin de moi. Ils ne ménageaient aucun effort pour m'aider à résoudre mes problèmes. L'idée ne m'avait jamais effleuré qu'un de mes parents pourrait, un jour, ne plus être à mes côtés.

Un jour, donc, j'apprends que ma mère est enceinte, ce qui cause une grande commotion dans ma famille. Tout le monde est excité et heureux de cette nouvelle, surtout moi. Je me vois déjà en train de m'amuser avec mon nouveau petit frère. Il aura un visage mignon et me regardera avec ses yeux naïfs, m'implorant de jouer avec lui. J'espère que ce jour arrivera bientôt. Je demande sans cesse à ma mère à quel moment mon petit frère viendra au monde et je veux qu'elle me décrive quelle allure il aura et ce qu'il mangera.

Finalement, un matin, ma mère commence à avoir des contractions et mes parents partent à l'hôpital tandis que je me mets en route pour l'école. Bien entendu, je suis persuadé que tout ira comme sur des roulettes ; après tout, des femmes accouchent tous les jours. Je m'attends donc à voir mon petit frère dès que j'irai à l'hôpital après les classes.

À mon arrivée à l'hôpital, j'apprends que mon frère est déjà né. J'apprends aussi que mon père attend avec inquiétude que ma mère sorte de la salle d'accouchement. Après une longue attente, le médecin sort et nous explique qu'après la naissance de mon frère, ils ont eu de la difficulté à maîtriser les saignements. Il veut nous rassurer et nous dire que ma mère va s'en tirer. L'instant d'après, une armée de médecins et d'infirmières entrent en trombe dans la salle d'accouchement. L'inquiétude nous envahit de plus en plus, mon père et moi. L'attente se transforme en véritable torture, car nous sommes conscients que tout peut arriver. Le pire, c'est l'impuissance que nous ressentons.

À dix-neuf heures, ma mère sort de la salle d'opération. Elle est couchée dans un lit avec un masque à oxygène, branchée à une perfusion. Sa peau est d'une blancheur effroyable et ses yeux sont fermés.

« Maman, maman… » Je l'appelle, mais elle ne réagit pas. Le médecin nous dit alors que, si ma mère survit jusqu'au matin, elle s'en sortira. Puis on envoie ma mère aux soins intensifs.

La pièce est bondée d'instruments servant à vérifier la pression sanguine, la fréquence cardiaque et le pouls. Debout au chevet de ma mère, je lui parle sans savoir si elle m'entend.

« Tu dois te réveiller, il te reste tant de choses à faire… Je suis là, papa et ton petit bébé aussi. Tu ne peux pas nous laisser tomber… tu vas aller mieux… fais-moi confiance… »

Je suis mort de peur. En cet instant précis, j'ai vraiment l'impression que ma mère va mourir, qu'elle ne nous reviendra jamais.

Les pensées se bousculent dans mon esprit. *Qu'arrivera-t-il si l'impensable se produit, si nous sommes obligés de vivre sans maman?* Tout ce que j'entrevois alors, c'est l'obscurité, la tristesse, le désespoir. Je perdrais la personne qui m'est la plus chère, ma tendre amie, et plus jamais je n'aurais la chance de recevoir son amour. Pendant quinze ans, elle a toujours été là, veillant sur moi quelles que soient les circonstances. Je ne sais pas comment j'arriverais à survivre sans elle.

Bien sûr, je me répète que c'est impossible, qu'il lui reste encore trente, quarante, cinquante années à vivre. Elle est trop jeune. Je ne suis pas prêt à la voir partir.

Alors que je reviens lentement à la réalité, je sens le flot de larmes qui coulent sur mes joues.

En fin de compte, ma mère a survécu à cette nuit. On imaginera mon grand soulagement quand elle s'est enfin réveillée. J'étais si heureux. Je l'ai serrée très fort dans mes bras et j'ai pleuré des larmes de joie.

Ma mère m'a raconté qu'elle avait entendu les mots que j'avais prononcés pendant qu'elle était inconsciente. À trois reprises, sa respiration a presque cessé complètement, mais elle se répétait qu'elle devait rester vivante pour nous, sa famille.

Par la suite, plusieurs infirmières m'ont dit que maman avait été très chanceuse de survivre après avoir perdu autant de sang. Bien entendu, j'ai fait mon plus beau sourire à ces infirmières.

Aujourd'hui, mon petit frère est âgé de presque deux ans. À chacun de ses anniversaires, je me rappelle sa naissance inoubliable. Je me rappelle aussi la chance que j'ai d'avoir de merveilleux parents et un formidable petit frère.

Xiao Xi Zhang, 17 ans

Garrett pour toujours

Je suivis Garrett dans la cuisine pour trouver maman. Garrett était avec notre famille depuis à peu près un mois. Même si j'avais seulement cinq ans et lui, huit ans, nous nous entendions très bien. Comme moi, il était dynamique; il aimait courir et jouer à la balle. Avant l'arrivée de Garrett, j'avais toujours joué avec trois garçons de mon âge qui habitaient tout près. Ces garçons aimèrent tout de suite Garrett. Nous étions dorénavant cinq à jouer tous les jours ensemble. Toujours est-il que Garrett et moi nous étions disputés ce jour-là et il était fâché contre moi.

« Je veux m'en aller! Je ne veux plus vivre ici », annonça Garrett à maman.

Le visage de Garrett avait un air déterminé et ses yeux luisaient de larmes. Je regardai Garrett. Mon visage se décomposa. J'éclatai en sanglots.

« Je lui ai fait de la peine, maman, je lui ai fait de la peine. Je ne voulais pas lui faire de la peine! » J'aimais beaucoup Garrett et je ne voulais pas qu'il retourne à l'agence d'adoption où il vivait avant d'arriver chez nous.

« Attendez que votre père arrive ce soir », répondit maman en nous lavant le visage. Puis elle me moucha. « Votre père aura sûrement un mot à vous dire. »

Lorsque mon père arriva en fin de journée, il s'assit avec nous. Il nous raconta que maman et lui avaient un rêve commun lorsqu'ils s'étaient mariés: ils voulaient une famille nombreuse qui serait composée à la fois d'enfants biologiques et d'enfants adoptifs. Lui et ma mère avaient milité pour le mouvement des droits civils et ils désiraient adopter des enfants d'origines ethniques diverses parce qu'ils savaient que peu de gens voulaient adopter ces enfants. Il ajouta que nous étions chanceux d'avoir pu adopter Martin, mon petit frère qui était encore un bébé, et Garrett.

Papa expliqua ensuite à Garrett que les membres d'une même famille ont parfois des disputes et des désaccords, mais que cela ne signifie pas qu'ils ne s'aiment pas. Je savais déjà tout ça: j'avais déjà eu beaucoup de désaccords avec mes sœurs et nous nous en remettions toujours. Papa disait que Garrett faisait partie de la famille maintenant et que c'est ainsi que cela fonctionnait. Nous étions une famille et les membres d'une famille sont solidaires les uns des autres.

Je ne sais plus si c'est moi qui me suis sentie mieux après le sermon de papa ou si c'est Garrett; chose certaine, je n'ai plus jamais eu de mauvaise dispute avec Garrett.

Lorsque j'étais en troisième année, notre famille déménagea de Wichita Falls à San Antonio. C'était loin d'être notre premier déménagement, car mon père travaillait dans les forces armées. En fait, mes premiers mots furent en italien parce que nous vivions en Italie quand j'étais bébé. Notre déménagement à San Antonio était cependant le premier que nous vivions avec Garrett et Martin.

Je n'aimais pas déménager. J'étais timide et j'avais de la difficulté à me faire de nouveaux amis. À une exception près: quand je me retrouvais sur le terrain de sport pour jouer au soccer, au football ou au volleyball, je me sentais à mon meilleur et je me donnais à 100 %. Sur le terrain, je n'avais pas de problème à me faire des amis. Garrett et moi avions en commun l'amour du sport.

Je le regardais souvent jouer au soccer et au baseball. Son jeu et sa vitesse m'épataient. Non seulement était-il rapide, mais il était tellement compétitif que sa vitesse et son ardeur au jeu compensaient pour sa petite taille.

Garrett m'amenait souvent jouer à la balle avec ses amis. Lorsqu'il devait choisir les membres de son équipe, il me nommait toujours en premier. J'étais son arme secrète. Il aimait bien voir le visage surpris des autres garçons quand je me mettais à courir autour d'eux. J'étais plus jeune que la plupart des autres garçons et j'étais une fille, mais je jouais mieux qu'eux. Quand Garrett et moi étions dans la même équipe, nous ne pouvions pas perdre.

Ma famille s'adapta très rapidement à la nouvelle maison et à la région de San Antonio. Comme nous vivions sur une base militaire, nous pouvions aller et venir en toute sécurité sans que papa et maman n'aient à s'inquiéter de nous.

Malheureusement, au moment où nous étions tous parfaitement adaptés à notre nouvel environnement, nous avons déménagé à nouveau. J'étais en sixième année, et ce déménagement fut le plus difficile de ma vie. Je dus quitter mes amis et recommencer à zéro. En fait, nous retournions à Wichita Falls, là où nous avions habité, mais je ne me rappelais pas grand-chose de cette époque. San Antonio me manqua beaucoup. J'essayai toutefois de me dire que le déménagement importait peu, que mon vrai chez-moi était le terrain de sport. Je pratiquai donc tous les sports possibles et me mis à me sentir mieux.

Environ deux ans et demi après notre retour à Wichita Falls, Garrett apprit quelque chose de terrible sur sa santé. Ce fut à partir de ce moment qu'il dut lutter pour sa vie.

Garrett avait choisi de fréquenter une petite école secondaire catholique plutôt que la grande école publique. À son école, il s'était inscrit au football. Durant un de ses premiers matches, il fut plaqué et eut beaucoup de mal à se remettre debout. Un des parents dans la foule était médecin et se rendit près de Garrett. Il remarqua que mon frère avait plusieurs grandes ecchymoses dans le dos. Sachant que ces bleus n'étaient pas normaux, il conseilla à mes parents de ne pas laisser jouer Garrett tant qu'il n'avait pas consulté un médecin.

Quand mes parents emmenèrent Garrett chez le médecin, on lui fit passer plusieurs tests. On finit par trouver qu'il souffrait d'anémie aplastique, une maladie causée par la destruction ou le mauvais fonctionnement de la moelle osseuse. Les gens atteints d'anémie aplastique peuvent mourir au bout de leur sang à cause d'une hémorragie interne. Les médecins apprirent à mes parents que l'administration de stéroïdes était le seul traitement possible. Ensuite, ils annoncèrent à Garrett qu'il ne pourrait plus jamais jouer à un sport de contact.

J'étais en état de choc. Mon frère, Garrett, ne pourrait plus faire de sport? Impossible. Impossible mais vrai. Pendant des mois, il regarda les autres jouer. J'avais beaucoup de peine pour lui. Je ne pouvais même pas imaginer comment j'aurais réagi si on m'avait dit la même chose. Je me sentais même un peu coupable de pouvoir continuer à faire tout ce que nous faisions ensemble avant.

Ensuite, au grand étonnement de tous, Garrett eut une rémission. Il avait retrouvé son état d'avant et eut la permission de jouer à la balle à nouveau. Garrett joua au baseball. J'étais très contente de le retrouver sur le terrain. Tout le monde était content. La vie était normale.

La santé de Garrett demeura bonne durant quelques années, puis il eut une rechute quand il avait dix-huit ans. Au cours des six années qui suivirent, il déménagea en Californie pour vivre avec grand-maman et aller à l'université. Lors d'un voyage au Texas pour rendre visite à maman, il rencontra la femme qui allait devenir son épouse. Ils eurent un fils, Dillon. Garrett passa toutes ces années à lutter pour sa vie. Il dut subir plusieurs traitements très douloureux, mais jamais il n'abandonna. À cette époque, chaque fois que je rencontrais des difficultés dans ma vie, je me rappelais ce que vivait Garrett. Je me disais que si Garrett était capable de passer au travers, alors moi aussi je devais être forte. Sa détermination me donnait la force de faire de mon mieux dans mon sport. Garrett put venir à Atlanta en 1996 où mon équipe remporta la médaille d'or aux Olympiques.

En février 1997, les médecins essayèrent une greffe de moelle osseuse sur Garrett. La greffe fut réussie, mais Garrett eut de nombreuses complications. En avril qui suivit, mon frère mourut à l'âge de vingt-huit ans.

En l'honneur de mon frère Garrett, j'ai mis sur pied une fondation. Une fois par année, la fondation organise une partie de soccer au cours de laquelle on recueille des fonds pour la recherche sur la moelle osseuse. En 1999, durant les célébrations de la mi-temps, nous avons réuni des greffés de la moelle osseuse avec leurs donateurs. C'était la première fois qu'ils se rencontraient. Tout le monde riait et pleurait. Ce fut l'une des expériences les plus enrichissantes de toute ma vie et l'un de mes plus beaux souvenirs.

Même si Garrett n'a pas vécu assez longtemps pour nous voir participer à la Coupe du Monde de 1999, j'ai toujours senti sa présence. Je sais qu'il m'accompagne à tous mes matches, qu'il m'encourage à faire de mon mieux. Dans mon cœur, mon frère vivra toujours. Dans mon esprit, je le vois encore jouer et courir, l'air déterminé. Il est mon modèle. Il m'incite à ne pas abandonner, à vouloir gagner, à travailler fort avec mes coéquipières. Garrett a été un des meilleurs athlètes que j'ai connus, mais il était encore plus : il était mon héros, mon ami, mon inspiration et pour toujours… mon frère.

Mia Hamm

« Supère David »

David, c'est le bébé. Ginny est la plus vieille, puis il y a Johnny, puis moi, Barbara. Parfois, nous devons aider à surveiller David. Quand Ginny ou Johnny le surveillent, David joue tranquillement tout seul. Quand c'est moi qui le surveille, il ne joue pas tranquillement tout seul, même quand j'essaie de lui faire écouter les dessins animés. Je réussis bien à le faire asseoir un moment, mais il finit toujours par aller chercher un livre pour que je le lui lise.

David sent toujours la moutarde. Son sandwich préféré, c'est une tranche de pain un peu sec beurré de moutarde. L'odeur ne m'aide pas à me concentrer pour lire le livre. Et David suce son pouce. Son pouce demeure dans sa bouche si longtemps qu'il est tout le temps fripé, ratatiné et mouillé. Quand il essaie de m'aider à tourner les pages du livre, son pouce colle au papier. Quand je n'arrive pas à lire certains mots, j'invente pour que l'histoire corresponde aux images. David ne s'en rend pas compte parce qu'il ne sait pas encore lire.

David aime les costumes, tous les costumes. L'autre jour, Ginny et Johnny l'ont déguisé avec une jolie robe à fleurs vertes qui appartient à Ginny. Ils lui ont mis une vadrouille jaune sur la tête pour qu'il ressemble à une princesse. David est ainsi devenu « Davalina » et il dansait dans la cuisine en chantant.

Une fois, ma mère a confectionné un costume pour David avec une combinaison longue bleue, un t-shirt bleu, un linge à vaisselle rouge et un slip rouge. David n'avait qu'à tendre les bras vers l'avant, pendant que le linge à vaisselle flottait sur son dos, pour devenir Superman. Moi, j'ai écrit les mots « Supère David » avec des feutres sur son t-shirt. Johnny m'a dit que je n'épelle pas « super » comme il faut, mais ça ne fait rien car David ne peut pas épeler de toute façon.

David ne garde jamais ses vêtements. Il se promène tout nu dans la maison. Ma mère dit que David se trouve à une certaine étape de son développement, que les jeunes enfants doivent apprendre à se déshabiller avant d'apprendre à s'habiller. Je ne me rappelle pas avoir appris ainsi à m'habiller.

David aime faire le clown. L'autre jour, au beau milieu d'un souper de famille organisé par mes parents, David a enlevé ses vêtements et a couru vers la porte arrière. Quand nous l'avons rejoint dehors, il sautait sur le capot de la voiture en saluant tout le monde de la main. Mon père riait tellement qu'il faisait des bruits de ronflement et avait des larmes qui coulaient sur ses joues. Lorsque les adultes ont eu fini de rire de David, tout le monde est rentré. Je suis restée dehors pour surveiller David.

Ma mère est ressortie dans l'embrasure de la porte et, se dirigeant vers David et moi, a dit : « Grand-maman est au téléphone ! »

« Vroum, vroum ! » dit David.

« Maman ! David saute sur la banquette avant de la voiture ! »

« Barbara, s'il te plaît, pas maintenant ! Je parle avec grand-maman. Oui, grand-maman, les enfants mangent leurs légumes. »

« Bip, bip », dit David.

« Maman, David fait semblant de klaxonner ! »

« Barbara, je t'ai dit que je parlais avec grand-maman. Tu me parleras tantôt. Oui, grand-maman, les enfants se couchent toujours à 20 h. »

« Vroum, vroum », dit David.

« Maman ! David tourne le volant ! »

« Barbara ! Oui, grand-maman, les enfants sont toujours polis. »

« Ert, ert », fait David.

« Maman ! David bouge le bras qui est à côté du volant ! »

« BARBARA ! Oui, grand-maman, les enfants sont en santé, merci. »

Je remarquai alors que la voiture bougeait. David faisait reculer la voiture vers le bas de la pente de l'entrée du garage.

« MAMAN, DAVID CONDUIT L'AUTO ! »

Je n'ai jamais vu ma mère courir aussi vite. Elle s'est penchée vers l'intérieur de la voiture pendant que celle-ci descendait la pente en accélérant, a tiré David par la fenêtre, lui a donné une claque sur les fesses, puis l'a serré dans ses bras. La voiture a heurté un arbre et s'est arrêtée à mi-chemin de la pente. Maman et David pleuraient. Moi aussi.

Ma mère s'est tournée vers moi et m'a serrée aussi dans ses bras. Nous sommes restés collés ainsi pendant un moment, le temps de me rendre compte à quel point j'aimais David même s'il est casse-pieds parfois, et à quel point il m'aurait manqué s'il lui était arrivé quelque chose. Pour moi, ma mère était une héroïne.

Après l'incident, je suis allée dans ma chambre et j'ai sorti mon papier de bricolage ainsi que mes crayons. Et j'ai fait une nouvelle affiche qui dit « Supère maman ». Je ne crois pas que maman s'en fera pour l'orthographe.

Barbara Lage

J'ai tiré la chasse d'eau

Mon histoire se passe en Floride par une journée très chaude. L'année scolaire vient de se terminer et les vacances d'été sont commencées. Ma famille vient tout juste d'adopter un petit chien noir que nous avons baptisé Le Borgne. Nous l'avons nommé ainsi parce qu'il voit seulement d'un œil.

Tout le monde veut faire quelque chose pour le chien : le nourrir, lui montrer des tours, faire de longues promenades avec lui. Tout le monde est content d'avoir ce nouveau compagnon à longs poils soyeux, actif et enjoué. En fait, tout le monde est content, sauf maman et moi.

Tout ce que ma mère voit dans ce chien, ce sont les soins qu'il nécessite, elle qui doit déjà s'occuper de nous. Le Borgne perd son poil, fait des dégâts et bondit partout dans la maison. Tout ce qui semble préoccuper maman, c'est de s'assurer que la maison est propre, par exemple que la baignoire a été bien nettoyée à l'eau de Javel. Quand elle fait du ménage, elle ne veut pas être dérangée, alors je me tiens loin. En fait, j'essaie toujours de me tenir loin des problèmes.

Évidemment, il y a des avantages à être le benjamin de la famille. Je ne peux pas dire le contraire. Je suis souvent gâté et traité comme le plus charmant. C'est plutôt agréable d'obtenir toute cette attention. Cependant, être le benjamin comporte aussi des inconvénients. Je me fais souvent dire ce que je ne peux pas faire et pourquoi je ne peux pas le faire. Je me rends compte que j'essaie constamment de n'être dans les jambes de personne, car on me *repousse* de toute façon pour me le faire com-

prendre. « Tu es trop jeune ! » « Tu es trop petit ! »
« Tu vas tout gâcher ! » disent-ils si souvent.

Évidemment, je sais que ma famille m'aime tendrement. Tout le monde veut me protéger, m'aider et
prendre soin de moi, mais j'ai hâte aussi de leur
montrer toutes les choses que je suis capable de faire
tout seul.

Chaque fois que je demande à mon frère ou à ma
sœur si je peux m'occuper du Borgne, ils disent
« Non ! » ou me répondent que j'ai des microbes. Ils
m'ont même convaincu que Le Borgne va mourir si
je lui donne mes microbes. Je les ai vraiment crus et
j'ai eu très peur que quelque chose de terrible arrive
au Borgne. À un moment donné, je dis à ma mère
que j'ai touché le chien pendant que personne ne
regardait. Au début, ma mère ne comprend pas ce
que je raconte, mais elle finit par comprendre que
mon frère et ma sœur m'ont fait une mauvaise blague avec cette histoire de microbes. Elle les gronde :
« Cessez de vous moquer de votre petit frère ! »
Voilà ce que je suis : un petit frère ! Ça me fait
bouillir en dedans. En fait, je suis tellement fâché
que j'ai le goût de casser quelque chose !

Cette fois-ci, vous allez voir que je ne vais pas
me laisser faire. Je regarde le chien et je me dis : « Je
vais leur montrer ce qu'un petit enfant peut faire ! »
Je prends le chien et je l'emmène dans la salle de
bains. « Je vais te donner un bain ! » Le Borgne me
regarde bizarrement. De toute évidence, il ne comprend pas. Je regarde le lavabo. *Trop petit,* que je me
dis. Je regarde la baignoire. « Elle pue l'eau de
Javel. » Puis je vois l'endroit parfait pour laver le
chien : la toilette !

Je prends le shampoing de ma sœur et j'en verse tout le contenu dans la toilette. Ensuite, je mets le chien dans la toilette. Je frotte son poil crasseux avec nos serviettes. Pour apporter la touche finale, je tire la chasse d'eau. Malheureusement, le son de la toilette fait paniquer Le Borgne! Il essaie aussitôt de se sauver, mais la paroi de la cuvette est trop glissante à cause du shampoing. L'eau continue de gicler sur la paroi de la cuvette, et les pattes du Borgne sont attirées vers le trou. J'ai peur et je ne veux pas que Le Borgne se blesse. Je ne veux pas me mettre dans le pétrin. Je ne veux pas que quelqu'un le sache. Je sors de la salle de bains pour courir me cacher.

Malheureusement, ma mère est déjà dans le couloir et rit, comme si elle avait tout vu. Je ne sais pas quoi dire. Je reprends mon souffle, puis je lui raconte ce qui est arrivé. Je suis certain qu'elle va me punir, mais elle se met… à rire encore!

En fait, ma mère a observé tout le bain du chien dans la toilette. Elle a toujours été une bonne espionne.

Pour ceux qui se posent la question: Le Borgne ne s'est pas fait mal, mais il se tient loin de moi… Ma mère et moi n'avons jamais parlé de ce qu'est la vie d'un benjamin comme moi, mais je pense qu'elle comprend ce que j'ai essayé de faire: prendre ma place dans la famille et affirmer mon indépendance. Mettre le chien dans la toilette et tirer la chasse d'eau ne sont peut-être pas tout à fait des déclarations d'indépendance, mais un petit garçon de six ans s'essaie…

Pier Novelli, 12 ans

Ce cher fauteuil

Les choses n'ont de sens que celui qu'on leur donne.

Antoine de Saint-Exupéry

« Maman! Je suis là! » cria John en claquant la porte derrière lui et en laissant tomber ses livres sur le fauteuil. « Ça sent bon ici », dit-il. Il leva le nez dans les airs et suivit l'arôme de vanille qui sortait de la cuisine.

« Bonjour, John, déjà arrivé? » demanda sa mère en se retournant. Elle venait de placer sur le comptoir une tôle pleine de biscuits chauds.

John prit un biscuit et regarda par la fenêtre. Quelques rayons de soleil perçaient les nuages pour encourager les fleurs à éclore. Puis un rouge-gorge chanta gaiement. C'était le genre de journée qui réchauffait le cœur de John. Pop, le grand-père de John qui vivait avec eux depuis la mort de grand-maman, se pointa dans l'entrée de la cuisine en traînant les pieds. Les yeux rivés au sol comme s'il cherchait quelque chose, il marmonna: « Quand le rouge-gorge chante… » Il fit une pause pour essayer de se rappeler la suite.

« Le printemps est arrivé », termina la mère de John.

« Et tu sais ce que ça signifie… », ajouta-t-elle à l'intention de son fils.

« Oh oui », répondit John. « Notre voyage de pêche annuel s'en vient. »

Amusé, Pop fit un clin d'œil à John en se dirigeant droit vers les biscuits.

« Je pensais plus à notre grand ménage du printemps », continua la mère de John. « Demain, John, tu n'as pas d'école et j'aurai besoin de ton aide, d'accord ? »

« D'accord, d'accord », accepta John à contre-cœur.

Le lendemain, John et sa mère firent du ménage. Ils nettoyèrent l'étage et le rez-de-chaussée, ils nettoyèrent à l'intérieur et à l'extérieur, ils nettoyèrent jusqu'à ce que tout brille. À la fin de la journée, épuisés, ils s'effondrèrent sur le sofa. Le doigt pointé vers le fauteuil de Pop, la mère de John s'exclama : « Oh ! Il faut se débarrasser de ce vieux fauteuil ! On va en acheter un nouveau à Pop. »

John était bien d'accord. Ce fauteuil n'était plus très beau à voir. Le tissu était usé, décoloré et même déchiré à certains endroits.

« John, viens m'aider. » La mère de John se leva d'un bond. « Nous allons jeter ce vieux fauteuil. La collecte des ordures se fait demain ; ils l'emporteront. »

Au moment où ils essayèrent de déplacer le fauteuil, Pop arriva dans l'embrasure de la porte. En voyant John et sa mère, il bloqua le passage : « Oh non ! » protesta-t-il. « Vous ne m'enlèverez pas mon fauteuil ! »

« Il est vieux… Il est usé… », répliqua la mère de John, un peu énervée.

« Non », insista Pop en essayant de remettre le fauteuil à sa place.

« Mais Pop, on va t'en acheter un tout neuf », dit maman pour essayer de persuader le vieil homme.

« Je ne veux pas de nouveau fauteuil », répéta Pop avec un tremblement dans la voix.

« J'abandonne », annonça finalement la mère en lâchant le fauteuil. « Nous en reparlerons ce soir quand Matt reviendra. » Matt, le père de John, était encore au travail. Le vieil homme se laissa tomber dans son fauteuil en soupirant et il ferma les yeux.

« Pop, pourquoi tu ne te débarrasses pas de ce vieux fauteuil?, demanda John quand sa mère fut partie. Il est tellement vieux. »

« Tu ne comprends pas, John », répondit Pop en hochant la tête. Après un long silence, il ajouta: « J'étais assis dans ce fauteuil, ta grand-mère juste en face, quand je l'ai demandée en mariage. Ça fait très longtemps, mais quand je suis assis dans ce fauteuil et que je ferme les yeux, je la sens toute proche de moi. » Le vieil homme passa tendrement la main sur un des accoudoirs.

C'est incroyable, pensa John, *que Pop soit capable de se rappeler d'aussi vieux souvenirs alors qu'il oublie presque tout dans le présent.* John s'assit aux pieds de Pop et l'écouta raconter ses souvenirs.

« Et le soir où ton père est né, j'étais également assis dans ce fauteuil. J'étais nerveux. J'avais peur quand ils ont posé le petit bébé dans mes bras, mais je n'avais jamais été aussi heureux. » Un sourire lissa les lèvres ridées de l'homme.

« Je pense que je commence à comprendre », dit John, songeur.

« Beaucoup plus tard », continua Pop, mais sa voix faiblit et il fit une longue pause. « Beaucoup plus tard, j'étais encore assis dans ce fauteuil quand le médecin m'a appelé pour me dire que ta grand-mère était malade. J'étais perdu sans elle, mais ce vieux fauteuil m'apportait du réconfort. » Le vieil homme avait l'air de plus en plus triste.

« Je suis désolé, Pop. » John regarda son grand-père et dit : « Je comprends, maintenant. Ce n'est pas seulement un vieux fauteuil. C'est comme un vieil ami. »

« Oui, nous avons vécu bien des choses ensemble. » Pop chercha son mouchoir et se moucha bruyamment.

Le même soir, toutefois, lorsque John et Pop furent couchés, les parents de John sortirent le fauteuil sur le bord du trottoir. C'était une nuit noire. Le printemps avait fait marche arrière et la neige tombait silencieusement. Le fauteuil de Pop se couvrit peu à peu d'un grand jeté blanc.

Le matin suivant, quand John descendit l'escalier, Pop était posté près de la fenêtre et il regardait dehors. Une larme roulait sur sa joue. John suivit le regard de son grand-père et figea. Couvert de neige, le fauteuil de Pop était sur le trottoir. Le fracas du camion à ordures qui approchait secoua John. Il sortit dehors en trombe. « Attendez ! Ne prenez pas ce fauteuil ! » cria-t-il en agitant les deux bras dans les airs. Il empêcha les deux hommes d'emporter le fauteuil, puis il rentra dans la maison. « Maman, regarde le visage de grand-papa, tu ne peux pas jeter ce fauteuil ! » John inspira fortement avant de poursuivre. « Ce n'est pas seulement un fauteuil, maman. Ce fauteuil est dans la vie de Pop depuis très longtemps. C'est un vieil ami à lui. »

La mère de John tourna la tête et regarda le vieil homme. Elle s'approcha lentement de lui et essuya doucement la larme qui perlait au coin de son œil tout ridé. Ensuite, elle prit son visage entre ses deux mains et dit : « Je suis désolée, Pop. Je… Je ne savais pas qu'il signifiait autant pour toi. John va m'aider à le rentrer. »

John et sa mère balayèrent la neige du fauteuil et le rentrèrent. Ils le posèrent tout près du foyer pour le faire sécher. Lorsque la mère de John passa devant le fauteuil, elle plissa les yeux et dit, comme si elle le voyait pour la première fois : « Hum… C'est vrai qu'il apporte une touche à notre salon. »

John et Pop hochèrent vivement la tête ; le salon avait paru bien vide sans ce cher fauteuil.

Christa Holder Ocker

Maman

J'avais seulement deux ans et demi quand ma vraie mère est décédée. Un matin, mes frères et moi sommes allés dans sa chambre pour la réveiller, mais elle ne bougeait pas. Mon grand frère Shane est allé chercher mon père. La dernière chose que je me rappelle au sujet de ma vraie mère, c'est d'avoir regardé l'ambulance s'éloigner en l'emportant loin de nous. J'étais trop jeune pour comprendre ce qui se passait, mais je sentais qu'elle était partie pour toujours.

Après la mort de ma mère, mon père nous a maltraités, mes frères et moi. On nous a donc envoyés vivre avec des membres de la parenté. Mes frères sont partis habiter avec leur vrai père, mais celui-ci ne voulait pas de moi. J'ai donc vécu avec différents membres de la parenté, passant d'une maison à l'autre. J'étais malheureuse la plupart du temps. Je pensais que personne ne voudrait jamais de moi. Finalement, quand j'avais quatre ans et demi, Bonnie (la sœur de ma mère) et Jesse (son mari) ont décidé de me prendre et de devenir mes tuteurs légaux.

À partir de ce jour-là, ils sont devenus ma famille. J'appelais tante Bonnie « maman » et oncle Jesse « papa ». Je me trouvais vraiment chanceuse, surtout qu'ils avaient deux autres enfants plus vieux qui sont devenus mon grand frère et ma grande sœur. Ainsi, mes frères m'ont moins manqué. J'avais enfin l'impression d'avoir un chez-moi, une famille.

Puis, quand j'ai eu six ans, on a diagnostiqué un cancer chez oncle Jesse. Il a été malade pendant toute une année et il est mort peu après mon septième anniversaire de naissance. Il m'a tellement manqué. Après sa mort, j'ai pleuré pendant des jours et des jours. Je garderai toute ma vie le présent qu'il m'a offert à mon sixième anniversaire de naissance.

Peu après la mort d'oncle Jesse, nous avons déménagé dans une nouvelle ville. Ma mère nous a expliqué que nous déménagions parce que les possibilités d'emplois étaient meilleures à cet endroit que dans notre ancienne région. C'était un déménagement nécessaire puisqu'elle était maintenant chef de famille et qu'elle devait pourvoir à nos besoins.

Dans notre nouvelle maison, je me suis toujours sentie un peu seule, comme mon frère et ma sœur d'ailleurs. Nous étions nouveaux dans le coin et nous devions nous faire de nouveaux amis. Ce n'était pas facile, et oncle Jesse nous manquait encore beaucoup. De plus, nous passions beaucoup de temps seuls à la maison parce que maman travaillait beaucoup. Cependant, en restant ensemble, nous pensions pouvoir tenir le coup.

Un été, le début d'un miracle s'est produit. Ma mère nous a emmenés camper, et grand-maman est venue avec nous. En camping, ma grand-mère a eu l'occasion de rencontrer l'homme qui campait à côté de nous, et elle nous l'a présenté. Nous sommes tous devenus amis avec cet homme, qui s'appelait David. Il était très drôle. Il apportait des fleurs à ma mère et en apportait aussi à ma grand-mère. Il pensait peut-être que nous ne voyions pas son manège, mais nous l'avons tous vu venir. Ça ne nous dérangeait pas car il était vraiment une bonne personne.

Après notre voyage de camping, ma mère et David ont gardé le contact. Ils s'appelaient et s'écrivaient. À un moment donné, ils ont commencé à se fréquenter, même si David habitait une autre ville et devait parcourir une bonne distance pour se rendre chez nous. Lorsqu'il venait voir ma mère, il nous sortait tous au restaurant. Un jour, il s'est même souvenu de mon anniversaire et m'a envoyé un présent pour l'occasion! Nous l'aimions vraiment beaucoup.

Deux ans après avoir rencontré ma mère, David l'a demandée en mariage. Ils se sont mariés trois jours avant mon douzième anniversaire de naissance. Le jour même de mon anniversaire, donc, ils étaient en lune de miel, mais ils s'étaient arrangés pour que j'aie une fête en leur absence.

Après leur mariage, notre famille a déménagé avec la famille de David, et les deux petites familles que nous formions sont devenues une seule grande famille. J'ai hérité de deux autres frères et d'une autre sœur. Notre famille compte maintenant les personnes suivantes: deux parents (David et Bonnie), six enfants, un gendre et une bru, deux petits-enfants et un autre en route!

Quand je regarde en arrière, je me sens loin de la petite fille esseulée qui passait d'une famille à l'autre et qui était malheureuse. Aujourd'hui, je fais partie d'une famille nombreuse et heureuse. Je n'ose pas imaginer la vie que j'aurais eue si tante Bonnie ne m'avait pas accueillie au sein de sa famille. Elle avait promis qu'elle m'aimerait et prendrait soin de moi, et c'est exactement ce qu'elle a fait. Sans sa présence, je serais une orpheline. Grâce à elle, j'ai une famille extraordinaire et la meilleure mère qui soit.

Ma mère est mon modèle. Elle est un exemple de force, de dévouement et d'amour. Même si elle ne m'a pas portée dans son ventre, elle est ma mère véritable. Elle a toujours été là pour moi quand j'étais malade, quand j'avais besoin d'aide dans mes devoirs, quand j'avais besoin de soutien. Elle a travaillé fort pour prendre soin de nous. En retour, je l'aime plus qu'elle ne l'imaginera jamais. Je ne sais pas ce que j'aurais fait sans elle. Ces mots sont bien peu en comparaison de tout l'amour que j'ai dans mon cœur pour elle.

Merci, maman. Je t'aime!

Apryl Anderson, 15 ans

*Regarde, maman! Ton nom est inscrit
dans l'allée des célébrités.*

THE FAMILY CIRCUS. Reproduit avec l'autorisation de Bil Keane.

4

L'AMOUR

Les vrais trésors ne sont pas enfouis
Dans des coffres faits d'or et d'argent.
Les vrais trésors ne contiennent pas
de pierres précieuses ni de bijoux.
Pour les trouver, nul besoin de creuser le sol
ou de fouiller le fond des mers.
Les vrais trésors, c'est l'amour et la joie
qui se trouvent en toi et moi.

Leigha Dickens, 11 ans

Bobby Lee

L'amour et la bonté ne sont jamais inutiles.
Ils font du bien autant à ceux qui les reçoi-
vent qu'à ceux qui les donnent.

Barbara De Angelis

Chaque jour, je passais devant une raffinerie de pétrole en revenant de l'école avec mon petit frère. Ma mère nous disait toujours de faire le chemin ensemble et de ne jamais parler aux étrangers. Un jour que nous passions devant la raffinerie, nous avons entendu la voix d'un homme.

« Bonjour les enfants! »

Je me suis tournée et j'ai vu un très vieil homme qui souriait gentiment.

« Bonjour! » ai-je répondu en gardant mes distances.

« Voulez-vous une boisson gazeuse? Je sais que vous passez par ici chaque jour. Je ne vous veux aucun mal. »

La boisson gazeuse me tentait, car j'avais chaud d'avoir marché et porté mon gros sac d'école. Toutefois, je savais que ma mère serait fâchée si mon petit frère rapportait que j'avais parlé à un étranger.

« Non, merci. Je ne dois pas parler aux étrangers. »

« Oh, je comprends. Et ta mère a raison. Mon nom est Bobby. Maintenant, va », a-t-il dit en disparaissant derrière la barrière de la raffinerie.

Quel homme étrange, ai-je pensé. En même temps, je me sentais mal à l'aise de l'avoir traité d'étranger. Peut-être l'avais-je insulté?

Je suis rentrée à la maison et j'ai raconté à maman ce qui s'était passé. Elle m'a dit que j'avais eu raison de ne pas parler à cet étranger. J'ai donc essayé d'éviter Bobby au cours des jours qui ont suivi, mais c'était impossible car les autres rues n'étaient pas aussi sûres que celle qui longeait la raffinerie. Nous avons donc continué de passer devant la raffinerie, et une voix familière a donc continué de nous dire : « Bonjour les enfants ! »

Un jour, ma famille a fait une promenade à pied dans le quartier. Lorsque nous sommes arrivés près de la raffinerie, j'ai remarqué que la barrière était ouverte. Je me souviens très bien d'avoir espéré que Bobby se pointe pour que je puisse montrer à toute ma famille qu'il était un « bon » étranger. Et Bobby est apparu derrière la barrière.

Il a souri et s'est approché de ma mère. « Eh bien, vous devez être la mère de la petite mademoiselle jolie ! Et vous devez être son papa ! Heureux de vous rencontrer. »

Le sourire et l'étonnement qui sont alors apparus sur le visage de mes parents m'ont suffi. Après avoir bavardé quelques minutes avec Bobby, nous sommes retournés chez nous et mes parents m'ont donné la permission de parler avec Bobby après l'école.

À partir de ce moment-là, mon frère et moi allions voir Bobby chaque jour après l'école. Il nous invitait dans son minuscule bureau et nous parlions devoirs, amis et sports.

J'ai présenté Bobby à plusieurs de mes amis. À un moment donné, une quinzaine d'enfants passaient voir Bobby après l'école. Bobby distribuait des boissons gazeuses et de la gomme à mâcher. En y repensant, je me rends compte que Bobby achetait ces gâteries juste pour nous… et nous étions nombreux à nous faire gâter!

Nous avons visité Bobby après l'école durant environ trois ans! Un jour, ma mère a décidé qu'il était temps de faire une belle surprise à Bobby. Elle a travaillé fort pour organiser une cérémonie où l'on remettrait une plaque à Bobby. La cérémonie aurait lieu à la raffinerie le jour de la fête des Pères. Tous les enfants qui rendaient visite à Bobby, ainsi que quelques parents, étaient invités. Et vous savez quoi? La plupart sont venus.

Sur la plaque, ma mère avait fait graver les mots *Au grand-père du quartier* avec, dessous, les noms de tous les enfants. Je me souviens que Bobby a pleuré quand il a reçu la plaque. Je ne pense pas qu'il avait reçu autant d'affection au cours de sa longue vie.

Au congé suivant, ma mère a remis à Bobby une photographie agrandie de la cérémonie. On y voit Bobby entouré de tous ses « petits-enfants ».

Un après-midi glacial de février, nous sommes passés voir Bobby comme à l'accoutumée, mais on nous a dit qu'il était mort. J'ai pleuré pendant plusieurs jours. Il avait vraiment été un grand-père pour moi. Ma mère est allée à ses funérailles avec deux autres mères. Dans le cercueil de Bobby, il y avait trois objets : le drapeau de la nation plié en triangle (une tradition chez les anciens combattants), la plaque que nous lui avions remise et la photographie de la cérémonie. Bobby n'avait pas d'enfant. J'imagine que *nous* étions un peu ses enfants.

Aujourd'hui, je pense encore à lui, ce vieillard sans famille qui a adopté un groupe de jeunes

« étrangers » auxquels il a fini par s'attacher. Je sais maintenant pourquoi j'ai fait la rencontre de Bobby et pourquoi mes amis et moi allions le voir chaque jour: c'est pour qu'il se sache aimé avant de mourir.

Daphne M. Orenshein

Je suis prêt à échanger le contenu de cette boîte
contre un poney et deux bottes de foin.

L'amour des chevaux

Je ne sais pas ce qui se passe à l'intérieur de soi quand on tombe en amour avec les chevaux, mais c'est ce qui m'est arrivé quand j'étais jeune. Je dévorais tous les livres que je pouvais dénicher sur les chevaux et je pouvais les emprunter dix fois à la bibliothèque municipale. Mon préféré était *Man O'War*. Il racontait l'histoire vraie du plus grand pursang de course de tous les temps. J'ai dû le lire une douzaine de fois. J'imaginais que ce grand cheval roux m'appartenait, que je l'aimais de tout mon cœur, mais que je ne pouvais pas le monter parce que c'était un cheval de course et non un animal de compagnie.

Un jour, mes parents ont accepté que je prenne des leçons d'équitation. J'ai donc appris à monter à cheval et je me suis fait beaucoup d'amis à l'écurie. Mon amour des chevaux n'a fait que grandir.

Après une année de leçons d'équitation, mon vœu le plus cher était d'avoir mon propre cheval. J'ai donc demandé à mes parents d'acheter un cheval, et ils ont dit oui *à condition* que j'économise moi-même la moitié du montant nécessaire. J'ai travaillé tout l'été pour économiser. À la fin de l'été, j'avais amassé cent dollars, une fortune à cette époque. Mon père m'a dit: « Le moment est arrivé, ma fille, trouve-toi un cheval. »

Deux cents dollars, ce n'était quand même pas beaucoup pour acheter un cheval. La jument que je voulais coûtait cinq cents dollars. Toutefois, mon père m'a rappelé qu'on avait convenu de payer moitié moitié. Quand la belle jument noire que je désirais tant a été vendue à quelqu'un d'autre, je n'ai donc rien pu faire. J'étais déçue mais toujours aussi déterminée. Mon père m'a alors présentée à une dame qui disait avoir un cheval à vendre pour deux cents dollars. La dame doutait que cela m'intéresse car le cheval en question avait été maltraité par son propriétaire et n'avait pas été monté depuis des années.

Lorsque j'ai accompagné la dame à son écurie, j'étais si excitée que mon cœur battait la chamade. Elle m'a expliqué pourquoi elle voulait me vendre ce cheval. Elle me trouvait bonne cavalière et savait que je cherchais un cheval qui ne me coûterait pas cher, alors elle s'est dit que c'était une belle occasion pour ce cheval.

Une fois à l'écurie, elle a ouvert la porte en me prévenant de ne pas avoir des attentes trop élevées. Je tremblais d'impatience. Le soleil inondait la stalle. J'ai vu alors un grand pur-sang. Son pelage rouge et brillant était parsemé de gris. Il s'est tourné et nous a regardés. Quand je me suis approchée, il a baissé les oreilles et montré les dents. La dame m'a alors expliqué qu'il avait été battu et se méfiait des étrangers, mais qu'il n'était pas méchant. Il avait peur, c'est tout.

« Quel est son nom ? » ai-je demandé.

« Nous l'appelons Rouquin », a-t-elle répondu.

« Rouquin », ai-je dit doucement. Au son de ma voix, les oreilles de Rouquin se sont redressées. La dame m'a donné une carotte que j'ai tendue à Rouquin. Celui-ci s'est avancé lentement et, avant de prendre sa gâterie, il a tourné la tête légèrement et m'a regardée dans les yeux. Ensuite seulement, il a pris la carotte.

Lorsque Rouquin a terminé sa carotte, nous l'avons sorti dehors au soleil. J'ai alors vu le plus magnifique cheval qui puisse exister. Évidemment, la plupart des gens n'auraient vu qu'un vieux cheval de vingt ans au dos courbé et au ventre protubérant.

« Je le prends ! » ai-je crié. Le cheval a sursauté et jeté la tête vers l'arrière en s'ébrouant. J'ai ri et tendu la main pour caresser la longue marque blanche qui descendait sur son museau. Il a baissé la tête et en a redemandé.

Durant toute la fin de l'été, Rouquin et moi étions inséparables. Je passais tout mon temps libre à le monter. Rouquin gagnait en force et en vigueur. Quand je rencontrais la dame qui me l'avait vendu, elle trouvait qu'il avait fière allure.

L'automne venu, nous avons déménagé Rouquin dans une petite écurie proche de la maison afin que je puisse monter à cheval le plus souvent possible durant l'année scolaire. Je me suis mise à participer à des concours équestres. Rouquin adorait l'attention et la compétition, et même s'il était habituellement deux fois plus vieux que les autres chevaux participants, les juges l'adoraient. Nous avons remporté beaucoup de premiers prix au cours des deux années qui ont suivi.

Un jour, cependant, j'ai vu que Rouquin n'allait pas bien. À mon arrivée dans l'écurie, il est resté couché au lieu de se lever avec les oreilles droites en l'air pour demander une caresse. Il s'est ensuite levé, mais il bougeait mollement. J'ai pensé que c'était son âge. Il avait vingt-deux ans, après tout. Nous avons trotté tout doucement cette journée-là. Au dîner, nous nous sommes arrêtés pour partager des sandwiches et des croustilles, car Rouquin adorait les croustilles! Toutefois, il n'a pas voulu manger. Quand j'en ai parlé à mon père, il a téléphoné au vétérinaire.

Après l'avoir examiné, le vétérinaire nous a annoncé une mauvaise nouvelle qui m'a fait l'effet d'un coup de massue: il nous a conseillé de voir un spécialiste parce qu'il croyait que Rouquin avait le cancer. Mes parents et moi avons discuté de la situation. Rouquin n'était plus jeune. Plutôt que de voir Rouquin souffrir, nous choisirions l'euthanasie. Le spécialiste nous renseignerait. Dans ma tête, je comprenais; dans mon cœur, j'étais brisée.

Le même matin, nous avons embarqué Rouquin dans la remorque et je l'ai salué de la main, convaincue que je le voyais pour la dernière fois. Mes parents trouvaient préférable que je ne me rende pas chez le vétérinaire avec Rouquin. J'avais passé la nuit précédente avec lui à pleurer et à rire, à me rappeler tout ce que nous avions fait ensemble, à le remercier d'avoir été mon compagnon durant une période de ma vie où je me sentais seule et mal dans ma peau.

Plus tard dans la journée, alors que j'étais étendue sur mon lit, épuisée d'avoir pleuré, mon père est venu me voir. « Quelqu'un t'attend à la porte », a-t-il dit. J'avais quinze ans à l'époque, alors je croyais que c'était une de mes copines d'école. J'ai répondu à mon père que je ne voulais voir personne. « Chérie, c'est un ami que tu seras contente de voir », a-t-il rétorqué.

Je me suis levée et j'ai regardé par la fenêtre. La remorque était dans l'entrée du garage et Rouquin était dans la remorque! Je me suis ruée dehors et je me suis pendue au cou de Rouquin, folle de joie. Il est resté tranquille, content de mon accueil. Quand j'ai enlevé mes bras de son cou, il a tourné la tête et m'a regardée dans les yeux, comme il l'avait fait la toute première fois.

Rouquin est demeuré avec moi durant toute une année encore avant que le cancer l'emporte. Une année de bonheur. Et quand il est parti pour de bon, nous étions mieux préparés.

Cette histoire date de plusieurs années déjà, mais Rouquin me manque encore. Bien qu'il soit physiquement absent, mon amour pour lui est bien présent. Rouquin vivra pour toujours dans mon cœur.

Laurie Hartman

Sac-à-puces, la magnifique

Lorsque j'étais enfant, mon parrain Nell et ma marraine Frances m'offrirent une petite chienne âgée de quatre mois. Elle était moitié berger allemand, moitié colley. Quand sa petite langue rose me lécha le visage pour la première fois, ce fut le coup de foudre.

Ma famille baptisa la chienne Sac-à-puces. J'aurais bien voulu avoir l'entière affection de ma chienne, mais dans une famille de sept enfants, personne ne peut vraiment se déclarer propriétaire de l'animal de compagnie de la famille.

Sac-à-puces était *notre* chienne, pas *ma* chienne. Avec sept enfants dans la maison, Sac-à-puces devait développer une patience à toute épreuve. Souvent, ma petite sœur, encore un bébé à l'époque, transformait la chaude fourrure de Sac-à-puces en oreiller pour sa sieste: elle dormait sur la carpette avec la chienne. Et, telle une mère protectrice, Sac-à-puces attendait sans bouger que ma petite sœur se réveille.

Sac-à-puces était également une bonne brigadière. Du lundi au vendredi, elle nous accompagnait jusqu'à l'école qui se trouvait à deux pâtés de maisons de chez nous. Elle regardait des deux côtés avant de nous laisser traverser les rues. Une fois rendus à l'école, nous lui faisions au revoir de la main en sachant qu'elle nous attendrait à la sortie après la classe.

De toutes les choses que Sac-à-puces a faites pour notre famille, il y en a une qui fut très importante.

Tard, un soir, Sac-à-puces fonça dans la chambre à coucher de mes parents et jappa, jappa, mais ni papa ni maman ne se réveilla. Elle monta alors l'étage, se rua dans ma chambre puis dans la chambre de mes frères, et jappa à nouveau. Voyant qu'elle était incapable de nous réveiller, elle retourna dans la chambre de mes parents et réussit finalement à réveiller ma mère.

« Qu'est-ce qu'il y a, Sac-à-puces ? » demanda ma mère, à moitié endormie. Sac-à-puces continua de japper. « D'accord, qu'est-ce qu'il y a ? »

Sac-à-puces geignit et sortit en trombe de la chambre. Croyant que la chienne voulait sortir dehors au plus vite pour faire un besoin urgent, ma mère la suivit jusqu'à la porte d'en avant.

Lorsque maman ouvrit la porte, Sac-à-puces traversa la rue comme une fusée, sans s'arrêter pour faire ses besoins. Ma mère comprit alors ce que la chienne essayait de nous faire comprendre depuis le début : la maison en face de chez nous était en feu ! C'était la maison où ma meilleure amie Marianne et sa famille vivaient. Sac-à-puces avait fait tout ce boucan pour avertir !

Ma mère appela les pompiers immédiatement. Les camions hurlants arrivèrent presque aussitôt et éteignirent les flammes. Grâce à eux, il n'y eut aucun blessé et la maison ne fut pas une perte totale.

Lorsque les pompiers vinrent nous remercier, ma mère donna le crédit à Sac-à-puces. « C'est la chienne qui les a sauvés, pas moi. » En entendant cela, je mis mes bras autour du cou de Sac-à-puces et l'embrassai sur le bout de son museau mouillé. « Merci d'avoir sauvé Marianne », murmurai-je dans son oreille brune et noire. « Tu es la chienne la plus brave du monde. »

Sac-à-puces remua la queue et me lécha le visage. Le coup de foudre que j'avais ressenti quand elle était bébé me frappa à nouveau. Je souris et lui promis de la laisser dormir dans mon lit pour le reste de sa vie.

Mary Saracino

Mon institutrice

L'enseignant déteint sur l'éternité; son influence est infinie.

Henry Adams

Mme Barrow, salle 501, salle 501, que je me répétais à moi-même en cherchant la bonne porte. C'était le premier jour de ma cinquième année d'école et j'avais très peur.

Au bout du couloir, une porte était ouverte. Je suis entrée et me suis tout de suite sentie mal à l'aise. J'ai essayé de ne rien laisser paraître, mais Mme Barrow a su lire dans mes pensées.

« Bonjour, Courtni. Tu peux choisir ta place. »

J'ai regardé rapidement les rangées de pupitre et me suis assise à côté d'une fille appelée Wendy Barber. Au fil des semaines et des mois qui ont suivi, Wendy et moi somme devenues de bonnes amies. Quant à Mme Barrow, c'était une institutrice comme les autres pour moi.

Un matin, Mme Barrow nous a demandé de rédiger une composition sur ce que nous voulions faire plus tard. Des élèves ont demandé pourquoi elle avait choisi ce sujet. Mme Barrow a expliqué que, lorsque ses anciens élèves terminaient leurs études, elle aimait qu'ils reviennent la voir pour parler de leurs rêves de cinquième année, en souvenir de leur enfance. Dès ce moment, j'ai commencé à aimer beaucoup Mme Barrow.

Peu de temps après, ma grand-mère qui vivait avec nous est tombée malade. Elle souffrait d'un cancer du pancréas. Environ un mois plus tard, elle a sombré dans le coma et est décédée. La mort de grand-maman a été très difficile pour moi. J'ai manqué plusieurs jours d'école parce que j'avais trop de peine.

Aux funérailles, alors que j'étais assise à m'apitoyer sur mon sort, j'ai levé la tête et j'ai aperçu Mme Barrow. Elle s'est installée près de moi et a pris ma main. Pour me réconforter, elle m'a rappelé que grand-maman ne souffrait plus. Au lieu de voir les choses de cette façon, je n'avais fait que penser à ma peine.

Après les funérailles, tout le monde est allé chez ma tante pour voir les fleurs que les gens avaient envoyées. Ma mère m'a alors montré un beau lierre dans un pot rose. La carte qui y était attachée disait:

Courtni,

Je suis désolée pour ta grand-mère. N'oublie jamais que je t'aime. Je te considère comme une de mes enfants.

Avec affection,

Mme Barrow

Le mot de Mme Barrow m'a profondément touchée. J'ai apporté le lierre à la maison, je l'ai arrosé et je l'ai mis dans l'ancienne chambre de grand-maman.

Je suis en huitième année maintenant et la plante est *toujours* là. Je ne savais pas qu'une enseignante pouvait tenir à ses élèves à ce point. Maintenant je sais.

Je peux dire avec tout mon cœur: tous ceux qui ont la chance d'avoir une institutrice comme Mme Barrow dans leur vie, ne serait-ce que quelques semaines, sont privilégiés. Mme Barrow ne le sait probablement pas, mais elle compte aussi beaucoup pour moi. J'espère seulement que mon témoignage l'inspirera et lui redonnera une petite partie de ce qu'elle a fait pour moi.

Mme Barrow, je vous aime beaucoup. Vous êtes plus qu'une enseignante pour moi, vous êtes comme une mère.

Courtni Calhoun, 13 ans

Un geste d'amour

Je déteste arracher les mauvaises herbes! me dis-je à moi-même. *Il fait chaud, il fait humide et c'est samedi!*

J'enlève quand même chaque mauvaise herbe de ce jardin de fleurs. Mon père, c'est monsieur Pelouse Parfaite. Il détecte les mauvaises herbes des kilomètres à la ronde. Et s'il détecte un seul petit trèfle, je devrai revenir enlever les mauvaises herbes à la main pour le reste de la journée.

« Papa, j'ai fini », que je lui crie du fond du jardin, convaincue que j'ai terminé mon boulot.

Papa sort en coup de vent de la maison. « Ne crie pas comme ça dehors », grogne-t-il. « Sers-toi de tes deux jambes et viens me le dire dans la maison. »

Je sens immédiatement que ça ne va pas. Je suis certaine que papa va trouver une minuscule mauvaise herbe que j'ai oublié d'enlever.

« Regarde », dit papa en agitant l'index, « tu as oublié ce coin-là. »

Je soupire, je me rends dans le coin en question et j'arrache les mauvaises herbes. Après, je lève la tête pour regarder papa qui est resté planté là avec un air renfrogné.

« OK, dit-il en tournant les talons, je pense que tu as terminé. »

Pendant que papa retourne dans la maison, je me demande si j'ai déjà fait quelque chose de bien ou d'assez bien pour lui. Parfois, je me demande même s'il m'aime.

C'est comme le soir où j'ai sorti les poubelles sans que papa me le demande. J'étais contente de moi. Mais lui ne l'a pas vu ainsi. Il était fâché parce que je n'avais pas mis le couvercle comme il faut et notre chienne est allée fouiller dedans. *Désolée,* m'étais-je dit, *mais ce n'est pas ma faute si Cassonade est une fouilleuse de poubelles.*

Il y a aussi le matin où j'étais presque en retard pour l'école et où papa est venu se mettre devant la porte comme pour m'empêcher de sortir. Dans la main, il avait un tube de dentifrice sans bouchon. « Où est le bouchon? » m'a-t-il demandé, les deux sourcils presque collés au-dessus du nez. « Et combien de fois devrai-je te répéter de presser le bout du tube et non le milieu! » *Au moins, je me suis brossé les dents,* ai-je pensé.

Juste à ce moment dans mes pensées, alors que je suis encore en train de désherber dans le jardin, une langue me lèche le visage.

« Cassonade! » dis-je en serrant la chienne dans mes bras. « D'où arrives-tu? »

Cassonade me regarde, la langue pendue sur le côté. Je souris.

« Toi, au moins, tu m'aimes. » Puis, je me lève, j'essuie la poussière sur mes genoux et je me dirige vers la maison.

Deux semaines plus tard, c'est un autre matin d'arrachage de mauvaises herbes qui m'attend. Mais je suis malade. Je transpire, je fais de la fièvre et j'ai mal partout.

« Allez! » dit papa en me soulevant du lit dans ses bras. « Il faut que tu voies un médecin. »

« S'il te plaît, non! » lui dis-je d'une voix affaiblie. « J'aime mieux arracher des mauvaises herbes. »

Il m'emmène quand même voir un médecin, qui dit que je fais une pneumonie. Le seul avantage de cette maladie, c'est que je n'ai pas à arracher de mauvaises herbes. Et puisque je dois garder le lit, je n'ai pas à me brosser les dents. S'il y a des avantages à être malade, alors je les apprécie. Pendant que je me repose, Cassonade reste couchée par terre à côté de mon lit. Elle m'aime bien.

Cette nuit-là, un bruit me réveille de mon sommeil. J'ouvre les yeux juste un peu et j'aperçois une longue silhouette. Assez de lumière entre par la fenêtre pour que je reconnaisse mon père. Mais pourquoi est-il là? Je ne lui dis pas un seul mot, ni bonjour ni rien, je ne sais trop pourquoi. Il s'approche de moi et met sa main sur mon front. Puis il enlève sa main et pose quelque chose sur ma table de nuit. Il me regarde une dernière fois et repart.

Après son départ, je prends ce qu'il a laissé sur la table de nuit. C'est un pendentif. Un pendentif comme je n'en ai jamais vu. Au bout d'une chaîne en or se balance un chiot dans un panier, et le chiot est pareil à Cassonade. Les mains tremblantes, je serre le pendentif contre mon cœur et je pleure. Mon père ne me fait jamais de câlins et ne me dit jamais « je t'aime », mais son geste m'a tout dit.

Kathy Kemmer Pyron

Pleure ta peine

*Ne t'excuse jamais d'exprimer tes senti-
ments. Si tu le fais, tu t'excuses de dire la
vérité.*

Benjamin Disraeli

Un lundi ensoleillé d'avril, j'avais mes deux
grands-mères bien-aimées avec moi. Le lendemain,
je n'en avais plus qu'une. Une de mes grands-mères
chères à mon cœur était décédée. Je savais que ce
moment allait venir un jour, mais maintenant que ce
jour était arrivé, j'avais seulement le goût de pleurer.
Je n'étais pas assez brave pour pleurer, toutefois, car
on m'avait toujours dit que les garçons ne devaient
pas pleurer.

Quand je suis allé au salon funéraire, j'ai eu du
mal à garder ma tristesse à l'intérieur de moi. Les
membres de ma parenté sont arrivés de partout au
pays. Il fallait vraiment que je retienne mes larmes
maintenant que la parenté était arrivée, car je ne voulais pas passer pour un pleureur. Je me suis rendu
compte peu à peu que mes parents, ma sœur et moi
étions les seuls qui avaient vécu dans la même ville
que grand-maman. C'est pourquoi sa mort nous a
tant attristés. Mes cousins de l'extérieur, eux, semblaient être venus seulement pour les convenances.
Ils n'avaient pas connu grand-maman comme je
l'avais connue.

À un moment donné, tous les membres de la
parenté étaient réunis au salon funéraire et attendaient qu'on ouvre le cercueil. Je croyais que cette

partie allait être la plus facile de mon deuil, mais elle a été la plus difficile.

Quand j'ai vu ma grand-mère dans son cercueil, mon cœur s'est arrêté. C'était la dernière fois que je la voyais. Sur le coup, j'ai eu peur d'avancer vers elle, mais il fallait bien que je le fasse. J'ai pris la main de ma mère et je me suis rappelé de ne pas pleurer.

Une fois arrivés à l'agenouilloir, juste devant grand-maman, ma mère m'a fait faire quelque chose qui m'a presque fait pleurer. Elle m'a dit de toucher la main de grand-maman, parce que c'était la dernière fois de ma vie que je pourrais le faire. J'ai avancé ma main vers la main de grand-maman, très lentement car je ne savais pas trop comment sa main serait. Lorsque ma main a touché la sienne, je me suis senti soulagé un peu. Sa peau était la même qu'avant, mais un peu plus froide.

Lorsque j'ai regardé ma mère, elle s'est mise à pleurer sans pouvoir s'arrêter. Je savais que je devais me montrer fort. J'ai mis mon bras autour d'elle et je l'ai aidée à se relever pour que nous retournions nous asseoir.

Au cours des heures qui ont suivi, j'ai rencontré beaucoup de gens. Ils m'ont tous offert leurs condoléances pour ma grand-mère. Je leur souriais et me rappelais de ne pas pleurer, car on m'avait souvent dit que les gars devaient être forts et ne pas pleurer. Je me disais que cette journée-là serait bientôt terminée, mais les funérailles avaient lieu le lendemain… moment des adieux.

Le lendemain matin, ma mère m'a réveillé tôt pour que je me mette sur mon trente-six. En m'habillant, je me suis promis que je retiendrais encore mes larmes, coûte que coûte. Je devais être fort et aider mes parents endeuillés.

Lorsque nous sommes arrivés à l'église, nous avons attendu qu'ils sortent le cercueil du grand corbillard noir. Nous sommes ensuite entrés dans l'église en suivant le cercueil pour montrer que nous étions de la famille. Une fois à l'intérieur, nous nous sommes assis sur le tout premier banc. J'ai été surpris de voir mes parents pleurer avant même le début de la célébration. Je retenais encore mes larmes, mais quand le prêtre a commencé à parler de grand-maman, c'était de plus en plus difficile.

Vers le milieu de la messe, le prêtre s'est mis à dire combien ma grand-mère était aimée de tous. Il a mentionné ensuite que je demeurais chaque soir avec elle pendant que mes parents travaillaient. Je me suis alors souvenu de tous les merveilleux moments que j'avais passés avec elle. L'été, nous nous balancions dans sa balançoire. L'hiver, nous allions toujours glisser sur la colline derrière sa maison. Les souvenirs qui se bousculaient dans ma tête étaient si nombreux que j'en oubliais où j'étais. Tout d'un coup, je me suis rendu compte que ces bons moments étaient à jamais disparus. C'est à cet instant précis que j'ai commencé à pleurer sans pouvoir m'arrêter. Je me moquais de ce que les autres pensaient. Il fallait absolument que je pleure. Je ne pouvais plus contenir ma peine.

Quand mon père m'a vu sangloter, il m'a serré contre lui et nous avons pleuré ensemble. Mon père, ma mère, ma sœur et moi étions assis les uns à côté des autres à pleurer comme si le monde s'était écroulé. J'ai alors songé que si jamais j'avais un fils, un jour, je lui dirais ceci: « Les vrais garçons sont capables de montrer leurs émotions. Pleure quand tu as de la peine et souris quand tu es heureux. » C'était la dernière fois que je disais au revoir à grand-maman, et j'ai eu l'impression d'être une meilleure personne quand j'ai laissé mes larmes montrer à tout le monde combien je l'aimais.

Jonathan Piccirillo, 15 ans

Éternel amour

Hier, après avoir dit pour la millième fois à mon frère, Rhys, et moi de cesser de nous chamailler comme des petits chiots dans la maison, maman est allée prendre un bain. Et voilà que c'est arrivé... Nous jouions avec des oreillers et l'un des oreillers a heurté violemment le dôme de verre qui était posé sur la table à café. Une seconde plus tard, des milliers de morceaux de verre jonchaient le sol !

Grâce à son oreille supersonique, ma mère a entendu le fracas des morceaux de verre sur les tuiles du plancher. Puis, comme par magie, elle est apparue dans le salon. J'étais certaine que c'était fichu pour mon frère et moi, et que maman allait hurler de colère, mais elle s'est mise à genoux pour ramasser les morceaux de verre et a commencé à pleurer.

Mon frère et moi nous sentions très mal à l'aise. Nous nous sommes approchés d'elle et avons mis nos bras autour de son cou. Elle nous a alors expliqué pourquoi elle était triste. Sous le dôme de verre que nous avions cassé, il y avait une rose de porcelaine. Papa lui avait donné cette rose le jour de leur premier anniversaire de mariage. Il lui avait dit que s'il oubliait, dans le futur, de lui apporter des fleurs le jour de leur anniversaire, elle pourrait regarder cette rose en porcelaine qui représentait leur amour et qui durerait toute la vie.

Maintenant, la rose gisait par terre, un pétale en moins. Nous nous sommes mis à pleurer, nous aussi, et nous avons offert à maman de recoller le pétale cassé. Elle a répondu que cela ne la réparerait pas vraiment. Cette rose faisait partie d'une série fabriquée en nombre limité ; maintenant qu'elle était cassée, sa valeur avait diminué. Mon frère et moi avons sorti nos tirelires pour repayer la rose, mais maman nous a répliqué que la rose représentait l'amour de papa et ne pouvait pas être remplacée.

Maman a continué de ramasser les morceaux de verre et nous avons continué d'essayer de lui rendre sa gaieté, mais rien n'y faisait. Rhys et moi étions vraiment gentils l'un avec l'autre. D'habitude, cela lui faisait grand plaisir, mais elle ne semblait même pas s'en apercevoir. Les larmes continuaient de couler pendant qu'elle ramassait les morceaux.

Après avoir tout ramassé, maman s'est levée pour retourner à son bain. Je lui ai dit alors que j'avais quelque chose de très important à lui dire. Elle a essayé de me contourner en disant « Pas maintenant », mais je ne l'ai pas laissée passer. Je lui ai dit: « Je veux te dire quelque chose de très important; je veux te parler d'une règle de Dieu. »

J'ai mis mes deux mains sur ses épaules et je lui ai dit: « Maman, toutes les choses peuvent se casser; tout peut se briser à un moment donné. La seule chose qui ne se brise pas, c'est l'amour. C'est la seule chose qui ne peut pas se briser. »

Maman m'a serré très fort dans ses bras et a souri, enfin. Elle a dit que j'étais brillant et que je comprenais des choses que même les gens beaucoup plus vieux que moi ne comprenaient pas!

Ce soir-là, après le souper, nous avons eu un « conseil de famille ». Nous avons discuté des erreurs qu'on fait et de l'importance d'apprendre de ces erreurs. Maman a ensuite recollé le pétale de la rose. Le minuscule pétale portait désormais une fine cicatrice de colle presque invisible. Maman a conclu notre discussion ainsi: « Même si d'autres gens ont des roses d'une série fabriquée en nombre limité, la mienne demeure unique. Son tout petit défaut me rappelle quelque chose de plus important: seul l'amour dure toujours. »

Denise et Rett Ackart

Je suppose qu'il est trop tard
pour dire OUPS!

Une raison de vivre

*L'amour guérit non seulement les êtres qui
le reçoivent, mais ceux qui le donnent.*

Karl Menninger

J'ai seulement douze ans, mais je connais très
bien la tristesse et la peur de mourir. Mon grand-père
a fumé toute sa vie. Aujourd'hui, il souffre d'une terrible maladie appelée emphysème. Cette maladie
détruit son système respiratoire.

Depuis que ma grand-mère est morte, mon
grand-père est déprimé, furieux contre le monde.
C'est un homme grognon. Il dit parfois des choses
très blessantes à des gens pourtant aimables. Toutefois, quand je suis avec lui, il montre une facette de
lui-même qui est tout autre.

Dernièrement, mon grand-père a été très
malade. Après une intervention chirurgicale à la
gorge, il a dû respirer au moyen d'une machine
appelée respirateur. Les médecins pensaient que ses
jours étaient comptés, mais il s'est miraculeusement
rétabli. On lui a enlevé le respirateur, mais il ne pouvait pas parler. Il devait forcer énormément sa voix
pour faire sortir le moindre son.

Pendant que mon grand-père était à l'hôpital, ma
mère et moi avons pris l'avion pour aller lui rendre
visite. Nous avions très peur qu'il meure. Quand
nous sommes arrivés à sa chambre d'hôpital, le voir
m'a bouleversée. Il avait l'air si malade. Il pouvait à
peine grogner. Il a quand même réussi à marmonner
« je… je… je… ».

« Tu quoi, grand-papa ? » lui ai-je demandé doucement. Il n'avait pas la force de me répondre. Il avait usé toutes ses forces pour prononcer ce mot.

Le matin suivant, ma mère et moi devions repartir. Je continuais de me demander ce que grand-papa avait bien voulu nous dire. C'est seulement plus tard que je l'ai su.

Une semaine après notre retour, nous avons reçu un appel téléphonique d'une des infirmières de l'hôpital. Elle nous a informés que mon grand-père lui avait dit : « Appelle ma petite-fille et dis-lui *t'aime*. » Sur le coup, je n'ai pas compris pourquoi il avait laissé comme message *t'aime* et non pas *je t'aime*. Puis j'ai compris. Le jour où nous étions allés à l'hôpital, il avait essayé de dire *je t'aime*. J'étais très émue. J'avais envie de pleurer et c'est ce que j'ai fait.

Après plusieurs semaines difficiles, mon grand-père est de nouveau capable de parler. Je lui téléphone chaque soir. D'habitude, il doit raccrocher après environ cinq minutes parce que ça l'affaiblit. Avant de raccrocher, il dit toujours « je t'aime » et « tu peux toujours compter sur moi ». Il m'a déjà dit aussi « Tu es ma seule raison de vivre ». C'est le plus beau compliment que j'ai jamais reçu.

Mon grand-père est encore très malade et je sais que son temps est compté. Je me sens touchée qu'il partage avec moi ses sentiments. J'ai appris beaucoup de lui. La plus belle leçon est la suivante : un simple « je t'aime » n'est jamais rien ; c'est une raison de vivre.

Lauren Elizabeth Holden, 13 ans

5

LA MORT
ET LE PASSAGE
DE LA VIE À LA MORT

Elle sera auprès de toi
Aussi longtemps que le vent soufflera.
Elle vivra toujours dans ton cœur,
Quelle que soit l'heure.
Elle t'accompagnera pour l'éternité,
Son esprit va toujours t'habiter.
Et si le soleil brille beaucoup
En même temps qu'il pleut à boire debout,
Un arc-en-ciel apparaîtra
Pour te dire qu'elle est là.

Karli McKinnon, 10 ans

Un matin d'avril

C'était le 19 avril 1995. Je me préparais pour aller à l'école, comme d'habitude, tandis que ma mère se préparait pour aller au bureau. Elle travaillait pour le gouvernement, à Oklahoma City.

Quand je partis pour l'école, je saluai ma mère en lui disant que je l'aimais et que je la reverrais après l'école. J'étais loin de me douter que je ne la reverrais pas après l'école et que ma vie basculerait.

Vers treize heures trente, on m'appela à l'interphone pour que je me rende au secrétariat. *Cool, ce doit être ma mère qui vient me chercher plus tôt*, songeai-je. Elle me faisait parfois la surprise de venir me chercher plus tôt pour m'emmener quelque part avec elle.

Lorsque j'arrivai au secrétariat, ce n'était pas ma mère qui m'y attendait, mais mon grand-père et ma tante. Ils pleuraient tous les deux, le visage défait. Je n'eus pas le temps de leur demander ce qui n'allait pas. Ils me pressèrent dans la voiture et nous partîmes chez moi.

En entrant dans la maison, je vis toute la famille assise en cercle qui pleurait en regardant les nouvelles à la télévision. Ma mère n'était pas à la maison. Mon regard se posa alors sur la télé qui montrait l'édifice où ma mère travaillait. La majeure partie de l'édifice avait explosé. Des gens en sortaient en sang. Je compris tout de suite que ma mère ne rentrerait peut-être pas à la maison. Je m'agenouillai et commençai à prier. Une pensée ne me lâchait pas : *Comment se fait-il que Dieu me laisse tomber ainsi?*

Tout le monde resta à la maison et continua de regarder les nouvelles pour savoir si ma mère en sortirait vivante. Les heures s'écoulaient et rien de nouveau n'arrivait. Pendant ce temps, on voyait des collègues de ma mère sortir sur des civières. Ils étaient morts. Je commençais à ressentir de la haine envers l'auteur de ce drame. Je pleurais encore plus. Je me sentais impuissant, inutile. Heureusement, ma famille m'entourait.

Les jours passèrent. On n'avait toujours pas sorti ma mère des décombres. J'étais en état de choc. Tout ce que je voulais, c'est que ma mère revienne à la maison et me réconforte, mais mon vœu ne se réalisait pas.

Un mercredi matin, deux semaines et demie après l'explosion, les pleurs de ma tante et de ma grand-mère me réveillèrent. Je me levai pour aller voir ce qui se passait. Elles m'annoncèrent alors qu'on avait retrouvé le corps de ma mère.

J'étais tellement heureux ! Dieu avait répondu à mes prières ! Je demandai à ma tante quand ma mère reviendrait à la maison. Elle me répondit que ma mère ne reviendrait pas à la maison. Je ne comprenais pas. Alors elle m'expliqua que ma mère n'avait pas survécu à l'explosion. Ma mère travaillait au septième étage de l'édifice et on l'avait retrouvée au deuxième étage. Je me mis à sangloter. *Comment Dieu pouvait-il laisser faire ça ?*

Ma mère était la personne la plus importante dans ma vie. Aujourd'hui, elle est la personne la plus importante dans mon cœur. Le jour de l'explosion, elle est bel et bien rentrée à la maison, à sa maison au ciel. J'ai le sentiment que ma mère attend le jour où je rentrerai aussi à la maison. Entre-temps, je fais

en sorte qu'elle soit fière de moi. Elle était si importante pour moi. Ce sont ces pensées qui m'aident à
vivre chacune de mes journées.

Justin Day, 15 ans

L'histoire de Ryan

Mon cousin Ryan était la personne la plus courageuse et la plus patiente du monde. D'aussi loin que je me souvienne, Ryan et moi avions une relation spéciale. J'ai deux souvenirs de nous qui datent de plusieurs années, quand nous étions très jeunes.

Le premier souvenir remonte à une très chaude journée d'été à Disneyland en Californie. J'entends encore les rires et les cris de joie des gens autour de nous. Je me rappelle avoir levé la tête pour voir ce que Ryan pointait du doigt: nos deux ballons Mickey Mouse étaient emmêlés ensemble.

Le second souvenir, c'est quand Ryan et moi jouions aux petites voitures dans le salon de nos grands-parents. Il avait une voiture verte et j'en avais une brune. J'ai heurté sa voiture avec la mienne, et la sienne a cassé. Je n'avais pas l'intention de la casser et je le regrettais. En y repensant, je me rends compte combien les souvenirs sont importants.

Un jour, le père de Ryan, mon oncle Rick, a déménagé toute sa famille très loin de chez nous. Je ne pouvais plus jouer avec Ryan, mais nous nous téléphonions de temps en temps.

Plus tard, nous avons perdu le contact, jusqu'à ce que mon oncle appelle chez nous un soir. Ryan avait alors sept ans et moi, six. Quand ma mère a raccroché, elle m'a annoncé que Ryan était malade.

Il avait la leucémie. La maladie avait d'abord été dans son sang et maintenant elle était dans sa moelle osseuse. Peut-on imaginer? Le cancer à sept ans! Je ne sais pas où il a trouvé le courage de vivre en sachant qu'il se mourait lentement du cancer.

Après l'annonce de cette nouvelle, nous nous sommes téléphoné souvent. Quand il avait onze ans, il est venu passer deux semaines chez moi avec sa famille. C'est grâce à la fondation *Rêves d'enfants* qu'il a pu venir chez moi en avion avec sa famille, car la fondation payait leur voyage. Cette fondation essaie de réaliser les vœux d'enfants en phase terminale. Ryan voulait aller à Disneyland, à Universal Studios et à Sea World.

Un jour, durant son séjour chez nous, Ryan et moi sommes allés faire du patin à roues alignées. Nous nous sommes assis sur le bord du trottoir et nous avons parlé de nos souvenirs. Il m'a raconté les souvenirs qu'il avait gardés de moi et j'ai fait la même chose. Il se souvenait des ballons à Disneyland. Nous étions touchés de constater que nous nous rappelions les mêmes moments.

Après son séjour chez nous, Ryan est reparti chez lui avec sa famille. J'ai gardé contact avec lui durant toute l'année qui a suivi. Quand il a eu douze ans, il a dû subir une greffe de moelle osseuse, mais ses chances de trouver un donneur compatible étaient de une sur dix millions de personne. Ryan a donc subi une greffe expérimentale. Ce genre de greffe avait été pratiqué une seule fois auparavant, et l'homme qui l'avait subi était décédé. Les médecins ont prélevé de la moelle osseuse chez le père de Ryan et l'ont donnée à Ryan. Ryan a survécu à l'opération.

Un mois avant sa greffe, je lui avais parlé au téléphone. Comme j'étais mal à l'aise de lui dire que je l'aimais, je le lui avais dit très rapidement juste avant de raccrocher. En fin de compte, Ryan est décédé quelque temps après l'opération. Il prenait une si grande quantité de médicaments que ses poumons n'ont pas tenu le coup.

Sa mort m'a fait beaucoup de peine, mais je me sentais en paix avec moi-même. J'étais contente d'avoir eu le courage de lui dire que je l'aimais. Je ne serai plus jamais embarrassée de dire à quelqu'un que je l'aime. Il ne faut pas attendre qu'il soit trop tard.

Aujourd'hui, Ryan me manque beaucoup, mais je sais aussi qu'il ne souffre plus. Ryan est près de Dieu au paradis.

Kelli Frusher, 14 ans

Ma vie

La vie est difficile parfois,
Surtout quand on est malade.
J'ai eu le cancer deux fois,
C'est pas très agréable.

Je déteste le cancer que j'ai.
Est-ce que ma vie va finir ?
Les médecins me disent-ils la vérité ?
Parfois je pense que je vais mourir.

Avant de m'en aller,
Je veux avoir un peu de plaisir.
J'ai subi une opération compliquée,
Maintenant, elle n'est plus qu'un souvenir.

J'ai parfois envie de pleurer,
Envie d'en finir tout simplement,
Mais je continue d'endurer sans rechigner,
Les repas d'hôpitaux, c'est pas marrant.

Quand on m'a transplanté la moelle de mon père,
J'ai survécu à l'opération sans broncher.
C'était difficile pour nous tous, presque l'enfer,
Mais quand on y pense... je suis un miraculé!

Ryan Alexander

NOTE DE L'ÉDITEUR: *Ryan avait douze ans quand il est décédé le 9 novembre 1994.*

Je ne l'oublierai jamais

Il s'appelait Matthew. Je l'appelais toujours Matt. Il avait les yeux bleus et les cheveux presque blancs tant ils étaient blonds. Il faisait toujours des choses qui m'embêtaient, mais je crois que c'est à cela que ça sert les petits frères. Dans mon for intérieur, je l'aimais quand même. Il avait seulement quatre ans quand il est mort d'une méningite.

C'était une magnifique journée d'hiver. Je me suis réveillée, me suis préparée pour l'école et me suis rendue à l'arrêt d'autobus. Quand je suis montée dans l'autobus, Matt faisait du tricycle dehors. C'est ce qu'il faisait tous les matins.

Après une journée d'école normale, je suis revenue à la maison. J'avais hâte de jouer avec ma copine Jessica. Deux ans auparavant, elle était venue s'installer dans la maison voisine avec ses parents, son petit frère, T. J., et sa sœur, Brittany. Jessica et sa famille aimaient bien mon frère Matt, comme s'ils l'avaient toujours connu. Quand je suis arrivée à la maison, je suis allée tout droit chez Jessica.

Un peu avant mon arrivée, cet après-midi-là, mes deux grands-mères, l'une que j'appelle Nana et l'autre que j'appelle grand-maman, avaient emmené Matt chez le médecin. Mon grand-père m'a expliqué que Matt se plaignait d'être incapable de bouger la tête ou le cou.

Le médecin a examiné Matthew et a diagnostiqué une grippe. Il a dit à mes grands-mères de lui donner quelque chose pour sa fièvre et qu'il irait mieux le lendemain.

Quand elles sont revenues à la maison, elles ont couché Matt dans ma chambre. Je me rappelle avoir installé mon sac de couchage devant le foyer du salon. Je ne sais pas tout ce qui s'est passé cette nuit-là, mais ma grand-mère m'a raconté ce dont elle se souvient. Elle a dit que Matt s'est réveillé pour aller aux toilettes, mais il était trop faible pour se mettre debout. Ses paupières étaient collées ensemble, et il avait des petites taches violettes sur le visage et les bras. Il a fallu le transporter pour qu'il se rende aux toilettes.

Quand je me suis réveillée, il y avait un ambulancier dans la cuisine. Il disait qu'il n'emmènerait pas mon petit frère à l'hôpital en ambulance parce que c'était « seulement une grippe ». Comme l'ambulancier ne voulait pas embarquer Matt, mes grands-mères l'ont habillé et l'ont elles-mêmes conduit à l'hôpital. À mi-chemin, Matt s'est mis à halluciner. Il a dit: « Sissy, mes pieds brûlent. » Quand ils sont arrivés à l'hôpital, les médecins ont posé le diagnostic. Ils ont dit qu'il était trop tard et qu'ils ne pouvaient plus rien pour lui.

Vers six heures et demie du matin, je me suis réveillée. On aurait dit que mes parents pleuraient. Je savais que quelque chose n'allait pas. Lorsqu'ils m'ont dit ce qui se passait, je me suis demandé si je rêvais. Je n'ai pas pleuré, mais à l'intérieur de moi je pleurais. Plus tard dans la journée, beaucoup de parents et amis sont venus à la maison. Ils nous ont offert leur aide. Malheureusement, ils ne pouvaient pas ramener Matthew.

Au cours des journées qui ont suivi, j'ai essayé de ne pas penser à ce qui était arrivé. Je savais que mon frère était au paradis, mais je voulais qu'il revienne. Quelques-uns de mes professeurs ont pris congé pour venir aux funérailles. Pendant quelque temps, j'ai été incapable de me concentrer à l'école, mais les choses sont peu à peu rentrées dans l'ordre. Si on peut dire.

Quelques années plus tard, lors d'un rassemblement de jeunes, on nous a demandé d'écrire un conseil sur un papier et de le lancer dans les airs. J'ai écrit: « Ça aide de pleurer quand on perd quelqu'un. » Aujourd'hui, je *sais* que c'est vrai.

Megan Weaver, 12 ans

Un ange déguisé

L'amour est l'unique force capable de transformer un ennemi en ami.

Dr Martin Luther King Jr.

Lorsque j'ai rencontré Damon, il réparait la clôture de notre propriété. Ma mère et moi habitions en face de chez lui. Il semblait plutôt gentil quand on me l'a présenté, mais comme sa gentillesse était principalement destinée à ma mère, il était pour moi le diable déguisé en cultivateur.

Je venais d'avoir dix ans, et le seul homme que j'avais côtoyé était mon père. Quand Damon et ma mère ont commencé à se fréquenter, je ne savais pas comment me comporter. Mon père n'avait pas été un exemple à suivre en tant qu'homme, alors Damon n'avait aucune chance à mes yeux. En fait, je détestais cet homme.

Pour moi, Damon ne fréquentait ma mère que pour faire du mal à notre famille. Je ne pouvais tout de même pas le laisser faire !

Pendant six mois environ, Damon fit toutes sortes de choses pour gagner mon appui. Il m'apportait des présents et prenait toujours parti pour moi, même quand j'avais tort. Il laissait tout passer. Cette attitude, cependant, ne faisait que renforcer la mienne. Tout ce que je voyais en lui, c'est un homme adulte qui quémandait mon affection, ou du moins mon approbation. En fait, plus il essayait de me rallier à lui, plus je résistais avec un mot dur ou un regard glacial. Parfois les deux.

Malgré tout, Damon n'a jamais abandonné. Chaque fois que j'étais blessante envers lui, il s'essayait de nouveau. Au bout du compte, il a fini par me persuader et nous sommes devenus amis.

Étonnamment, Damon et moi avions beaucoup de choses en commun. Il me comprenait mieux que personne. En plus, il me faisait rire. Mes amies et moi adorions l'accompagner, et il aimait toutes les choses que nous faisions.

Je me souviens de l'avoir entendu dire : « Je préfère vous voir vous amuser avec moi que vous voir traîner dans les rues. » Il aimait les jeunes et voulait que mes amies et moi soyons en sécurité. Il se montrait toujours accueillant.

Damon avait deux filles, tandis que ma mère avait Nichole, Josh et moi. À un moment donné, tous nos amis faisaient partie de la famille. Que ce soit en travaillant ou en mangeant ensemble, nous avions toujours du plaisir. Nous riions beaucoup.

Nous avions nos moments de désaccord, mais ces moments n'étaient rien comparativement aux bons moments que nous passions avec Damon. Pendant cinq ans, il fut toujours présent. Damon était le père que je n'avais jamais eu. Entre nous, il y avait un lien solide qui nous rendait inséparables. J'aimais travailler avec lui et le regarder travailler.

Juste avant l'été de ma sixième année, Damon acheta deux bébés taureaux nourris au biberon. Je baptisai un des deux Floppy à cause de ses oreilles, tandis que Damon baptisa l'autre Doofus. Nous eûmes beaucoup de plaisir avec ces animaux car ils nous permettaient d'être ensemble. Avec mon aide, Damon construisit un enclos pour les bébés taureaux. À tour de rôle, nous nous occupions de les faire boire au biberon cinq à dix fois par jour. C'était plus souvent le tour de Damon que le mien.

Damon savait que je désirais un cheval. Il n'était pas tellement du genre *cowboy*, mais il me procura un cheval quand même. Damon me donnait des choses matérielles, mais il m'enseignait aussi beaucoup de choses sur la vie et la manière de vivre. Lorsque je l'avais rencontré la première fois, j'étais dans une période difficile de ma vie. Je venais de me rendre compte que mon père n'était pas le saint homme que je croyais. Il me faisait douter de mon respect pour la gent masculine. Je vivais dans un monde sans bonheur, et Damon fut la seule personne capable de percer les murs autour de mon cœur. J'avais toujours gardé mes émotions en moi, mais Damon m'enseigna que les exprimer faisait du bien. Grâce à lui, j'étais à nouveau bien dans ma peau et dans ma vie.

Un jour, Damon eut une rupture d'anévrisme cérébral. Quelques mois auparavant, mon grand-père Troy avait souffert de la même chose et était mort la nuit suivante. J'étais donc certaine que Damon allait mourir lui aussi, même si mon entourage se montra encourageant. Damon survécut à la première nuit, puis à la deuxième. Je me mis donc à avoir de l'espoir pendant qu'il se rétablissait aux soins intensifs.

Après la rupture d'anévrisme, Damon eut aussi quelques accidents vasculaires cérébraux. À cause de cela, il ne fut plus capable de parler. Je n'aimais pas aller le visiter car Damon n'était pas « Damon » sans sa voix. Il avait l'air faible, aussi, et cela me faisait mal de le voir ainsi. J'avais toujours une boule dans la gorge quand je le voyais, mais je continuais d'aller le visiter parce que j'espérais qu'il me parle.

À chacune de mes visites, j'étais incapable de lui parler. Damon resta aux soins intensifs durant deux ou trois semaines. Il semblait prendre du mieux.

À un moment donné, on constata que les assurances de Damon ne couvraient pas les soins qu'il recevait. En plein milieu de l'été, il fallut donc sortir Damon de l'hôpital où il était et le transférer dans un centre de réadaptation d'une ville voisine. C'était l'endroit le plus proche de la maison qu'on avait pu trouver.

Après le déménagement de Damon dans ce centre de réadaptation, j'allai le visiter trois fois seulement. Je détestais le voir dans cet environnement. Vers le milieu du mois de novembre, Damon contracta une maladie du sang. Sa santé déclina rapidement.

En décembre, j'allai voir Damon parce que ma mère m'avait dit que son état de santé s'était aggravé. Lorsque j'entrai dans la chambre de Damon avec ma mère, on m'expliqua que je devais porter des gants si je voulais lui prendre la main ou le toucher parce qu'il était vraiment malade. Debout au chevet de Damon, je le regardai respirer difficilement, l'air souffrant. Je ne pouvais rien faire pour lui et ce sentiment était insupportable. Je me retenais depuis longtemps mais je n'en pouvais plus.

Ce soir-là, à la maison, j'allai me coucher le cœur brisé. Je priai pour que Damon cesse de souffrir, quel qu'en soit le coût pour moi. Dans mes prières, je souhaitai le voir une dernière fois. Je souhaitais revoir non pas le Damon affaibli qui gisait dans un lit d'hôpital, mais le Damon que je me rappelais, celui que je n'avais pas vu depuis sept mois.

Après avoir prié, j'eus peur de m'endormir. J'avais peur de rêver à lui, ce qui m'arrivait souvent, puis de me réveiller pour apprendre sa mort.

Toutefois, je ne rêvai pas à lui jusqu'au mardi suivant, un 22 décembre. Ce soir-là, vers vingt-trois heures, les pleurs de ma mère me réveillèrent. Je compris instantanément. Mon frère vint me voir et m'annonça la nouvelle. Je descendis au salon et demeurai avec ma mère un moment. Ensuite, je retournai me coucher et dormis profondément jusqu'au matin.

Dans le rêve que j'eus cette nuit-là, je vis Damon sur son tracteur. Il souriait, il était le même qu'auparavant. Il allait très bien.

Le jour des funérailles, j'étais effondrée. Je me rendais compte que c'était fini. Il allait me manquer terriblement, mais dans le fond ça faisait déjà sept mois qu'il me manquait.

Cela fait un peu plus d'un mois que nous l'avons mis en terre. Pendant que j'écris ces mots, les larmes me viennent encore aux yeux. Damon était le meilleur homme du monde, mais je ne lui ai jamais dit. Je ne lui ai jamais dit que je l'aimais beaucoup. J'ai toujours cru que j'aurais l'occasion de le lui dire un jour.

Maintenant, tout me rappelle Damon. Le bruit de son tracteur me manque, de même que l'odeur de foin qu'il ramenait sur lui après une longue journée de travail. Même son rire un peu énervant me manque. J'aimerais tellement rire encore une dernière fois avec lui et ma sœur.

La vie est précieuse, pourtant on n'y fait pas toujours attention. Aujourd'hui, je sais qu'on doit vivre chaque journée comme si c'était la dernière. Ne vis pas pour l'avenir, ni pour le passé. Vis pour le présent, car c'est le seul moment qui compte.

Megan Jennings, 15 ans

Mon petit Superman à moi

J'ai gardé plusieurs fois un petit garçon,
Quand je disais *Au dodo!*, il disait toujours « Non! »
Il préférait me sortir tous ses jouets,
Il veillait tard, c'était notre secret.

On a même essayé de faire des biscuits,
Ils ont brûlé mais on a bien ri!
Films, maïs soufflé, batailles d'oreillers,
Voilà quelles étaient nos activités.

Superman était le héros préféré
De ce gentil garçon que j'ai beaucoup aimé.
Il apportait tant de joie dans nos cœurs,
Pourquoi donc a-t-il fallu qu'il meure?

Il adorait le baseball et chanter dans la chorale,
Mais il a tout arrêté parce qu'il avait trop mal.
Il a continué de sourire malgré la douleur,
Malgré son état qui s'aggravait d'heure en heure.

Après quelques semaines et plusieurs traitements,
Il est rentré à la maison… pour un rétablissement?
Sa famille et ses amis l'ont beaucoup gâté,
Puis ma sœur et moi sommes allées le visiter.

On a regardé ensemble l'un de ses films favoris.
Je le voyais alors pour la dernière fois de ma vie.
Mourir à l'âge de dix ans, imaginez!
Tous ses proches étaient là pour le réconforter.

On lui a dit de ne pas avoir peur,
On lui a raconté des souvenirs de bonheur.
C'est un ange, maintenant, un ange du paradis.
Je n'oublierai jamais son passage dans ma vie.

Il ne souffre plus, il est en paix,
Le revoir en santé, c'est tout ce que j'aimerais.
Je ne l'oublierai jamais, où que je sois,
C'est mon héros, mon petit Superman à moi.

KariAnne McCaffrey, 14 ans

N'oublie pas de dire
je t'aime

Il y a deux ans, pendant les vacances d'été de mes parents, nous sommes restés à la maison. Plutôt que de partir en voyage, nous avons visité des musées et le vieux port de notre ville. J'ai gardé tous les talons de billets d'entrée et toutes les photos de nos vacances. À l'époque, j'étais loin de me douter que ces souvenirs deviendraient précieux.

Quelques semaines après ces vacances, nous sommes allés dans une soirée en famille. Au retour, mon père ne se sentait pas bien du tout, à un point tel que ma mère a décidé d'emmener mon père à l'hôpital.

Mon père est revenu à la maison deux jours plus tard, et tout semblait normal. Toutefois, en entendant un membre de la famille parler au téléphone, j'ai appris que papa avait le cancer.

Quelques semaines plus tard, mon père est retourné à l'hôpital pour faire enlever la tumeur qu'il avait dans un poumon. Durant la semaine qui a suivi, j'ai dormi presque chaque soir chez une amie parce que ma mère demeurait au chevet de mon père.

Quand j'ai pu enfin voir mon père, nous avons passé la journée à regarder la télé ensemble, sans rien dire. Je n'étais pas très à l'aise et mon père le sentait. J'étais sa petite princesse et il m'avait toujours dit qu'il serait toujours là pour moi. C'est ce qu'il me répétait. Vers la fin de la journée, nous avons dû partir parce qu'il se sentait faible. J'ai oublié de lui dire *je t'aime* avant de partir.

Quelques jours plus tard, j'ai passé la nuit chez mon amie Mélanie. Le lendemain, nous avions une sortie à l'école. Nous avons rigolé jusqu'à dix heures du soir.

Au matin, ma mère est venue me voir avant que je parte pour l'école. Elle avait l'air triste. Elle m'a dit que papa n'allait pas bien. J'étais inquiète, mais je suis quand même partie à l'école. Juste avant de m'éloigner en voiture avec Mélanie et sa mère, je me suis tournée et j'ai vu ma mère qui pleurait sur le trottoir.

Lorsque je suis revenue à la maison dans l'après-midi, ma mère m'a demandé si je voulais une collation. Elle m'a ensuite annoncé que mon père était mort. Nous avons pleuré pendant des heures. Plus rien n'était pareil.

Mon père disait qu'il serait toujours là pour moi, mais il a fallu que je prenne conscience d'une chose très importante : *il serait toujours là pour moi, mais pas de la façon dont je l'avais cru. Il allait veiller sur moi de son paradis.*

Aujourd'hui, quand mon père me manque, je sors les talons de billets et les photos de nos vacances, et je me sens mieux. Je me souviendrai toujours de ce qu'il disait : il ne faut jamais se coucher fâché contre quelqu'un, car on ne sait jamais si on reverra cette personne. Dis aux gens que tu les aimes pendant que c'est encore le temps.

Nicole Fortuna, 10 ans

Grand-maman
dans les nuages

J'avais travaillé fort pour cueillir un bouquet de pissenlits dans le pré derrière la maison de ma grand-mère. Lorsque j'ai donné mon bouquet à grand-maman, elle a souri et m'a prise dans ses bras.

« Chère enfant, a-t-elle dit, tu me réchauffes le cœur. »

« Ton cœur est froid, grand-maman ? »

Elle a ri. Son rire, c'est ce qu'elle avait de plus beau. Pas parce qu'il produisait un beau son, mais parce qu'il faisait rayonner son visage.

Grand-maman a mis les pissenlits dans un vase rempli d'eau. Le vase est resté sur le bord de la fenêtre jusqu'à ce que la dernière fleur soit aussi brune que le bois du plancher.

Grand-maman sentait la vanille et le café. Je me souviens de la première fois que nous avons fait des biscuits maison. Je croyais que ça voulait dire que les biscuits avaient la forme d'une maison, mais grand-maman m'a expliqué qu'il y avait deux sortes de biscuits : les biscuits achetés et les biscuits maison.

Elle avait une recette secrète. Sa recette était sûrement magique puisqu'on pouvait mettre n'importe quoi – des raisins, des noix et même du chocolat – et les biscuits goûtaient toujours aussi bon. Grand-maman m'a donné sa recette de biscuits maison et je la garde dans ma boîte à trésors sous mon lit.

J'ai également un trèfle à quatre feuilles dans ma boîte. Grand-maman l'a collé sur un carton pour moi. Nous avons passé deux heures à quatre pattes dans sa cour pour trouver ce trèfle à quatre feuilles. Nous étions si contentes d'en avoir trouvé un que nous avons dansé en rond.

J'adorais coucher chez grand-maman. Elle m'apprenait à jouer au Rummy. C'est toujours moi qui additionnais les points car grand-maman disait que je comptais bien.

L'odeur du café me réveillait le matin. Le déjeuner était toujours bon. Il commençait par un gros baiser sur mon front, suivi d'un jus d'orange. Parfois, grand-maman nous faisait des œufs, mais elle savait que mon déjeuner favori était les crêpes. Elle en faisait toujours trop. Nous coupions donc en morceaux le reste des crêpes et les donnions à manger aux oiseaux. Je pense que les oiseaux venaient de loin pour manger ces morceaux quand je venais coucher chez grand-maman.

Grand-maman avait une bonbonnière sans fond. Pourquoi « sans fond »? Parce que nous pouvions manger des bonbons dans l'après-midi et dans la soirée, et le lendemain matin la bonbonnière était encore pleine. Il y avait toujours mes préférés: les menthes blanches au beurre. Grand-maman m'avait appris à les laisser fondre sur ma langue comme par magie. Nous faisions des concours pour savoir qui garderait le plus longtemps sa menthe sur sa langue. La plupart du temps, c'est grand-maman qui gagnait.

Mon endroit préféré dans le monde, c'était la balançoire de grand-maman sur le perron de sa maison. Elle s'assoyait d'un côté et moi tout près, j'appuyais ma tête contre elle. Mes pieds et mes jambes prenaient tout le reste de la balançoire. Je respirais alors l'odeur de biscuit et de café qui émanait du tablier de grand-maman. Elle plaçait son bras autour de mes épaules, et nous cherchions des formes d'animaux dans les nuages. De temps en temps, grand-maman poussait avec son pied pour faire continuer le mouvement de la balançoire.

La plupart du temps, nous bavardions. Nous parlions de la bonne récolte de maïs du voisin, du travail de papa, du bénévolat de maman. Je lui disais tous mes secrets et elle me promettait de ne pas les dire.

« Un jour, disait-elle, quand je serai avec les anges, tu regarderas les nuages et tu diras bonjour à ta vieille grand-mère, d'accord? »

« D'accord, grand-maman. » Je ne m'inquiétais pas de ce jour où elle serait avec les anges, car je me disais que ce jour ne viendrait jamais.

C'est ce que je pensais il y a deux mois. En ce moment, maman et papa sont dans la maison de grand-maman. Ils font le tri de ses affaires personnelles. Je suis assise dans la balançoire sur le perron et je donne un coup de talon de temps à autre pour continuer de me balancer. Il n'y a aucun bruit dans le jardin, ni de rire. Je me demande si je serai capable de rire à nouveau.

Grand-maman est ici, cependant. Je sens sa présence partout. Sa cuisine sent la vanille, la cannelle et le café. Peut-être qu'elle ne fait que jouer à la cache-cache et qu'elle sortira de derrière le buisson de lilas qu'elle aimant tant. Je sais que ce n'est pas possible, mais j'aimerais tellement que ça le soit.

Un gros nuage blanc traverse le ciel au-dessus de ma tête. Je le regarde et je me rappelle le jeu où grand-maman et moi cherchions des formes dans les nuages. Le vent chasse le nuage pendant que je l'observe. Et je vois grand-maman! Elle est là, sous la forme d'un nuage! Ses ailes sont déployées et sa robe blanche tombe en cascade autour de ses pieds. Elle sourit avec bonheur.

Je crie « Bonjour grand-maman! Je t'aime! » Je savais qu'elle existait encore! C'est juste qu'elle n'a plus besoin de cette vieille maison et de tout ce qu'il y a dedans pour exister. Je la vois saluer doucement de la main. Le sourire aux lèvres, je m'allonge dans la balançoire pour regarder grand-maman flotter dans le ciel.

Nadine Rogers

L'étoile de M. Oberley

Le dernier été que nous avons eu M. Oberley comme voisin, j'avais neuf ans. Il était retraité et vivait seul. Enfin, je ne sais si on peut dire qu'il vivait seul puisqu'il avait une vingtaine de chats. Au petit matin, d'ailleurs, on l'entendait parler fort à ses chats sur la véranda.

« D'où viens-tu ? » Sa voix résonnait dans le silence du matin. « Va-t'en, Kitty ! L'hôtel est plein ! »

Je souriais, sachant qu'il parlait encore à un chat errant. M. Oberley était bougon et se plaignait souvent, mais il ne refusait jamais d'aider un chat nécessiteux. Des miaulements joyeux s'échappaient souvent de ses fenêtres ouvertes. Maman et papa appelaient cela « la chorale des minous ».

M. Oberley avait été vétérinaire. Une fois, juste pour le plaisir, il avait écrit un livre de recettes pour chats. Maintenant, il était retraité. Il passait ses journées dans son jardin parmi les jonquilles, le dos raidi par l'arthrite. Il disait à la blague qu'il n'était plus bon à rien, seulement à diriger sa chorale de minous.

Parfois, mes parents me laissaient veiller tard le soir. Un soir, M. Oberley et moi nous sommes assis sur la véranda pour regarder la nuit tomber. Nous respirions le doux parfum des lilas pendant que les lucioles scintillaient comme des étoiles sur la pelouse. Une parade de chats a défilé devant moi avant de disparaître dans la nuit.

Quand la première étoile est apparue, M. Oberley a regardé le ciel en plissant les yeux. « La vie est beaucoup plus vaste qu'on peut l'imaginer », a-t-il dit en souriant. « Souvent, on pense que nos problèmes sont énormes. Regarde, ma petite Cindy, regarde là-haut. » Il pointait l'étoile la plus brillante.

« Un de ces jours, je vais grimper sur cette étoile et en faire ma balançoire », a-t-il annoncé. « Je la chevaucherai dans toute la galaxie et je verrai tout ce qu'il y a à voir. »

« Et si vous tombez, M. Oberley? » lui ai-je demandé, un peu inquiète.

« Je ne tomberai pas. Et penses-y, de mon étoile je serai bien placé pour te voir grandir. Je pourrai aussi entendre mes chats chanter. »

J'ai songé longtemps à ce qu'il m'avait dit. Le jour suivant, j'ai annoncé très sérieusement à M. Oberley que je ne voulais pas qu'il aille chevaucher une étoile.

« Vous allez trop me manquer », lui ai-je dit. « Et il y a la chorale des minous… Les chats chantent seulement quand vous êtes là, M. Oberley. »

C'était vrai. L'année d'avant, quand M. Oberley était parti en visite chez sa sœur, les chats avaient cessé de chanter. Je réussissais à les attirer avec leur gâterie favorite aux crevettes, mais ils n'avaient pas miaulé une seule fois. Ils avaient attendu le retour de M. Oberley.

« Je ne sais pas », a-t-il répondu, l'air fatigué. « Chevaucher une étoile me semble plutôt bien quand on a un corps aussi vieux que le mien. »

Plus tard cet été-là, M. Oberley est tombé malade. Sa nièce Sarah est venue en prendre soin. Les journées ont passé lentement pendant que j'attendais qu'il prenne du mieux.

Un jour, maman et moi sommes allées lui porter de la soupe. J'ai été bouleversée de le voir aussi amaigri. Il était presque trop faible pour lever sa cuillère. Les chats, inquiets, lui donnaient la sérénade sans relâche, jour et nuit.

Quand Sarah est venue frapper à notre porte, quelques semaines plus tard, les jonquilles et les lilas étaient fanés, mais les roses venaient d'éclore.

« Comment va M. Oberley ? » ai-je tout de suite demandé.

Sa nièce a inspiré longuement. « Il m'a demandé de te faire un message », a-t-elle fini par répondre. « Il a dit que tu comprendrais. »

« Il a trouvé son étoile, c'est ça ? » ai-je demandé tandis que Sarah essuyait une larme. « M. Oberley est allé chevaucher sa belle grosse étoile ! » me suis-je exclamé.

Sarah a fait signe que oui.

« Et les chats ? » ai-je continué. « Qui prendra soin d'eux ? »

« Moi », a dit Sarah. Elle prévoyait emménager dans la maison de M. Oberley avec son mari et sa petite fille, qui avait mon âge.

« Ça te fera une amie », a dit Sarah.

« C'était M. Oberley, mon ami », ai-je répondu.

« Pour toujours et à jamais », a-t-elle dit en essuyant une autre larme.

À la mort de M. Oberley, les chats ont cessé de chanter. Toutefois, le soir même, quand la première étoile est apparue dans le ciel, ils ont chanté jusqu'à se faire éclater le cœur. Je me suis dit que M. Oberley était sûrement rendu sur son étoile, comme il l'avait souhaité.

Cynthia Ross Cravit

La vie est courte

Aujourd'hui est tout ce que nous avons;
demain n'est qu'un mirage qui ne viendra
peut-être jamais.

Louis L'Amour

« J'ai faim! Je vais me chercher quelque chose à manger. »

Mon ami Gabe m'a souri et m'a répondu chaleureusement: « D'accord, mais tu es fou. Il fait trop beau pour prendre une pause. Moi je ne m'arrête pas tout de suite. Tu me rejoindras ici quand tu reviendras. Je vais faire encore quelques descentes. »

Avant de me laisser guider par l'odeur de pizza, j'ai desserré mes fixations et j'ai crié à Gabe: « Je te rejoins plus tard! » J'ai crié ces mots sans penser plus loin. Mon ami Gabe Moura et moi avions fait de la planche à neige tout l'avant-midi. J'avais trop faim pour continuer, alors j'avais décidé d'aller manger quelque chose au chalet.

Je me souviens de la température qu'il faisait. C'était un de ces beaux dimanches d'hiver ensoleillés où il fait juste assez froid pour raviver le corps et juste assez chaud pour porter un simple t-shirt. Nous avions fait de la planche à neige en t-shirt toute la matinée et à part quelques plaques de glace, la neige était parfaite. Nous aimions sillonner la montagne. La voltige, la vitesse et le rire étaient notre quotidien. J'avais faim, maintenant, et je prévoyais rejoindre mon ami aussitôt que j'aurais mangé. Gabe, lui, avait choisi de ne pas prendre de pause; il en prenait rarement quand il faisait de la planche à neige. Il était déjà rendu dans la file du remonte-pente. Je me souviens d'avoir pensé *Ce gars-là n'arrêtera jamais de faire de la planche, en tout cas pas quand il fait beau comme aujourd'hui.*

J'ai mangé ma pointe de pizza et je suis retourné dehors. Le remonte-pente fonctionnait et je ne voyais pas Gabe. Comme je savais qu'il était quelque part sur la montagne et que je ne voulais rien rater de ma journée, j'ai décidé de ne pas l'attendre en bas, de le rejoindre plus tard.

Pendant que je montais dans le remonte-pente, j'ai vu plusieurs personnes attroupées à l'intersection de deux pistes. J'ai cru qu'il y avait eu une collision mineure et que quelqu'un s'était encore fait mal au dos. J'ai continué de faire de la planche pendant quelques heures encore, débordant d'adrénaline et d'excitation. Je me rappelle avoir revu l'attroupement à la même intersection et m'être demandé ce que Gabe faisait.

La journée achevait. Il était l'heure de retourner à l'hôtel. En attendant ma mère au chalet, j'ai aperçu les autres jeunes avec lesquels Gabe et moi avions fait de la planche à neige au cours de la matinée. Mona, une des amis de Gabe, attendait dans le stationnement, l'air malheureux. Je me suis dit que c'était la fatigue de la journée.

Quand je me suis approché de Mona, j'ai vu qu'elle avait pleuré. Elle m'a alors annoncé que Gabe avait eu un accident et était parti à l'hôpital en hélicoptère. Il était dans le coma.

« QUOI?!?! » Je hurlais, et pourtant aucun son ne sortait de ma gorge. Elle m'a ensuite expliqué qu'il était entré en collision avec un skieur à pleine vitesse et que l'arrière de sa tête avait heurté une plaque de glace. Le skieur s'était relevé et avait dit quelques mots avant de disparaître, laissant Gabe par terre.

Le retour à la maison en voiture a été l'un des plus longs de ma vie. Je n'étais plus capable de réfléchir et mes nerfs détraquaient mon corps. Je me rappelle avoir pleuré sans arrêt et vomi. Une fois arrivé à la maison, j'ai téléphoné à l'hôpital. Gabe était encore inconscient et les médecins n'avaient pas encore de pronostic.

Le lendemain, mes amis et moi avons acheté quelques cartes de prompt rétablissement et sommes allés à l'hôpital. On nous a emmenés dans une grande salle de conférence où il y avait probablement deux cents personnes. Un aumônier est monté sur le podium et nous a informés que Gabe était en état de mort cérébrale. Les médecins étaient en train de le débrancher du respirateur et il allait être mort officiellement au cours des dix prochaines minutes.

La carte humoristique que j'avais achetée m'a alors semblé grotesque. Hier seulement, je vivais avec mon ami une journée de montagne extraordinaire, et voilà que cet ami était disparu à jamais.

Au cours des semaines qui ont suivi, il y a eu les funérailles, les vigiles aux chandelles et un douloureux questionnement: pourquoi? Pourquoi un garçon aussi innocent et plein de vie est-il mort? Comment cela peut-il arriver?

Cela fait maintenant huit mois que Gabe est mort et je ne connais toujours pas les réponses à ces questions. Je sais que je ne les connaîtrai jamais. Ce que je sais aussi, c'est que toute la publicité qu'on voit sur le sport est vraie. La vie est *réellement* courte. La vie n'est rien si on n'a pas de raison de vivre. Il faut trouver sa passion et la vivre, mais en toute sécurité. Il n'existe aucune bonne raison de risquer sa vie. Si Gabe avait porté un casque, il serait probablement en vie aujourd'hui. La vie est assez fragile comme elle est. Elle nous est donnée et enlevée sans avertissement.

J'essaie de rendre ma vie exceptionnelle, mais c'est difficile. On peut manger sainement et faire de l'exercice une heure par jour, on le fera pour rien si on n'a pas de raison de vivre. Il est si facile de devenir paresseux ou indifférent. Je connais des gens dont la vie tourne autour de la télévision. Je connais des gens avides de gagner de l'argent, qui ne vivent que pour le dollar tout-puissant, qui font un travail qu'ils détestent pendant d'interminables heures.

Il faut que je sois différent. Je dois essayer de changer cela. Gabe est mon inspiration. Vivant et mort, il a contribué à changer les choses autour de lui. Quand il était vivant, Gabe rayonnait et enrichissait la vie de ses proches. Sa passion pour la vie était contagieuse, mais il était à ce point passionné qu'il ne pouvait s'arrêter.

Quelques mois avant son accident, il avait dit à un membre de sa famille : « Si quelque chose m'arrive, je voudrais faire don de tous mes organes. »

Par conséquent, le cœur de Gabe, convoité par tant de jolies filles, bat aujourd'hui dans le corps d'un homme de soixante-deux ans qui se mariera bientôt. Son foie a été donné à un homme de trente-trois ans, marié et père d'enfants. Un des reins de Gabe a été donné à une femme et l'autre, à un homme. Deux personnes aveugles ont recouvré la vue, également, grâce à Gabe. Entre trente-cinq et cinquante personnes ont reçu des tissus corporels qui appartenaient à Gabe.

Aujourd'hui, Gabe vit non seulement dans le cœur de ses proches, mais aussi dans le corps et la vie d'une cinquantaine de personnes qui ont recouvré la santé grâce à lui. Gabe est un exemple à suivre. Tu ne sais pas combien de temps ta vie durera. C'est pourquoi tu dois poursuivre tes rêves et faire les bons choix aujourd'hui même. Fais en sorte que ta vie vaille la peine d'être vécue.

Scott Klinger, 16 ans

*Certains êtres entrent dans notre existence
et en ressortent aussitôt.
D'autres y demeurent un moment
et laissent des empreintes
qui nous transforment à jamais.*

Auteur inconnu

NOTE DE L'ÉDITEUR : Pour trouver plus d'information sur le don d'organes, vous pouvez consulter les sites www.livingbank.org *ou* www.gabemoura.com.

Je pense à toi

Je ne me souviens pas exactement à quel moment mon grand-père est arrivé dans ma vie. Il a toujours été là, simplement, et il était l'homme le plus formidable qui soit.

Certains jours, grand-p'pa, comme je l'appelais, et moi nous rendions pêcher dans une petite crique qui se déversait dans une rivière. Il m'a enseigné comment lancer la ligne, comment utiliser le moulinet et, le pire, comment appâter l'hameçon. Je me souviens encore de mon premier poisson. Pour la première fois de ma vie, j'avais accompli quelque chose d'utile. J'étais fière de moi.

D'autres fois, nous restions assis sur la véranda à nous bercer dans les berceuses qu'il avait fabriquées, et nous bavardions.

La chose que j'aimais le plus, c'était quand nous nous rendions à l'étable et qu'il faisait des travaux de menuiserie. Il m'a fabriqué mon premier cheval de bois quand j'avais quatre ans. Ce n'était rien de sophistiqué, mais le seul fait qu'il venait du cœur le rendait beau à mes yeux et à ceux de grand-p'pa.

Mais surtout, je pouvais toujours lui parler de tout ce qui pouvait préoccuper une petite fille de sept ans comme moi. Grand-p'pa me prenait sur ses genoux et m'écoutait pleurer. Quand il me prenait dans ses bras, toutes mes peines disparaissaient.

Quand je devais être punie, il parlait toujours avec moi de ce que j'avais fait. Il me demandait pourquoi j'avais agi ainsi, alors que tous les autres adultes que je connaissais autour de moi avaient immédiatement recours au châtiment corporel. Il était la seule personne qui méritait mon respect et qui, en fait, me respectait en retour.

Ce que j'appréciais aussi, c'est qu'il ne me traitait pas comme une fille qui parle seulement de rubans roses et de Barbies. Il me considérait comme une personne.

L'année de mes huit ans, la mort a transformé ma vie à jamais. En septembre de cette année-là, on m'a appris que grand-p'pa avait le cancer. Même à ses funérailles qui eurent lieu au mois de février suivant, je n'ai jamais pu accepter le fait que je ne le reverrais plus jamais.

Les six douloureux mois de sa maladie ont été interminables et cruels, surtout pour ma grand-mère, qui ne pouvait plus parler sans pleurer. Je ne savais pas ce qu'était la mort.

Ma vie était un épais brouillard. C'était trop difficile pour une petite fille de huit ans comme moi, alors je n'y croyais pas. Peu importe ce qu'elle était, la mort n'existait pas pour moi.

Peu à peu, j'ai appris que je ne pouvais pas refuser d'y croire. Il n'y avait plus de rodéos, plus de pêche, plus de chevaux, plus de confident. Quand j'entrais chez grand-maman, il n'y avait plus cette odeur de fumée mêlée de café et de bran de scie qui était celle de grand-p'pa. Tout le monde autour de moi était triste et j'apprenais ce qu'était la tristesse.

Un jour, les choses ont commencé à se compliquer avec les garçons et les amis. C'est à ce moment-là que l'absence de grand-p'pa est devenue réelle. Je savais que, s'il avait été en vie, il aurait pu m'aider. Au lieu de cela, je me suis débrouillée seule. Croyez-moi, c'est très stressant de passer de l'école primaire à l'école secondaire. Le monde était devenu cruel à mes yeux. Grand-p'pa me manquait beaucoup. Soir après soir, j'ai pleuré avant de m'endormir.

Au début de l'école secondaire, j'ai commencé à me tenir avec une bande de jeunes peu recommandables. Un matin, dans les toilettes, une fille m'a offert une cigarette. Aussitôt, une lumière s'est allumée dans mon esprit: la cigarette avait tué mon grand-père.

« Non », ai-je répondu simplement mais fermement. Et peu importe les commentaires désobligeants des autres, j'ai continué à refuser de fumer. Depuis le début de l'école secondaire, on m'a offert des cigarettes très souvent et j'ai toujours refusé. Je ne veux pas que mes petits-enfants se sentent un jour comme je me suis sentie parce que la cigarette aura tué leur grand-mère.

Du vivant de mon grand-père, j'étais trop jeune pour me rendre compte qu'il était un modèle extraordinaire. Heureusement, j'en ai conscience aujourd'hui. Grand-p'pa est très présent dans mes pensées. Tous nos souvenirs communs habitent mon cœur. Il exerce une influence sur tout ce que je fais. Personne n'a jamais eu et n'aura jamais la patience qu'il avait avec moi.

Sa mort m'a enseigné une foule de leçons, mais la plus grande est celle-ci: personne n'est invincible, même les êtres comme mon grand-père.

Leslie Miller, 14 ans

NOTE DE L'ÉDITEUR: Pour en savoir plus sur les effets du tabac, visitez le site de la Société canadienne du cancer, www.cancer.ca, *ou composez le numéro de téléphone de Ligne J'ARRÊTE, 1-888-853-6666.*

6

ATTITUDE
ET
PERSPECTIVE

*Chaque matin, j'ouvre les yeux et je me dis :
C'est moi, non les circonstances, qui possède
le pouvoir de me rendre heureux ou
malheureux aujourd'hui. C'est à moi de
choisir. Hier n'existe plus, demain n'existe
pas encore. Seul le présent compte et je vais
faire en sorte d'être heureux.*

Groucho Marx

Un petit au grand cœur

*On détermine soi-même sa valeur... On est
grand ou petit par sa propre volonté.*

J. C. F. von Schiller

Mon meilleur ami Larry est très petit. Nous
sommes en cinquième année du primaire et il n'est
pas plus grand qu'un garçon de première année.
Larry est peut-être petit, mais il a un grand cœur. Il
est brillant, aussi. Tous les enfants qui le connaissent
l'aiment beaucoup.

Les autres se moquent parfois de lui, mais Larry
sait comment réagir. Quand un grand parleur l'apos-
trophe en le traitant de Timide, Grincheux ou
Simplet, Larry rit et se met à fredonner l'air des sept
nains : « Hi Ho !, Hi Ho !... »

Larry adore le sport, bien qu'il ne puisse pas pratiquer des sports très physiques comme le football.
Un seul placage et il n'est plus là. Le baseball, toutefois, convient parfaitement à un gars comme Larry.
Il est d'ailleurs notre joueur étoile. Ses jambes sont
trop courtes pour la course sur piste et le saut en hau-
teur, mais au baseball, elles lui font faire le tour des
buts à la vitesse de l'éclair. Larry sait glisser sous les
coussins comme personne d'autre. Et quand il est au
champ, il attrape et lance la balle aussi bien que le
plus costaud de l'équipe.

Je me souviens du jour où il a participé aux
essais pour faire partie de l'équipe. L'entraîneur l'a
regardé et a aussitôt secoué la tête. « Non, je suis
désolé, j'ai besoin de joueurs costauds et solides.

Mais tu sais, j'aurais bien besoin d'un préposé aux bâtons. »

Larry a souri et dit: « Donnez-moi une chance. Si, après un essai, vous pensez encore que je suis trop faible, alors je serai votre préposé aux bâtons! »

L'entraîneur l'a regardé avec respect, lui a tendu un bâton et a dit: « D'accord, marché conclu. »

Évidemment, aucun lanceur ne pouvait lancer la balle dans la zone de prise très basse de Larry! Chaque fois que Larry allait au bâton, on lui donnait un but sur balles. L'entraîneur a vite compris qu'il pourrait tirer profit de cet avantage. Et quand il a vu la vitesse de Larry et son agilité avec la balle, il lui a donné une claque dans le dos et lui a annoncé: « Content de t'avoir dans l'équipe. »

Nous avons gagné durant toute la saison. Hier, c'était notre dernier match. Nous disputions le championnat. Le lanceur de l'autre équipe, Matt Crenshaw, est un garçon plutôt méchant qui n'a jamais aimé Larry, probablement parce qu'il ne peut jamais le retirer au bâton.

Nous avons joué serré jusqu'à la neuvième manche. Les deux équipes étaient à égalité et c'était notre tour d'aller au bâton. Quand Matt a passé devant notre banc pour se rendre au monticule, il a grimacé à Larry: « Va donc rejoindre Blanche-Neige et les six autres nains! »

Sur le coup, je me suis approché de Matt pour lui donner une leçon, mais Larry s'est mis entre nous deux. « Arrêtez ça! » a-t-il crié en me repoussant doucement. « Je peux me battre pour moi-même. »

Alors que Matt avait l'air prêt à se battre, Larry lui a plutôt tendu la main en disant: « Jouons au baseball, OK? Je sais que tu veux que ton équipe

gagne, et ce doit être difficile de lancer à une crevette comme moi. »

« À un trouillard, tu veux dire. Tu n'essaies
même pas de frapper la balle ! » Sur ce, il est
retourné au monticule pendant que Larry laissait
tomber la main qu'il avait tendue.

Nous avions deux retraits quand Larry est allé au
bâton. Il n'y avait personne sur les buts, mais
l'entraîneur a dit à Larry d'attendre son but sur balles, comme d'habitude. Les trois premiers lancers
ont été des balles. Il en manquait une pour que Larry
ait son but sur balles.

Quand le quatrième lancer est arrivé, Larry n'a
pas fait comme d'habitude, peut-être parce que Matt
l'avait traité de « trouillard ». Il s'est élancé haut et
fort. La balle n'était pas du tout dans sa zone de
prise, mais il s'est élancé quand même. Et il a soli-
dement frappé la balle. Nous avons entendu un toc
sonore, puis la balle a volé au-dessus des voltigeurs,
qui ont dû courir pour la récupérer. Pendant ce
temps, Larry a couru. Comme une locomotive, il a
couru et couru jusqu'au marbre. Les voltigeurs de
l'autre équipe ont récupéré la balle et l'ont lancée au
receveur, mais Larry a glissé juste à temps sous le
coussin du marbre.

Voilà comment nous avons gagné cette neuvième manche. Par le fait même, nous remportions
le championnat. Quand nous avons reçu le trophée
des champions, nous l'avons donné à Larry pour
qu'il le hisse dans les airs pendant que nous le portions sur nos épaules à tour de rôle, le temps de faire
le tour du terrain.

C'était moi qui l'avais sur les épaules quand
nous avons passé à côté de Matt. « Dépose-moi par

terre un instant », m'a demandé Larry. Il s'est alors approché de Matt pour lui tendre la main que celui-ci avait refusée un peu plus tôt.

« C'était un bon match », a dit Larry, « et vous avez failli gagner… »

Matt a regardé Larry pendant un long moment, puis il a décidé de lui serrer la main.

« T'es peut-être une crevette, mais t'es pas un trouillard. T'as mérité ton point. »

Larry et moi sommes ensuite retournés célébrer avec notre équipe. De la pizza pour tous les joueurs ! J'étais fier d'avoir Larry comme ami. Comme je l'ai dit au début de mon histoire, Larry est grand à sa manière.

Mark et Bunny Schulle

Mon plus beau Noël

Pour avoir ce qui est précieux,
il faut parfois tout perdre.

Bernadette Devlin

Ma sœur, Yvonne, avait quatorze ans l'année où notre maison, et tout ce qu'il y avait dedans, a été détruite par un incendie. Moi, j'avais dix-sept ans. Nous chauffions la maison au bois. C'est pourquoi chaque automne nous marquions les arbres morts qu'il y avait sur notre propriété, nous les abattions, nous coupions le bois et nous le rangions dans le sous-sol. Ainsi, chaque année, la semaine avant Noël, le sous-sol était à moitié plein de bois sec.

Le jour de l'incendie, Yvonne et moi venions tout juste de rentrer de l'école. Yvonne fit ce que nous avions fait des centaines de fois auparavant: elle vérifia le poêle, jeta quelques bûches dans le feu et referma la porte.

Moi, je boudais. J'avais toute la vaisselle sale du midi à faire et des devoirs à finir, en plus de mon grand-père qui ne me lâchait pas, frustré d'avoir passé une autre journée tout seul à la maison. Pendant que j'accomplissais mes tâches avec brusquerie, mon grand-père radotait et moi, je songeais à quel point j'avais hâte de quitter cette maison, ce village. *Un éclair tomberait sur la maison et je m'en moquerais.* C'est du moins ce que je croyais.

À un moment donné, il y eut un peu de fumée dans la maison, mais ce n'était pas inhabituel. Cela arrivait souvent quand on ajoutait quelques bûches. Je chassai la fumée de la main et continuai à laver la vaisselle en rêvant au jour où je m'en irais de la maison. Les chats de ma sœur n'arrangeaient rien; ils étaient en manque d'affection, comme mon grand-père, et ils ne me lâchaient pas les chevilles.

Ma sœur entra alors dans la cuisine et dit: « Tu ne trouves pas qu'il y a beaucoup de fumée ici? »

Je haussai les épaules et continuai de faire la vaisselle. Un instant plus tard, cependant, il était devenu évident que ça n'allait pas. La fumée était beaucoup plus épaisse que d'habitude. Ma sœur me regarda, puis elle regarda grand-papa. Notre grand-père était un adulte, certes, mais il habitait chez nous parce qu'il ne pouvait plus s'occuper de lui-même. Donc, s'il y avait des décisions à prendre, ce serait à ma sœur et moi de les prendre et non à lui. Une grosse responsabilité pour deux adolescentes...

Sans un mot, nous allâmes dehors et ouvrîmes la porte du garage (chose que nous n'aurions pas dû faire...). À notre grand désarroi, le garage cracha des flammes et de la fumée.

Ce n'était pas le temps de pleurer ou de devenir hystériques. Nous en aurions amplement le temps plus tard. Il fallait plutôt aller chercher grand-papa dans la maison. Ma sœur courut prendre le manteau de grand-papa tandis que je cherchais désespérément mes clés. « Il y a un incendie, grand-papa! » dis-je brusquement. *Où ai-je mis mon sac à main? Mes clés sont dedans.* « Il faut sortir de la maison, grand-papa! »

« Oh... d'accord », répondit mon grand-père. Docile comme un enfant, grand-papa resta debout, immobile, pendant que ma sœur lui mettait son manteau. Elle s'assura qu'il était bien emmitouflé, lui mit des pantoufles chaudes et le poussa vers la porte.

Trop occupée à chercher mes clés et à essayer le téléphone, qui ne fonctionnait plus, je ne remarquai même pas que ma sœur était sortie sans bottes et sans manteau, préoccupée par l'habillage de grand-papa.

Je jetai un coup d'œil par la fenêtre. Mes yeux chauffaient à cause de la fumée. Le mois de décembre dans le Minnesota est un vrai mois d'hiver… Ce n'est pas le temps d'être mal pris dehors, surtout pour deux adolescentes et un vieillard. Si seulement je pouvais trouver mes clés, pensais-je, je pourrais descendre au garage et sortir la fourgonnette de maman. À moins que les flammes ne se soient étendues. Nous pourrions alors attendre les secours au chaud et sauver au moins le véhicule de ma mère.

La mémoire me revint: j'avais lancé mon sac à main dans ma chambre quand j'étais rentrée de l'école. Or, ma chambre était au bout d'un long couloir, loin de la cuisine. Fille et petite-fille de pompiers professionnels, j'étais censée savoir quoi faire… mais les choses arrivaient si rapidement que j'agissais sans réfléchir. Ma petite sœur et mon grand-père attendaient dehors dans la neige en tremblant… Il me fallait les clés pour sortir la fourgonnette du garage. Je décidai donc de me rendre dans ma chambre, la pire décision de ma vie.

La fumée noire très épaisse donnait la nausée. À l'odeur, on aurait dit qu'il y avait un millier de feux de camp. J'essayais de ne pas penser à ce qui était en train de brûler: nos photos de famille, nos vêtements, nos meubles. J'avais fait à peine trois pas que je ne pouvais plus ni voir, ni entendre, ni respirer. *Comment allais-je faire pour me rendre à ma chambre?*

Évidemment, je ne me rendis nulle part, car je savais d'instinct deux choses : si je me rendais jusqu'à ma chambre, je mourrais ; et de toutes façons, qu'est-ce que je faisais dans cet enfer ? Un enfant de dix ans aurait mieux agi que moi. Ma sœur était probablement terrifiée ; elle allait peut-être même décider de venir voir ce que je faisais, risquant ainsi sa vie. Quelle idiote j'avais été !

Je retournai rapidement à la cuisine, regardai une dernière fois ma maison et sortis dans la neige.

Yvonne sanglotait en regardant la maison se consumer jusqu'aux fondations. Grand-papa, dépassé, lui tapotait le dos en disant : « C'est à ça que ça sert, les assurances. » Ancien pompier pour la ville de New York, il avait combattu d'innombrables incendies. Pour la première fois, je le voyais comme une personne réelle et non comme le vieux grand-père en perte d'autonomie qui passait un temps fou à essayer de me convaincre de m'asseoir avec lui pour bavarder un peu.

« Je vais aller chez les voisins demander de l'aide », dit Yvonne tout à coup. Elle portait un chandail, un jeans et des pantoufles. Je ne portais qu'un pantalon de molleton, un t-shirt et des chaussettes. Le voisin le plus proche habitait à environ un kilomètre et demi, de l'autre côté de l'autoroute.

« OK », ai-je répondu. « Fais attention en traversant l'… ». Je n'eus pas le temps de finir ma phrase qu'elle était déjà partie à la course dans la neige.

Je me rappelai alors les trois chats d'Yvonne. Ils étaient sûrement prisonniers de la maison. *Quand elle pensera à ses chats,* songeai-je, *elle deviendra folle.*

Yvonne revint très rapidement, essoufflée. « J'ai appelé les secours, bégaya-t-elle, ils s'en viennent. »

« Tu aurais dû rester au chaud chez les voisins ! » lui dis-je alors, fâchée de ne pas le lui avoir suggéré avant de partir.

Elle me regarda : « Je n'allais tout de même pas te laisser seule dans le froid ! »

« Ça va… », commençai-je à répondre quand Yvonne se prit soudain le visage dans les mains en criant : « Mon Dieu ! Les chats ! » Puis elle se mit à pleurer violemment.

« Ça va aller, Yvonne, ça va aller, je les ai vus sortir dehors », mentis-je en la prenant dans mes bras. Je voyais bien qu'elle ne me croyait pas, mais elle ne répliqua pas et se contenta de sangloter.

Le soir tombait maintenant et la maison en feu illuminait le ciel. C'était aussi beau qu'épouvantable. Et l'odeur… Aujourd'hui encore, quand quelqu'un allume un feu de foyer, je dois quitter la pièce pendant quelques minutes. Pour beaucoup de gens, les feux de foyer sont apaisants. Pour moi, l'odeur de bois qui brûle ramène toujours des souvenirs de dévastation et le souvenir de ma sœur qui pleure.

Les sirènes de pompiers se firent entendre au loin. Les camions d'incendie arrivèrent quelques secondes plus tard, accompagnés du chef de police. Le chef de police sortit de la voiture et nous fit signe d'approcher. Il parla ensuite avec grand-papa pendant qu'Yvonne et moi nous réchauffions sur le siège arrière de sa voiture.

Après un long moment, Yvonne soupira : « Je venais tout juste de terminer mon magasinage de Noël. »

Je soupirai aussi, mais je finis par pouffer de rire. Puis ma sœur se mit à rire aussi. Quelques secondes plus tard, ce furent les pleurs, puis les rires à nouveau.

« Je t'avais acheté le CD que tu voulais », lui confiai-je.

« Oh oui? Et moi je t'avais acheté un nouveau baladeur! »

Nous fîmes la liste de toutes les choses que nous avions achetées à nos amis et à nos proches. Tout avait brûlé dans l'incendie. Cette conversation entre ma sœur et moi ne fut pas déprimante; au contraire, elle nous servit de soupape. Le chef de police interrompit notre conversation lorsqu'il ouvrit la porte de la voiture : « Vos parents sont arrivés. »

En même temps que ma sœur, je sortis d'une traite et courus jusqu'à la voiture de mes parents. Jamais, au grand jamais je n'oublierai le visage de ma mère en cet instant précis : il était livide et terrifié. Lorsqu'elle nous vit, elle ouvrit les bras. Je me jetai dans ses bras, de même que ma sœur. Comme nous étions plus grandes qu'elle, elle faillit tomber à la renverse dans la neige. Papa nous regarda, soulagé qu'il ne nous soit rien arrivé. « Pourquoi pleurez-vous? » demanda-t-il en prétendant l'indifférence. « Nous avons des assurances. Nous aurons une nouvelle maison pour Noël! »

« Papa… pour Noël… je t'avais acheté les leurres que tu voulais pour la pêche, mais… ».

Il grimaça. « Ça me fait penser. Je suis allé chercher vos cadeaux en sortant du travail tout à l'heure. » Il sortit deux sacs du camion. À l'intérieur, il y avait les vestes que nous avions vues au centre commercial, Yvonne et moi, et que nous voulions tant.

J'enfilai ma veste et ma sœur en fit autant. Nous avions de la neige jusqu'aux chevilles. La maison craquait en finissant de brûler. Étrange moment pour recevoir un présent de Noël, mais ni ma sœur ni moi ne nous en plaignions.

« Il va falloir revenir ici demain », annonça papa. « Ce sera déprimant, ça sentira mauvais, ce sera vaseux, gelé, dégoûtant et triste. La plupart de nos affaires seront détruites. Mais n'oublions pas que ce sont seulement des objets. Les objets ne peuvent pas vous aimer en retour. L'important, c'est que tout le monde est sauf. La maison peut brûler cent fois, je m'en moque, tant que vous allez bien. »

Il nous regarda encore, puis il s'éloigna la tête basse, les mains dans les poches. Maman nous raconta plus tard que mon père avait accéléré à 150 km/h quand il avait aperçu la fumée au loin, et que lui et elle s'étaient pris par la main dans la voiture en attendant d'arriver sur les lieux. Ce moment d'incertitude (étions-nous en vie?) fut le pire de sa vie.

Plus tard, on découvrit que le tuyau qui reliait le poêle à bois et le mur s'était effondré et avait laissé s'échapper de gros morceaux de braise dans le sous-sol. Si ce bris s'était produit à deux heures du matin, nous serions tous morts asphyxiés. Cela avait pris seulement une demi-heure à notre maison pour devenir une prison mortelle. Si nous avions été endormis, nous n'aurions eu aucune chance.

Ma famille et moi avons vécu dans un motel durant plus d'un mois. Nous avons passé Noël dans le petit logement de ma grand-mère et nous avons mangé des mets à emporter parce que grand-maman était trop fatiguée pour cuisiner. Comme cadeaux de Noël, Yvonne et moi avons eu nos vestes. Mes parents, eux, n'ont eu rien d'autre qu'un casse-tête : celui des assurances à régler. Tout ce que ma famille avait acheté pour Noël fut détruit en moins de temps qu'il n'en faut pour faire la vaisselle. En fin de compte, ce malheur m'a beaucoup aidée à apprécier ma famille, chose dont j'avais grand besoin à cette époque. Nous étions ensemble et c'est tout ce qui importait.

Je me souviendrai toujours de ce Noël, le plus beau de tous.

MaryJanice Davidson

Les trésors du cœur

Le vieux Donovan était un homme méchant qui détestait les enfants. Il leur lançait des pierres et leur tirait dessus avec un fusil. C'est du moins ce qu'on entendait dire.

Le vieux Donovan avait une petite ferme près de la maison où ma sœur cadette, Leigh Ann, et moi habitions quand nous étions enfants. Sa ferme était pittoresque et faite sur le long. Elle renfermait deux trésors. Un de ces trésors était ses arbres fruitiers.

Le vieux Donovan cultivait plusieurs sortes de fruits, notamment des poires et des pommes. Naturellement, les fruits attiraient les enfants sur ses terres et les transformaient en voleurs. Ma sœur et moi, cependant, n'osions pas voler des fruits car nous avions entendu d'horribles rumeurs au sujet du vieux Donovan.

Un jour d'été, ma sœur et moi jouions dans un champ non loin de chez nous. L'heure était venue de rentrer à la maison et nous nous sentions très audacieuses. Il y avait un raccourci pour chez nous qui passait par la ferme du vieux Donovan. Nous nous disions qu'il ne pourrait pas nous voir courir parmi les arbres fruitiers. Nous étions presque sorties de sa propriété quand nous l'avons entendu. « Hé, les filles ! » a fait une grosse voix bourrue. Nous sommes restées figées. Le vieux Donovan était maintenant devant nous. Nos genoux tremblaient. Nous avions des visions épouvantables : il nous lancerait des pierres ou nous transpercerait de balles.

« Venez ici », a-t-il dit en levant un bras vers une branche de pommier. Encore tremblantes, nous nous sommes avancées vers lui. Il nous a alors tendu quelques pommes rouges bien mûres et juteuses. « Apportez-les à la maison », nous a-t-il ordonné. Étonnées, nous avons pris les pommes et nous sommes enfuies. Une fois à la maison, Leigh Ann et moi avons mangé les pommes.

Le temps a passé. Nous continuions de prendre le raccourci par la ferme du vieux Donovan, et celui-ci continuait de nous donner de beaux fruits juteux. Un jour, nous sommes arrêtées le voir alors qu'il était sur la véranda. Nous avons parlé avec lui pendant un long moment. C'est ainsi que nous avons découvert que les fruits n'étaient pas son seul trésor : Donovan possédait aussi un cœur tendre et aimant qui se cachait derrière une grosse voix bourrue. Le vieux Donovan est rapidement devenu un de nos interlocuteurs préférés. Malheureusement, les membres de sa famille ne semblaient pas aimer notre compagnie. Ils ne souriaient jamais et ne nous invitaient jamais à l'intérieur.

Chaque été, nous allions voir M. Donovan pour bavarder avec lui. Il nous racontait toutes sortes d'histoires que nous adorions. Un été, cependant, nous avons entendu dire qu'il était malade et qu'il avait dû être hospitalisé. Lorsqu'il est revenu à la maison, nous sommes allées le visiter. À l'hôpital, on lui avait enlevé son larynx. Quand il plaçait ses doigts sur sa gorge, sa voix sortait comme un murmure. Nous ne pouvions pas le comprendre, mais ses yeux parlaient pour lui.

L'hiver suivant sa maladie, nous avons appris que le vieux Donovan était mort. Leigh Ann et moi avons été très peinées de cette nouvelle et avons décidé d'aller aux funérailles. Nous avions un peu peur car nous ne savions pas comment la famille de Donovan nous accueillerait.

Lorsque nous sommes arrivées au salon funéraire, la famille de Donovan s'est montrée très aimable et s'est dite heureuse de nous voir. Nous avons pleuré ensemble, puis nous avons échangé nos bons souvenirs du vieux Donovan pour nous réconforter.

Durant ces étés où nous avons visité le vieux Donovan, ma sœur et moi avons appris à ne pas juger une personne avant de la connaître. Il s'y cache parfois un trésor.

Debbie King
Racontée par Ashley King, 11 ans

Fais un vœu.   *Incroyable, il neige!*

L'ange de neige

Réjouis-toi du moment présent, et l'énergie qui émanera de ce moment fera éclater tous les obstacles.

Corita Kent

Quand j'étais petite, ma saison préférée était l'hiver. J'adorais jouer dans la neige pour ensuite déguster un bon chocolat chaud.

Malheureusement, il n'y avait jamais de neige le jour de mon anniversaire, puisque ma fête ne tombait pas un mois d'hiver. La neige disparaissait bien avant mon anniversaire et revenait bien après.

Quand j'étais petite, j'ai demandé à ma grand-mère pourquoi il ne neigeait pas à mon anniversaire. Elle a ri et m'a répondu que je posais trop de questions. Peu de temps après, toutefois, elle m'a promis que j'aurais de la neige lorsque je vivrais un grand bonheur. Je l'ai remerciée et lui ai demandé de la neige pour mon prochain anniversaire.

Cette année-là, peu avant mon anniversaire, ma grand-mère est morte. J'ai ressenti beaucoup de peine, mais j'éprouvais également de la colère, car grand-maman m'avait promis de la neige pour mon anniversaire. Le jour de mon sixième anniversaire, je me suis réveillée et j'ai couru à la fenêtre avec l'espoir de voir ne serait-ce qu'un seul flocon de neige.

Malheureusement, il n'y avait pas de neige. J'ai pleuré et pleuré toute la journée parce que ma grand-mère m'avait laissé tomber.

Par la suite, à la veille de chacun de mes anniversaires de naissance, je priais pour avoir de la neige, mais en vain. J'en voulais à ma grand-mère de ne pas avoir tenu sa promesse.

À mon seizième anniversaire, j'avais perdu tout espoir d'avoir de la neige, même si je le souhaitais encore. Heureusement, ce fut la plus belle fête d'anniversaire de toute ma vie! Toute ma famille était là et tous mes amis étaient venus. J'étais vraiment au septième ciel.

À un moment donné durant la fête, je suis sortie dehors avec une amie. Celle-ci m'a demandé si j'étais contente de ma fête. Je lui ai répondu que je vivais le plus beau moment de ma vie. C'est à cet instant précis que la neige a commencé à tomber. Comme une petite fille, je me suis alors mise à valser sur place en criant et en riant. J'étais tellement excitée! Mes amis étaient surpris de me voir ainsi. Ils m'ont demandé si j'avais déjà vu de la neige et j'ai répondu oui mais jamais une neige aussi spéciale. Ils ont ri de moi, mais je m'en moquais.

Quand je suis rentrée dans la maison, mon grand-père m'a dit qu'il avait un cadeau pour moi. Je ne comprenais pas car il m'avait déjà offert son présent. Il m'a alors donné une petite boîte emballée dans du papier orné de flocons de neige. Le paquet semblait vieux, un peu jauni même. Je lui ai demandé ce que c'était. Il m'a dit de ne pas poser de questions et de l'ouvrir. Je l'ai ouvert. Niché dans la ouate se trouvait un flocon de cristal avec une carte d'anniversaire.

J'ai demandé à mon grand-père comment il se faisait que je recevais ce cadeau. Il m'a dit que le dernier souhait de grand-maman était de me remettre ce cadeau à mon seizième anniversaire. J'ai pleuré et j'ai serré grand-papa dans mes bras, même s'il ne comprenait pas trop. Ensuite, j'ai fait une prière en silence pour ma grand-mère qui était un ange. Maintenant, je suis certaine qu'elle veille sur moi comme elle l'a toujours fait.

Christine Fishlinger, 16 ans

La feuille de papier jaune

Quand on est dans la préadolescence, on dirait que nos parents n'ont pas de cœur. Ils ne comprennent pas qu'on ait BESOIN de ce nouveau disque compact même si on n'aime pas vraiment la musique qu'il y a dessus. Ils ne comprennent pas qu'on ait ABSOLUMENT BESOIN de ce nouveau maillot de bain même s'il coûte quatre-vingts dollars pour cinq centimètres de matériel. Ils ne comprennent pas qu'on ait BESOIN d'impressionner l'élu de son cœur en allant tous les soirs au cinéma, même si c'est pour le larguer après deux semaines d'ennui. Ils ne comprennent pas non plus quand on a un énorme bouton dans la figure et qu'il faut voir le dermato TOUT DE SUITE, même si personne d'autre ne voit ce bouton.

Voilà exactement comment je me sentais quand j'étais préadolescente. Je ne me préoccupais jamais des sentiments de mes parents. Je pensais qu'ils n'étaient pas comme moi et qu'ils n'avaient aucune espèce d'idée de ce que sont les sentiments. Je ne pensais pas qu'ils pouvaient ressentir les mêmes choses que moi. Comment le pouvaient-ils? Dans mon esprit, ils étaient vieux et grincheux, point à la ligne.

Un jour, tout a changé.

Un de mes passe-temps préférés était de fouiller dans le sac à main de ma mère. D'habitude, je le faisais pour trouver de l'argent qui, toujours avec la permission de ma mère, me permettrait d'aller au cinéma ou à l'endroit cool du moment. Dans le sac à main de ma mère, c'était le bordel. En fait, fouiller dans sa sacoche demandait beaucoup d'habileté.

Comme je n'y trouvais jamais rien d'intéressant, je me bornais à fouiller directement dans son portefeuille.

Un vendredi soir que j'étais à la recherche d'un billet de dix dollars, j'ai plongé la main dans la sacoche de ma mère et j'en ai sorti son portefeuille noir. Une feuille de papier jaune est tombée du portefeuille.

Je sais que la curiosité est un vilain défaut, mais… Naturellement, j'ai hésité.

J'ai succombé. J'ai déplié la feuille de papier. Elle ressemblait à une page de journal intime. Appartenait-elle à ma mère? L'écriture me faisait penser que oui. J'ai lu la feuille et j'ai tout de suite compris qu'elle parlait de mon frère et de son ami mort de la leucémie. Je n'avais aucun souvenir personnel de cet ami, car j'avais tout juste trois ans quand il est décédé.

Le contenu de la feuille m'a bouleversée. J'ai vite replié le papier et je l'ai remis là où je l'avais trouvé. Le jour suivant, la curiosité a encore eu le dessus sur moi. Après avoir vérifié que ma mère n'était pas dans la pièce, j'ai sorti la feuille de papier jaune et l'ai relue:

3 JUIN 1987

J'ai vu le chagrin sur le visage de mon fils aujourd'hui. Il a huit ans. Son ami est mort de la leucémie. J'avais déjà vu la douleur, la colère et la surprise dans les yeux de mon fils, mais jamais je n'avais vu le chagrin sur un visage aussi jeune. Je me demande ce qu'il pense. Je lui ai dit que son ami était devenu un ange. J'ai essayé d'éviter le mot « mort », mais il a immédiatement compris ce que je voulais dire. Je

217

n'oublierai jamais son regard. Je ne sais trop pourquoi, mais je ne m'attendais pas à voir la souffrance exprimée ainsi, comme s'il était un adulte. Mon histoire d'ange n'a pas su apaiser la souffrance qu'il éprouve d'avoir perdu à jamais son ami. Nous savions depuis plusieurs mois que les greffes de moelle osseuse avaient échoué chez ce petit garçon et qu'il n'en avait plus pour longtemps. Pourtant, quand son heure a sonné, je me suis sentie bouleversée. Je l'avais vu quelques semaines auparavant et il avait si fière allure. Comment Dieu a-t-il pu le reprendre si tôt?

Je pense souvent à la douleur de sa mère. Son fils est mort sur ses genoux dans la voiture qui les conduisait à l'hôpital. Où est-il allé? Comment survivra-t-elle à cette perte? La douleur doit être incommensurable. Je la vois s'accrocher, essayer de retrouver son fils. En tant que mère, ça me fait mal de penser à son agonie. Rien ne fait aussi mal que la perte de son enfant.

Pour nous tous, les choses seront différentes maintenant. L'an prochain, quand mon fils entrera en troisième année, son ami ne sera assis à aucun pupitre. Notre paroisse ne priera plus pour qu'il guérisse. Et sa mère s'accrochera pour toujours à son fils disparu.

J'ai pleuré un peu en pensant à l'épreuve que mon frère devait traverser à un si jeune âge. Au moins, il avait sa mère, son père et ses deux sœurs pour continuer de l'aimer et l'aider.

Ma mère avait plus de sentiments que je croyais. Les petits problèmes que je grossissais – le besoin d'avoir tel disque, d'acheter tel maillot, d'impressionner tel gars, de pulvériser tel bouton dans ma figure – n'étaient probablement pas très importants.

Je ne dis pas que depuis ce temps je ne pense plus à ces choses, mais j'ai un respect nouveau pour ma mère. Je lui réclame *moins souvent* des choses, et je me plains *moins* quand elle me les refuse.

Ce qui a véritablement changé, c'est que je n'hésite plus à lui parler de mes sentiments. Je sais qu'elle va comprendre. Je suis contente d'avoir pris conscience de tout cela avant de grandir et de quitter le nid familial, car je peux compter sur ma mère à un moment où j'en ai grand besoin.

Je ne sais pas comment ce serait si je n'avais pas lu la feuille de papier jaune. Je préfère ne pas le savoir. Je suis tout simplement heureuse de l'avoir fait.

Lauren Thorbjornsen, 14 ans

Dix ans et déjà courageux

J'entends le cliquetis rythmé des béquilles de métal qui approche, puis j'aperçois Brian qui me sourit dans l'embrasure de la porte, les cheveux ébouriffés. Brian a dix ans. Chaque jour, il vient à l'école avec joie, prêt à travailler.

Brian a un grand sens de l'humour. Il rigole de ses propres blagues. C'est mon premier élève « handicapé ». Tous ceux et celles qui travaillent avec Brian m'ont dit: « Ça va lui faire du bien d'être dans votre classe. »

Brian travaille avec un professeur d'éducation physique particulier et nage trois matins par semaine. L'horaire de ses journées est chargé. Tout ce qu'il fait lui demande plus d'effort qu'aux autres élèves.

Aujourd'hui, Brian a accepté de parler de son handicap devant la classe. Brian est aimé des autres élèves, qui lui demandent d'abord ce qu'il fait après l'école. Brian leur répond qu'il écoute beaucoup la télé et qu'il joue avec son chien. Il est fier d'être louveteau dans les Scouts.

Des élèves lui demandent ensuite pourquoi il utilise du papier différent, une loupe et une lampe quand il lit. Brian explique qu'il a des problèmes d'équilibre et qu'il voit mieux d'un œil que de l'autre. « Je vais avoir une autre opération à l'œil », ajoute-t-il. « Je suis habitué. J'ai déjà eu six opérations. » Il rit nerveusement en replaçant ses lunettes à verres épais. Brian a déjà eu deux opérations à la hanche, deux aux chevilles et deux à l'œil.

Brian explique ensuite qu'on lui a enseigné comment tomber quand il perd l'équilibre, afin qu'il ne se blesse pas. Personnellement, je me sens mal à l'aise quand il tombe, mais lui dit que ça ne le dérange pas. J'admire sa force intérieure.

Brian dit qu'il se sent souvent mis de côté, puis quelqu'un lui demande si les autres se moquent de lui. Il répond qu'on l'a traité de tous les noms imaginables, mais qu'il essaie de ne pas s'en faire.

Je demande à Brian s'il lui arrive d'être découragé.

« Eh bien, pour dire la vérité, il m'arrive de me fâcher si je ne réussis pas à accomplir quelque chose. Des fois, je pleure. »

Il est temps de mettre fin à la discussion. J'ai l'impression que les questions importantes ont été posées. Les élèves applaudissent.

« Peux-tu marcher un peu sans tes béquilles ? » demande alors un garçon.

« Ouais », répond timidement Brian.

Je lui demande doucement : « Voudrais-tu marcher pour nous ? »

« Oui ! Vas-y Brian, t'es capable ! » crient quelques élèves.

« Je… je pense que oui », répond Brian avec hésitation.

Brian dépose ses béquilles et prend son équilibre. Il commence à marcher gauchement vers le fond de la classe. « Je marche comme un gars soûl », murmure-t-il. Bien que sa démarche soit mal assurée, Brian réussit à marcher sans aide. Tout le monde applaudit et dit des encouragements.

« C'est super, Brian! » lui dis-je en posant mon bras autour de ses épaules.

Brian rit nerveusement. Je retiens mes larmes. Son honnêteté et son courage me touchent. Je me rends compte d'une chose : on a dit que ça lui ferait du bien d'être dans ma classe, mais c'est plutôt à moi que ça fait du bien qu'il soit dans ma classe. C'est à nous tous que ça fait du bien.

Eugene Gagliano

Scott

Depuis plusieurs mois, le groupe de jeunes dont je faisais partie travaillaient fort pour organiser une grande vente de crème glacée qui nous permettrait d'amasser des fonds. Le jour J était maintenant arrivé. Le groupe auquel j'appartenais comptait cinq garçons, dont un qui s'appelait Scott.

Scott était un éternel optimiste. Il voyait le côté positif des choses et ne critiquait jamais personne. Scott était différent de nous. Il était handicapé. Souvent, il était incapable de participer à nos activités. Personne ne se moquait de lui ouvertement, mais il se faisait souvent dévisager. Scott ne s'en faisait jamais; il gardait la tête haute.

Nous étions donc le soir de notre collecte de fonds. Nous attendions nos invités dans le sous-sol de l'église, cuiller à la main. Les gens ont commencé à faire la file. Ils espéraient tous avoir une belle crème glacée crémeuse, mais la crème glacée était beaucoup trop dure, complètement gelée. Nous avons donc attendu un peu pour qu'elle fonde, et elle a fondu.

Nous avions maintenant trois flaques de crème glacée: une à la vanille, une au chocolat et une aux fraises. Mais nous nous sommes entêtés à la servir. À un moment donné, chacun avait eu son tour à servir, sauf Scott. Pour être aimables, nous avons donné à Scott la chance de servir de la crème glacée.

Dès que Scott a pris la cuiller à crème glacée, notre petit problème de crème glacée un peu trop molle s'est transformé en désastre, et la crème glacée fondue a commencé à éclabousser partout. Cependant, Scott continuait de plonger la cuiller

223

dans les contenants, encore et encore. Il ne pouvait plus s'arrêter. Puis, tout à coup, en plein éclaboussement, il s'est arrêté. Nous l'avons regardé. Il nous a regardés. Et nous avons compris pourquoi il s'était arrêté.

Une fille très jolie venait d'arriver. Scott l'a regardée s'approcher et nous a dit: « C'est m-m-m-mon amie. » Nous sommes tous restés bouche bée. La plus jolie fille de la soirée était l'amie de Scott.

Nous nous sommes rués sur la cuiller à crème glacée pour avoir la chance de servir la jolie demoiselle, mais Scott nous a repoussés: « J... j... je veux la servir moi-même. » Nous l'avons laissé faire.

La fille s'est lentement approchée. Scott se tenait avec beaucoup de prestance, prêt à replonger sa cuiller dans la crème glacée. La fille a dit: « Bonjour, Scott. »

« B... b... bonjour », a bégayé Scott.

Elle a alors entamé la conversation avec Scott. « Regarde, Scott, j'ai eu mes nouvelles broches aujourd'hui », a-t-elle dit en faisant un grand sourire pour montrer son nouvel appareil orthodontique.

« E... E... Elles sont super », a répondu Scott. Les deux ont bavardé quelques instants, puis la fille est allée s'asseoir.

Ce soir-là, je me suis rendu compte que cette fille considérait Scott comme un ami normal sans s'arrêter au handicap qu'il avait. Je me suis rendu compte aussi qu'il était grand temps pour nous de faire la même chose.

David Ferino, 12 ans

Les pommes d'Adam

Après tout, il y a une seule race: l'humain.

George Moore

Un après-midi, mon fils revient de l'école avec un regard perplexe. Je l'interroge et il me répond: « Les gens sont-ils pareils même si la couleur de leur peau est différente? »

Je réfléchis un moment et je lui dis: « Je vais t'expliquer, mais allons d'abord à l'épicerie; j'ai quelque chose d'intéressant à te montrer. »

À l'épicerie, je lui dis que nous devons acheter des pommes. Il m'accompagne au rayon des fruits et m'aide à choisir quelques pommes rouges, quelques vertes et quelques jaunes.

À la maison, pendant que nous rangeons les pommes, je dis à Adam: « C'est le temps de répondre à ta question. » Je pose une pomme de chaque couleur sur le comptoir: une rouge, une verte et une jaune. Ensuite, je m'adresse à Adam, qui est assis de l'autre côté du comptoir.

« Adam, les gens sont comme ces pommes. Ils viennent au monde en différentes couleurs, différentes grandeurs, différentes formes. Regarde, certaines de ces pommes sont meurtries. Vues de l'extérieur, elles n'ont pas l'air aussi délicieuses que les autres. » Pendant que je parle, Adam examine soigneusement les pommes.

Ensuite, je prends les trois pommes, je les pèle et je les remets sur le comptoir, mais dans un ordre différent.

« Maintenant, Adam, dis-moi quelle pomme est la rouge, laquelle est la verte et laquelle est la jaune. »

« Je ne sais pas ; elles sont toutes pareilles, maintenant. »

« Prends une bouchée de chacune. Ça t'aidera à les différencier. »

Il prend trois grosses bouchées, puis un grand sourire explose sur son visage. « Les gens sont comme les pommes ! Ils sont tous différents à cause de leur peau, mais ils sont tous semblables aussi. »

« Exactement », que je lui dis. « Les gens ont tous une personnalité différente, mais ils sont tous pareils aussi. »

Adam comprend. Il n'a besoin d'aucune autre explication.

Dorénavant, quand je croquerai dans une pomme, je songerai à mon fils et à la façon dont elle a nourri son esprit !

Kim Aaron

Envers et contre tous

La force de caractère se forge de la naissance jusqu'à la mort.

Eleanor Roosevelt

L'autre jour, notre équipe de balle molle disputait la troisième place à une autre équipe. Nous menions. Moi, je tenais le coup comme receveuse, mais tout juste. Mes genoux commençaient à me lâcher. Depuis la fin de la deuxième manche, ils me faisaient vraiment mal.

J'avais déjà eu de mauvaises tendinites dans le passé et je crois que mes genoux ne pouvaient plus en prendre. J'allai donc voir mon gérant, qui était aussi mon père, pour lui dire que j'avais mal aux genoux. Je lui demandai si la receveuse de remplacement, Jill, pouvait prendre la relève pour le reste de la partie. Mon père appela Jill et lui dit de mettre son équipement de receveuse.

Un des entraîneurs entendit la conversation et s'approcha de nous. On aurait dit que la vapeur lui sortait par les oreilles : il était fâché de la décision de mon père.

Il cria à papa : « Es-tu fou ? Jill ne peut pas jouer ; elle a une grosse coupure au doigt ! »

Mon père expliqua que j'avais mal aux genoux.

« Et alors ? » rabroua brusquement l'entraîneur.

Il se dirigea ensuite rageusement vers moi. Son visage était rouge ; mon cœur battait fort.

« Je te conseille de remettre ton équipement et de retourner derrière le marbre. Sinon, je te promets la pire saison de balle molle de ta vie ! À chaque match, à chaque match tu te plains de tes fichus genoux! Si tes genoux te font si mal, je me demande pourquoi tu joues! Pour ce que ça donne, de toutes façons… », cria-t-il.

J'avais du mal à croire qu'il m'avait dit cela. Étonnamment, je fus capable de ravaler mes larmes pour lui dire: « Désolée, mais oui mes genoux me font mal. Si je continue, je crois que je vais m'effondrer! »

« Et alors? Tu crois que ça me dérange? » cria-t-il.

Maintenant, je pleurais à chaudes larmes. L'entraîneur s'en retourna en grognant plusieurs fois la même chose. Il me laissait en larmes.

Le soir venu, alors que je réfléchissais dans mon lit, une question très importante me traversa l'esprit: *Pourquoi continuer ma saison de balle molle si personne ne me respecte comme joueuse?*

La réponse vint du fond de mon cœur. Ce que l'entraîneur pense de moi importe peu. Ce qui importe, c'est ce que *je* pense de moi-même. J'aime la balle molle et j'ai le droit de jouer même si je ne suis pas la meilleure receveuse du monde. Je ne suis pas une perdante pour autant. Par contre, si je croyais en mon entraîneur plutôt qu'en moi-même, alors là je serais une perdante. Je n'aurais plus de respect pour ma propre personne. Personne ne me fera abandonner, pas même l'entraîneur. Tout ce que j'ai à faire pour être une gagnante, c'est de me rendre à chacun de mes matchs, avec mon mal de genoux et tout le reste. Et c'est ce que je ferai.

Amy Severns, 12 ans

Le fruit du travail

La quête du bonheur repose sur deux prin-
cipes tout simples. D'abord, trouvez une
activité qui vous intéresse et que vous faites
bien. Quand vous aurez trouvé cette activité,
mettez-y tout votre cœur et consacrez-y la
moindre parcelle d'énergie, d'ambition et
d'habileté.

John D. Rockfeller III

Enfant, j'ai grandi avec huit frères et sœurs dans un taudis. Je ne considérais pas ma condition comme un obstacle, bien que nous n'ayons même pas de vraie toilette dans la maison. Je prenais plutôt mon sort pour ma destinée et j'essayais d'en tirer le meilleur.

J'avais quatre frères plus âgés que moi et quatre sœurs. Nous devions nous entendre et prendre soin les uns des autres, car mon père n'était plus là pour aider ma mère. Il s'était suicidé quand j'avais trois ans. Maman est donc restée seule pour élever ses neuf enfants. Pour pourvoir à nos besoins, elle travaillait dans une scierie comme chauffeur de chariot élévateur pour cinquante dollars par semaine. Elle avait aussi un second emploi dans une usine de volaille. En somme, elle trimait dur pour joindre les deux bouts. Elle ne se reposait presque jamais.

Ma mère trouvait normal de faire tout ce qu'elle pouvait pour assumer ses responsabilités. Alors, elle ne demandait jamais d'aide. Évidemment, nous n'avions pas tout ce que nous voulions, mais nous avions tout ce dont nous avions besoin. Avec ma mère comme modèle, j'ai appris que travailler fort est la meilleure façon d'obtenir ce qu'on veut.

En grandissant, j'ai fait face à plusieurs tentations comme la drogue et l'alcool. J'ai choisi de résister à ces tentations. Même quand j'étais petit, je savais déjà que j'allais réussir ma vie. Certains diraient que c'est prétentieux, mais je ne voulais pas laisser les autres me dire ce que je pouvais faire ou non.

Évidemment, je rêvais à ce que j'allais devenir quand je serais grand. Au début, je voulais devenir policier, puis j'ai voulu faire partie des troupes d'élite. Ensuite, j'ai décidé que je serais chauffeur de camion à remorque. Il y a même eu une période où je voulais travailler dans la construction. Puis, à l'école secondaire, je voulais jouer au football. Je joue encore au football aujourd'hui. Dans tous les rêves que j'avais, je voulais surtout que mes frères, mes sœurs et ma mère soient fiers de moi, pas parce que je réussirais, mais parce que je serais une personne qu'on admirerait pour les bonnes raisons.

Étonnamment, le basketball n'était pas dans mes plans. Un jour, ma mère a découpé un anneau dans un vieux baril de bois pour que je joue au basket. Elle tenait l'anneau dans les airs et je lançais un vieux ballon de caoutchouc. Au début de l'école secondaire, j'ai commencé à jouer dans une équipe de basketball. J'adorais la compétition. Je me sentais bien quand je jouais contre une autre équipe et que je donnais mon maximum pour gagner. Mes efforts ont donné des résultats. Mon talent naturel m'a toujours aidé, mais j'ai toujours travaillé fort.

Quelles que soient mes réalisations, certains attendent que je me casse la gueule, comme on dit.

« Karl Malone ne peut pas faire telle ou telle chose », disent-ils. Au lieu de me démotiver, l'attitude de ces gens me motive. Elle m'incite à prouver à ces gens qu'ils ont tort. J'essaie de faire de mon mieux, au basket comme ailleurs. Je me rends compte d'une chose: quels que soient mes problèmes, il y a toujours quelqu'un quelque part qui en vit des pires. J'ai eu mes mauvaises passes. Et je sais que, sans effort, je pourrais en avoir d'autres.

Je suis reconnaissant pour ma vie de vedette de basketball. Mais quand je vois ces t-shirts qui disent « La vie, c'est le basketball », je ne suis pas d'accord… La vie, ce n'est pas ça. L'important pour moi, c'est que le basketball me donne les moyens de faire du bien aux autres.

Réussir, c'est savoir choisir entre le bien et le mal, c'est apporter sa contribution au monde, c'est donner priorité aux choses essentielles comme la famille et les amis.

Quand j'étais jeune, tous mes amis avaient comme modèles des athlètes, des acteurs ou des musiciens; moi, mon modèle, c'était ma mère. Et elle l'est encore aujourd'hui. Elle m'a appris entre autres que travailler fort n'a jamais tué personne. Ma mère est mon héroïne. Ce qui m'apporte le plus de joie dans mon existence, c'est ma mère, ma famille et mes amis.

À la fin de ma vie, je ne veux pas qu'on se souvienne de moi comme d'un homme assis sur ses lauriers qui clame: « J'ai réussi. » Je ne veux pas avoir à dire un jour que je n'ai pas fait mon maximum. Évidemment, il y a des jours où je n'ai pas envie de travailler fort… mais je me force quand même, car c'est ainsi que je suis.

Karl Malone

7

LES LUCARNES
DE MON CŒUR

Perdue dans la noirceur
Et ne sachant pas où aller,
J'ouvre les lucarnes de mon cœur
Pour voir ce que la vie peut m'enseigner.

Je fais le ménage de mon âme,
Je balaie la tristesse et la douleur,
J'assèche la rivière de larmes
Je laisse sortir la grande noirceur.

Et je trouve alors, enfoui,
Au plus profond de moi-même
Un trésor étonnant qui m'éblouit :
Il faut s'aimer soi-même.

Maintenant, quelle que soit ma destinée,
Je me sens douée pour le bonheur,
Car j'ai laissé la lumière pénétrer,
J'ai ouvert les lucarnes de mon cœur.

Hope Saxton

Annie Toupet

*Vivre avec la peur sans avoir peur est le test
ultime de la maturité.*

Edward Weeks

« Brenda, tu as de la visite », annonce l'infirmière.

Une femme aux traits tirés s'approche du lit de Brenda.

Face au mur, l'adolescente se recroqueville. Avec sa main, sa mère lui effleure l'épaule, mais Brenda baisse la tête un peu plus, comme si en se faisant encore plus petite elle disparaîtrait.

L'infirmière tapote l'épaule de la mère.

« Brenda refuse encore de nous parler », dit-elle à voix basse.

La mère de Brenda se mord la lèvre pour étouffer un sanglot. Les souvenirs remontent. Brenda aimait tant rire et parler; elle était une des filles les plus populaires de sa classe de sixième année. Mais ça, c'est la Brenda d'avant l'accident de voiture qui a entraîné l'amputation de sa jambe.

Dès son réveil après l'intervention chirurgicale, elle en avait voulu à sa mère. *Pourquoi moi?* Maintenant, elle se sentait comme un monstre. Personne ne voudrait être son amie. Elle n'aurait jamais de rendez-vous amoureux ni de petit ami. Depuis l'accident, Brenda a tout simplement cessé de parler.

« J'aurais aimé venir avec quelques-unes de ses amies », explique la mère de Brenda. « Mais six heures d'autobus aller-retour, c'est trop long. »

L'infirmière sourit. « Ne vous inquiétez pas. Nous avons un plan. »

Peu après le départ de la mère de Brenda, deux infirmières arrivent avec une civière.

« Brenda, c'est le jour du déménagement », annonce une des infirmières sur un ton enjoué. « Nous avons besoin de ce lit pour quelqu'un qui est vraiment malade. Mais nous t'avons réservé la meilleure compagne de chambre de tout l'hôpital. »

Avant que Brenda n'ait le temps de protester, les infirmières la déposent sur la civière et la transportent vers une chambre située à l'autre bout du couloir, une chambre inondée de lumière, d'affiches et de musique.

« Brenda, voici ta nouvelle compagne de chambre : Annie Toupet », lance une infirmière à l'adolescente à la chevelure noire couchée dans un des lits. « Notre patiente commence tout juste à aller mieux, alors fais-lui grâce de tes vieilles blagues. »

Annie, quatorze ans, sourit. Aussitôt les infirmières sorties de la chambre, elle saute de son lit et s'assoit au chevet de Brenda.

« J'ai perdu ma jambe à cause d'un cancer des os », déclare-t-elle. « Et toi ? »

Brenda est si stupéfaite qu'elle n'arrive pas à balbutier un mot.

« T'as vraiment de la chance », ajoute Annie. « Il te reste encore un genou. Moi, ils ont tout enlevé, genou et hanche compris. Regarde. »

Comme sous l'effet d'un irrésistible aimant, les yeux de Brenda sont déjà rivés sur la cicatrice encore fraîche et la cavité vide de la hanche.

Annie retourne sur son lit. « J'aime bavarder, mais mon copain va arriver d'une minute à l'autre. je dois me préparer. »

Sous le regard pétrifié de Brenda, Annie lève les bras et retire sa perruque! Son crâne est complètement chauve.

« Oh, j'avais oublié de te dire, les trucs qu'ils m'ont donnés pour tuer le cancer ont aussi tué mes cheveux », explique Annie en pouffant de rire. « Mais regarde, mes parents, ma grand-mère, mon petit ami et des copines de l'école m'ont chacun offert une perruque. »

Annie sort alors d'un tiroir un paquet de perruques: des perruques brunes, des perruques blondes, des perruques courtes, des perruques longues, des perruques frisées, des perruques raides.

« C'est comme ça que j'ai eu l'idée. Une perruque, ça donne du toupet. Annie Toupet. Tu piges? »

S'esclaffant de son jeu de mots, Annie prend une perruque blonde et l'enfile. Tout juste a-t-elle le temps d'appliquer un peu de poudre et de rouge à lèvres qu'un groupe d'ados fait irruption dans la chambre. Annie présente chacun d'entre eux à Brenda. Son petit ami, Donald, lance un clin d'œil à Brenda et lui demande de veiller sur Annie pour éviter qu'elle se mette les pieds dans les plats.

Rapidement, Brenda se mêle aux amis d'Annie. Avec eux, elle n'a plus l'impression d'être un monstre! Une fille lui confie même qu'un de ses cousins qui porte une jambe artificielle joue au basketball et conduit une motocyclette. Lorsque les infirmières parviennent à chasser tous les visiteurs de la chambre, Brenda se sent de plus en plus redevenir celle qu'elle était.

Les deux filles discutent toute la nuit. Annie confie son rêve de devenir auteure de pièces comiques. Brenda, elle, aimerait devenir comédienne.

« Mesdemoiselles! »

Une infirmière entre dans la chambre en pointant le faisceau de sa lampe de poche vers Annie et Brenda. « Il est minuit passé », gronde l'infirmière. « Qu'avez-vous à dire pour votre défense? »

« Rien, votre Honneur, rétorque Annie. On peut même dire que vous nous sciez les jambes! »

Les trois éclatent de rire, et celle qui rit le plus fort, c'est Brenda.

Pendant que s'éteint doucement le bruit des pas de l'infirmière dans le couloir, Brenda s'enfouit sous sa couverture. « Bonne nuit, Annie Toupet, chuchote-t-elle. J'ai vraiment hâte à demain matin. »

Kathleen M. Muldoon

L'esprit exerce un contrôle formidable sur le corps; peu de maladies viennent à bout d'un esprit déterminé et d'une énergie sans faille.

Katherine Lambert-Scronce

Deux pour cent suffit

Dès le jour de ma naissance, j'étais une fillette faible et maladive qui n'avait pas l'énergie des autres enfants du même âge. À quatre ans, tout semblait aller de travers. Je souffrais d'asthme et, la plupart du temps, j'avais mal partout. Il y avait surtout une douleur persistante qui me tenaillait le côté du corps. Malgré de nombreuses visites chez les médecins, personne ne pouvait dire avec exactitude de quoi je souffrais. « Simplement des douleurs de croissance », disait-on à mes parents.

Un soir, alors que j'avais de la fièvre, que ma pression artérielle était élevée, que je vomissais sans arrêt et que mes pieds étaient devenus violets, mes parents m'ont transportée en toute catastrophe à l'urgence de l'hôpital. Les médecins ont alors annoncé que je devais subir l'ablation de l'appendice. Au cours de la nuit, toutefois, les choses se sont aggravées. Je ne sentais plus mes pieds et je n'avais rien à vomir tellement mon estomac était vide. Mes parents étaient au comble du désespoir. Au matin, mon urine avait pris une couleur brunâtre. C'est à ce moment que les médecins ont compris que mon problème ne se limitait pas à mon appendice.

Le lendemain, on m'a transférée en ambulance à l'hôpital pour enfants pour y être traitée par le Dr Kohen, un spécialiste du rein. Il a diagnostiqué une maladie rare du rein appelée glomérulonéphrite. Après deux semaines de traitement, mon état ne s'est pas amélioré. Mes reins fonctionnaient à deux pour cent de leur capacité et si rien ne changeait, j'étais condamnée.

Mes parents ont alors été confrontés à un choix qu'ils espéraient n'avoir jamais à faire : stéroïdes, dialyse ou transplantation. On leur a expliqué que leur fille unique était mourante et que sans une amélioration considérable de mon état, on m'inscrirait sur une liste d'attente pour une transplantation de rein.

Ce soir-là, mon père s'est assis sur le bord de mon lit et m'a dit que j'allais devoir me battre comme jamais je ne l'avais fait auparavant. Sans avertissement, je me suis redressée et, rassemblant tout ce qui me restait d'énergie, je lui ai flanqué mon poing dans la figure ! Il a compris que j'étais prête à me battre.

Le lendemain matin, on m'a évaluée pour une éventuelle transplantation. On a aussi amorcé un traitement aux stéroïdes. En quelques jours, mon état a montré des signes d'amélioration, mais on a aussitôt prévenu mes parents que « malgré tous ses efforts, Krissy n'aura jamais autant d'énergie que les autres enfants de son âge ».

En moins de quatre jours, j'avais suffisamment récupéré pour rentrer à la maison. Au cours des deux mois qui ont suivi, je suis restée sous constante supervision. Je n'avais que quatre ans, mais je devais avaler quatorze pilules par jour et subir un prélèvement sanguin tous les deux jours. Avec le temps, le nombre de pilules à prendre a diminué et mes visites chez le médecin se sont espacées. Encore là, le pronostic pour un rétablissement complet restait faible.

Aujourd'hui, dix ans plus tard, je peux fièrement déclarer : « Regardez ce que je suis devenue. » J'ai quatorze ans, je pratique quatre sports, je suis membre de l'association nationale des élèves méritants, je suis vice-présidente de mon école et je suis une première de classe. Et surtout, je suis un miracle vivant aux yeux de mes médecins, de ma famille et de mes amis. Chaque jour, je rends grâce à Dieu de m'avoir donné la vie. Je sais que même lorsque nos chances de survie ne sont que de deux pour cent, tout reste encore possible.

Krissy Creager, 14 ans

Mon premier jour
à l'école secondaire

*La transition du primaire au secondaire est
le changement le plus difficile à vivre pour
les jeunes… En comparaison, le passage du
secondaire aux études collégiales est moins
traumatisant.*

Allan Mucerino, directeur d'école

J'ai l'estomac noué et je sens la sueur qui commence à mouiller mon t-shirt. Les mains moites, je tourne le cadran de mon cadenas à chiffres. J'essaie de me rappeler la combinaison, mais chaque fois que je pense l'avoir trouvée, le cadenas refuse de s'ouvrir. Je tourne le cadran vers la gauche, la droite, la gauche, la droite… *Dans quel sens dois-je tourner?* Je n'arrive pas à l'ouvrir. J'abandonne et j'avance en courant dans le couloir. Plus je cours et plus le couloir semble s'allonger et s'allonger… malgré mes efforts, la porte que j'essaie d'atteindre est toujours hors de portée. Je transpire de plus en plus. Les larmes commencent à me monter aux yeux. Je suis en retard, vraiment en retard, pour le premier cours de ma première journée d'école secondaire. Je cours et les autres élèves m'observent en riant… en riant… en riant… puis une cloche retentit. Dans mon rêve, c'est la cloche de l'école. Mais dès que je m'assois dans mon lit, je comprends que je viens de me faire réveiller par la sonnerie de mon réveil.

Ce rêve est loin d'être nouveau pour moi. Je l'ai fait pour la première fois à la fin de la sixième année, et plus le début du secondaire approchait, plus il revenait me hanter. Ce matin, mon rêve est on ne peut plus réel, car c'est *aujourd'hui* mon premier jour d'école secondaire.

Au plus profond de mon cœur, je sens que je n'y arriverai pas. Tout est trop différent. L'école, les amis – même mon propre corps.

Moi qui avais l'habitude de marcher jusqu'à l'école, je dois maintenant parcourir six pâtés de maisons pour prendre l'autobus. Je déteste les autobus. Les secousses et l'odeur d'essence me donnent le mal des transports.

Je dois également me lever plus tôt pour aller à l'école, en partie parce que je dois prendre l'autobus et en partie parce que je dois me préparer davantage que je n'avais à le faire à l'école primaire. Ma mère m'a prévenue que je devais prendre une douche tous les matins. Ma puberté commence et je transpire facilement.

Mon corps me rend mal à l'aise. Mes pieds refusent parfois d'obéir à mes ordres et je trébuche. Mes chevilles sont douloureuses, mes aisselles sont moites et des morceaux d'aliments restent souvent coincés dans mon appareil dentaire. Je me sens bizarre et anxieuse. De surcroît, j'ai l'impression de sentir mauvais et d'avoir constamment mauvaise haleine.

À l'école secondaire, je dois m'habituer aux règles et à la personnalité de six enseignants différents au lieu d'un seul. Je n'ai pas les mêmes camarades de classe d'un cours à l'autre et la plupart sont des inconnus. Je ne suis pas une fille qui se lie d'amitié facilement et là, c'est un perpétuel recommencement.

De plus, entre chaque cours, je dois me dépêcher pour aller à ma case, composer la combinaison du cadenas, ouvrir la case, ranger les livres du dernier cours, prendre ceux du cours suivant et me rendre à la salle de classe… tout ça en moins de *cinq minutes!*

J'ai peur. J'ai entendu certaines histoires sur le traitement réservé aux nouveaux élèves, comme se faire kidnapper par des élèves de secondaire II, puis jeter dans une poubelle. J'ai aussi eu vent de ce qui arrive lorsque les filles de secondaire II trouvent une fille de secondaire I seule aux toilettes: elles la barbouillent de rouge à lèvres. Toutes ces « activités » de rentrée scolaire ne m'inspirent rien de bon.

Personne ne m'avait dit que grandir était si difficile, si effrayant, si dérangeant, si… imprévisible. De plus, comme je suis l'aînée de ma famille et, en fait, du voisinage tout entier, aucun enfant n'a vécu ce que je vis et ne peut m'aider à surmonter les défis de l'école secondaire.

Je ne dois compter que sur moi-même.

Dès le premier jour d'école, *presque* toutes mes craintes se matérialisent. J'*oublie* la combinaison de mon cadenas. Je l'avais pourtant inscrite dans le creux de ma main, mais la sueur l'a effacée. J'*arrive* en retard à tous mes cours. Je n'ai pas le temps de finir mon repas; en fait, je viens à peine de m'asseoir que la cloche annonce la fin de la pause du dîner. Je m'étouffe presque avec mon sandwich au beurre d'arachide et je cours dans le couloir de mon cauchemar. Tout est flou, tant les salles de classe que les enseignants. Je ne me rappelle plus très bien qui enseigne quoi et quel devoir chacun a donné. Des devoirs? En ce tout premier jour de classe! J'ai peine à le croire.

Heureusement, mon premier jour d'école secondaire n'est pas tout à fait comme dans mon rêve. Dans mon rêve, tous les autres élèves savaient parfaitement ce qu'ils avaient à faire et j'étais la seule à être nulle. Dans la réalité, je ne suis pas la seule en retard. En fait, à peu près tout le monde est en retard. Personne ne se rappelle sa combinaison de cadenas, à l'exception de Ted Milliken, le seul élève à venir à l'école en cravate. Dès que les élèves comprennent qu'ils sont tous dans la même galère, la panique se généralise. Tout le monde se bouscule pour se rendre à son cours. Les livres virevoltent dans tous les sens. Personne n'est jeté dans une poubelle, en tout cas pas à ma connaissance. Toutefois, j'évite d'aller seule aux toilettes, au cas où… Comme dans mon rêve, des élèves rient dans le couloir, mais ils ne rient pas de moi. Ils rient de l'expérience qu'ils sont en train de vivre dans l'hystérie la plus totale.

Les semaines passent. Tout devient plus facile. Je compose la combinaison de cadenas sans même regarder. Et depuis que j'ai accroché quelques affiches dans ma case, je m'y sens comme chez moi. Je connais le nom de tous mes enseignants et j'ai mes préférences. J'ai renoué avec mes amis du primaire et j'ai aussi de nouveaux amis. Je suis capable d'enfiler mes vêtements d'éducation physique en présence d'autres filles. Je ne suis pas encore parfaitement à mon aise, mais je m'en sors bien, comme les autres filles d'ailleurs. En fait, j'ai l'impression que tout le monde est un peu mal à l'aise.

Je déteste toujours autant l'autobus; j'ai encore le mal des transports. J'ai même vomi une fois dans l'autobus. (Heureusement, j'étais en route vers la maison, et non vers l'école.) Je vais parfois à des danses et à des fêtes, et je commence à me demander ce qu'on ressent quand on embrasse un garçon. J'ai participé au camp d'entraînement de l'équipe d'athlétisme et ma candidature a été retenue. Je sais sauter par-dessus des haies en courant. Je suis même plutôt bonne.

Le temps passe encore. Le premier trimestre mène au second, puis au troisième. Sans même m'en rendre compte, je suis sur le point de passer en secondaire II. J'ai réussi.

L'an prochain, au premier jour de classe, ce sera à mon tour d'observer les nouveaux élèves suer comme je l'ai fait. J'aurai une bonne pensée pour eux, mais uniquement au PREMIER jour de classe. Car après, eux aussi comprendront qu'après tout, l'école secondaire, c'est du gâteau.

Patty Hansen

Moi, parfaite?
Pas tout à fait

« Attention! » a crié Robert en reculant. « Ça fait mal! »

« Voyons! Je t'ai seulement frappé avec ma veste », ai-je répliqué en riant. Robert était le plus beau garçon de la classe et j'avais un gros penchant pour lui. Je n'avais nullement l'intention de le blesser; je voulais seulement attirer son attention. De plus, c'était une veste très légère.

Mais Robert a eu une drôle de réaction. Il ne réagissait pas comme quelqu'un qui venait d'être frappé à la blague, avec une veste légère. Il pleurait en tenant son épaule gauche.

« Qu'est-ce qui se passe? » a demandé notre enseignant de sixième année, M. Mobley.

« Mon épaule… j'ai mal! » a gémi Robert.

À ma grande surprise, alors que nous sommes tous rentrés en classe à la fin de la récréation, Robert, lui, est allé directement au bureau de l'infirmière.

Nous avons commencé notre leçon d'orthographe et j'ai essayé de rester attentive pendant que M. Mobley lisait les mots de dictée.

Puis, quelqu'un a frappé à la porte de la classe. M. Mobley a ouvert la porte et un élève lui a tendu une note du directeur. Toutes les paires d'yeux se sont rivées sur M. Mobley. Une note en provenance du bureau de la direction est habituellement le signe que quelqu'un a de gros problèmes. Cette fois, ce quelqu'un, c'était moi. M. Mobley a levé les yeux et a dit: « Julie, M. Sinclair veut que tu ailles à son bureau immédiatement. Il veut aussi que tu apportes toutes tes affaires. »

Oh! Non! Je suis demandée au bureau du directeur. Qu'est-ce que mes parents vont dire? Tous les regards se sont tournés dans ma direction. Je me suis dirigée d'un pas traînant vers les crochets à manteaux pour y prendre la veste à l'origine de ma convocation. Un sentiment de gêne flottait dans l'air comme un nuage de poussière.

Comment cette stupide veste a-t-elle pu blesser quelqu'un? me suis-je demandé en refermant la porte de la classe. J'ai enfilé les manches de ma veste et j'ai fourré mes mains dans les poches. *Qu'est-ce que c'est?* Ma main droite s'est refermée sur un objet rond et dur: mon yoyo flambant neuf, un Duncan Imperial. J'avais complètement oublié qu'il était là. J'ai senti mes jambes se dérober sous moi. C'était le yoyo, et non la veste, qui avait blessé Robert. En route vers le bureau du directeur, j'ai prié: *J'espère que Robert n'est pas blessé. J'espère surtout que M. Sinclair n'a pas appelé ma mère.*

La secrétaire du directeur m'a fait signe d'entrer sans me faire attendre. Mauvais présage.

« Julie, qu'est-ce qui est arrivé? » m'a demandé M. Sinclair. Il s'est levé pour venir s'asseoir à côté de moi.

« Nous étions en train de flâner… et… j'ai frappé Robert avec ma veste sur l'épaule… Je… heu… je pense que j'avais ça dans ma poche. » J'ouvre la main pour montrer le yoyo rouge vif que j'avais acheté avec mon argent de poche. « Je suis désolée. Vraiment désolée. Je voulais seulement le taquiner. Je ne voulais pas lui faire de mal. » De petits bruits de reniflement ont commencé à sortir de mon nez tandis que mes épaules tressaillaient de sanglots à peine retenus.

« Je te connais assez pour te croire. Sans compter que Robert a une ecchymose sur l'épaule de la taille de ton yoyo. Sa mère est très en colère. Elle l'a emmené chez le médecin. »

J'ai baissé la tête au point presque d'en toucher mes genoux. Comme j'aurais aimé me transformer en courant d'air et m'enfuir en me glissant sous la porte !

« Je sais que tu n'avais pas l'intention de lui faire mal, a ajouté M. Sinclair. Mais Robert a été blessé. Je dois te renvoyer à la maison pour le reste de la journée. Va t'asseoir dans la salle d'attente. Ta mère s'en vient te chercher. »

J'ai écarquillé les yeux. *Là, ça va être ma fête !* pensai-je.

J'ai eu tout mon temps pour penser en attendant ma mère. Depuis toujours, je m'étais efforcée d'être une « bonne élève ». Des A à répétition et des commentaires favorables de mes enseignants m'avaient toujours valu louanges et affection de la part de mes parents. *Qu'est-ce qui va m'arriver maintenant ?* C'était la première fois que j'avais des problèmes à l'école.

Dix désespérément longues minutes plus tard, ma mère est enfin arrivée. « Allez, viens, a-t-elle dit. Tu me raconteras tout ça dans la voiture. »

Pendant le court trajet vers la maison, je lui ai tout raconté. Comment j'avais taquiné Robert parce que j'avais un gros béguin pour lui. Comment je n'avais jamais eu l'intention de le blesser. Ma mère a garé la voiture devant le garage. « Je m'ex-x-xcuse, maman », ai-je dit. Mon corps s'est tendu, prêt à encaisser la punition que je savais méritée.

Maman s'est penchée vers moi. J'ai retenu mon souffle en attendant la suite. *Va-t-elle crier? Va-t-elle me gifler?* Je ne savais pas à quoi m'attendre.

Ma mère a passé ses bras autour de mon cou. Puis elle m'a serrée très fort contre elle.

« C'est la première fois que je dis ça à un de mes enfants, a-t-elle dit, mais j'ai fait quelque chose de pire lorsque j'étais à l'école primaire. J'ai mordu le bras d'un garçon. Par exprès. J'ai été convoquée au bureau du directeur de l'école. » *Quoi? Ma mère, qui ne commet jamais de faute, avait mordu un garçon quand elle était jeune?* Cette pensée était trop drôle. Elle m'a regardée. « Disons que nous sommes deux fautrices de troubles, n'est-ce pas, ma chérie? » a-t-elle lancé avec le sourire.

« On dirait que oui », ai-je répondu. Malgré mes larmes, j'ai éclaté de rire. Ma mère également.

Le lendemain, Robert était de retour en classe, rétabli, mais l'épaule encore sensible. Dès que je l'ai aperçu, je lui ai présenté mes excuses, et tout est revenu à la normale.

Il y a toutefois quelque chose d'important qui a changé. J'ai appris que la terre n'arrête pas de tourner, même si on commet une gaffe, et qu'un enfant peut devenir un adulte mature même après avoir posé un geste stupide ou dangereux. À ma grande surprise, et à mon grand soulagement, j'ai appris que je n'étais pas obligée d'être parfaite pour être aimée.

Julia Wasson Render

Redécouverte

Sept ans. L'âge des cours de ballet et des poupées Barbies. L'âge où on apprend à additionner et à soustraire. L'âge où un chien peut être notre meilleur ami. Sept ans. L'âge de l'innocence.

J'étais une enfant comme les autres. Mes cheveux raides et bruns tombaient sur mes épaules. Mes yeux noisette en forme d'amande pétillaient d'aventures et de curiosité. Quant à mon sourire, il pouvait égayer n'importe quelle morne journée d'hiver.

J'étais une enfant heureuse qui vivait dans une famille aimante, qui avait de nombreuses amies et qui aimait faire de petits sketchs devant une caméra vidéo. J'étais une meneuse, et non une suiveuse. Mon meilleur atout était ma personnalité. Je débordais d'imagination. Ce qui me rendait spéciale était invisible pour les yeux, cependant : j'avais un amour de la vie hors du commun.

À l'âge de douze ans, tout a basculé parce que je me suis mise à souffrir d'un Trouble obsessionnel-compulsif (TOC). Un TOC est un trouble causé par un déséquilibre chimique dans le cerveau. Les personnes atteintes d'un TOC ne pensent pas de la même façon que les personnes dont la chimie du cerveau est équilibrée. Ceux et celles qui en sont victimes ont des rituels. J'ai commencé par me laver les mains dix fois par heure pour éliminer les germes, puis je me suis mise à vérifier constamment la cuisinière pour m'assurer que tout était éteint. J'ai fait cela pendant quatre ans. Puis mon TOC s'est transformé en dépression nerveuse. Je n'étais plus que l'ombre de l'heureuse fillette d'autrefois.

En troisième année du secondaire, j'ai finalement confié à ma mère que je souffrais d'une dépression nerveuse accompagnée de TOC. Je n'en pouvais plus de souffrir ainsi sur le plan émotif. J'avais besoin d'aide pour pouvoir continuer à vivre.

Ma mère m'a emmenée chez le médecin. J'ai commencé un traitement qui, espérait-on, guérirait ma dépression et mon TOC. En quelques mois, les médicaments ont eu un effet positif sur le TOC. Les rituels ont disparu. J'ai cessé par exemple de prendre quatre douches par jour. Mais il restait un problème : la dépression m'empoisonnait toujours l'existence. J'étais continuellement triste ; la vie comptait de moins en moins pour moi.

Un soir d'automne, il y a deux ans, j'ai touché le fond. Ma vie n'avait plus aucun sens à mes yeux. Je n'égayais plus la vie des autres comme je le faisais autrefois. J'ai alors conclu que le suicide était ma seule porte de sortie. J'ai rédigé une lettre d'adieu pour expliquer mon geste à ma famille et à mes amis. Dans cette lettre, j'écrivais à quel point j'étais désolée de les quitter ainsi, mais que c'était pour le mieux. En cachetant la lettre, mes yeux sont tombés sur la photo d'une adorable fillette dont la chevelure brune avait presque blondi d'avoir passé de longues heures au soleil. Cette fillette en uniforme de soccer rouge tenait entre ses petites mains un casque de vélo. Son visage souriant était celui d'une enfant qui mord à pleines dents dans la vie.

Il m'a fallu quelques minutes pour reconnaître la petite fille de la photo. La photo avait été prise chez mon oncle quand j'avais sept ans. J'avais peine à croire que c'était moi ! Un frisson m'a traversé l'échine. J'ai eu l'impression que ce moi plus jeune m'envoyait un message, et j'ai senti que je ne pouvais pas commettre l'irréparable. J'avais été une petite fille pleine de vie, et il n'en tenait qu'à moi de le redevenir.

J'ai déchiré ma lettre d'adieu, puis j'ai fait le serment de guérir ma dépression autrement qu'avec des médicaments. Mon esprit devait aussi combattre ma dépression et m'aider à retrouver le bonheur.

Cette « redécouverte » de moi-même date de deux ans. Je ne souffre plus de dépression ou de TOC. Je prends toujours des médicaments pour tenir la maladie à distance, mais la véritable raison de ma guérison, c'est que j'ai pris ma vie en main et que j'ai refusé de laisser la dépression la détruire. J'ai appris une leçon que je n'oublierai pas: il ne faut jamais renoncer. La vie est généreuse. Personne n'est à l'abri des problèmes, mais il est toujours possible de vaincre l'adversité. J'en suis la preuve vivante. Il faut toujours garder le moral, car tout finit par s'arranger.

Bien sûr, je traverse parfois des périodes plus difficiles, mais je reste optimiste et souriante. Parfois, il me fait drôle de penser que pour retrouver la foi en moi, il a fallu que je revoie la petite fille que j'avais déjà été. Je crois que nous pouvons tous puiser à même nos souvenirs d'enfance pour trouver des raisons de vivre dans la joie et la paix.

J'ai des projets d'avenir. Une fois mes études secondaires terminées, je veux m'inscrire dans une école de journalisme. Je rêve d'écrire. Je suis prête à affronter tous les défis que la vie me réservera. J'ai un modèle qui m'inspire et vers lequel je me tourne quand j'en ai besoin: c'est cette fillette en uniforme de soccer rouge qui me sourit sur la photo posée sur mon bureau.

Raegan Baker

Avec un peu d'encouragement

Voici les deux choses les plus importantes que j'ai apprises. Premièrement, on est aussi fort et aussi puissant qu'on veut bien l'être. Deuxièmement, dans tout ce qu'on entreprend, le plus difficile est de faire le premier pas, de prendre la première décision.

Robyn Davidson

Je trouvais normal de me sentir un peu perdu durant les compétitions de natation et d'athlétisme qui réunissaient les représentants de quatre camps de vacances. Tous les enfants voulaient aider leur équipe à remporter le premier prix. Tous, sauf moi. Je savais que j'étais trop petit pour être un meneur et trop malingre pour être un athlète. Je le savais depuis un bon moment déjà, car les animateurs du camp ainsi que les autres enfants ne rataient jamais une occasion de me le rappeler. Lorsque notre équipe a eu besoin d'un quatrième coureur pour la course de cinq kilomètres autour du lac, j'étais persuadé que personne ne penserait à moi.

Pendant qu'ils nommaient les noms des coureurs, je me tenais à l'écart, à l'ombre d'un érable. Mon corps s'est subitement tendu quand un animateur a crié: « Noah! Où est Noah! Il participe à la course! »

C'était la voix de Bronto. Son vrai nom était Alan Bronstein, mais tout le monde l'appelait Bronto. Il m'a aperçu sous l'arbre et m'a soulevé en me tenant par les coudes. On ne le surnommait pas « Brontosaure » pour rien.

« Noah, nous avons besoin d'un garçon de douze ans qui n'est inscrit à aucune autre épreuve. »

« Mais vous avez déjà trois coureurs. »

« Nous en avons besoin d'un quatrième. Et c'est toi. »

Dans une ultime tentative de m'éviter l'humiliation de terminer bon dernier devant les quatre camps de vacances réunis, j'ai essayé de dissuader Bronto, mais il m'a littéralement poussé jusqu'à la ligne de départ.

« Je ne connais pas le chemin autour du lac! »

« Tu y vas quand même. Tu n'as qu'à suivre Craig! » a répondu Bronto en souriant. Craig était non seulement le coureur le plus rapide de notre équipe, mais il était aussi mon ami.

Bronto a ajouté: « Quand tu arriveras dans le dernier droit de la course, baisse la tête et fonce. »

À la ligne de départ, je me suis installé, tremblant, à côté de Craig.

« À vos marques… prêt… ». Au son du pistolet de départ, seize coureurs se sont élancés. Mes pas soulevaient la poussière sur le chemin de gravier qui menait au lac. J'étais déterminé à ne pas me perdre, alors je talonnais Craig. Un petit peu trop à son goût d'ailleurs, car il m'a crié: « Pas si proche! »

J'ai obéi et ralenti. Deux coureurs m'ont doublé, mais je suis resté à portée de vue de Craig.

C'était épuisant. L'écart augmentait entre Craig et moi. Nous avons alors négocié le virage qui relie le chemin de gravier au sentier boisé et vaseux qui contourne le lac. À travers les arbres, j'ai vu Craig trébucher, puis disparaître de ma vue. Un coureur d'un autre camp l'a dépassé.

Immédiatement, il s'est relevé et s'est remis à courir. Il m'a lancé : « Attention aux racines ! Elles sont glissantes ! » Peinant pour maintenir mon allure, j'ai baissé les yeux et j'ai vu les racines dénudées des arbres. À bout de souffle, je les ai enjambées. Une dizaine de mètres plus loin, hors d'haleine, je suis arrivé au pied d'une côte ensoleillée. Le soleil brillait sur le reste du parcours. Je n'avais plus d'énergie. Alors que j'étais sur le point de m'effondrer et d'abandonner la course, prêt à laisser le reste du peloton me dépasser, j'ai vu qu'il n'y avait pas quinze coureurs entre moi et le fil d'arrivée, mais trois seulement. À travers les clameurs de la foule, j'ai distingué la voix de Bronto qui criait : « Cours ! »

Baissant la tête, j'ai ordonné à mes jambes de courir. Pendant les derniers mètres, je n'ai regardé ni devant ni derrière. Un sentiment de liberté m'a envahi. Il n'y avait personne pour me dire ce que j'étais ou n'étais pas. Mes jambes étaient en compétition avec mon cerveau et je sentais que j'étais en train de gagner.

Je ne me rappelle plus avoir passé le fil d'arrivée. Bronto m'a attrapé au moment où je m'effondrais, essoufflé, mais heureux d'avoir terminé. J'ai alors compris que Bronto n'était pas en train de me soutenir, mais de me serrer dans ses bras.

« Tu volais, mon vieux ! Tu volais littéralement ! Deuxième. Tu as dépassé deux coureurs ! »

Une foule se pressait autour de moi pour me donner des tapes dans le dos et me frapper les mains. J'ai fini deuxième, derrière Craig. Une enjambée nous séparait, m'a-t-on dit.

On m'a décerné le ruban de la deuxième place. Malgré ce ruban et les tapes dans le dos, le prix le plus précieux que j'ai reçu est la confiance. Cette année-là, j'ai découvert que je pouvais réussir un tas de choses si j'y mettais toute mon énergie.

Je n'ai pas eu la chance de remercier Bronto après la course. Je l'ai toutefois aperçu au lac pendant les épreuves de natation. Il prodiguait ses conseils à un enfant réticent qui participait à une course à relais. J'ai assisté à la course pour l'encourager. Avec Bronto comme instructeur, j'étais certain d'assister à une bonne course.

Noah Edelson

La dernière coureuse

Chaque fois qu'arrive le marathon annuel de notre municipalité, il fait une canicule. J'ai travaillé comme bénévole dans ce marathon, et mon travail consistait à suivre la horde de coureurs dans une ambulance pour le cas où quelqu'un aurait besoin de soins médicaux. Avant le début de la course, le chauffeur et moi attendions dans une ambulance climatisée, derrière une centaine de coureurs impatients d'entendre le signal du pistolet de départ.

« Nous sommes censés rester derrière le dernier coureur, alors prends ton temps », ai-je dit au chauffeur, Doug, lorsque nous avons commencé à rouler.

« Espérons seulement que le dernier coureur sera rapide ! » a-t-il répondu en riant.

Les premiers coureurs ont pris sans tarder leur vitesse de croisière et ont disparu au loin. C'est à ce moment que j'ai aperçu cette femme. Elle portait un short bleu en soie et un grand t-shirt blanc.

« Doug, regarde ! »

Nous savions que cette femme serait notre dernière coureuse. Elle marchait les pieds en dedans, mais son genou gauche était tourné vers l'extérieur. Ses jambes étaient si croches qu'il était difficile de croire qu'elle pouvait marcher, et encore moins courir un marathon.

Doug et moi avons observé la femme en silence. Elle avançait lentement. Nous n'avons rien dit. Nous avancions un petit peu, puis nous arrêtions et attendions qu'elle ait pris un peu d'avance sur nous. Nous avancions ensuite encore un peu.

Pendant que je la regardais mettre difficilement un pied devant l'autre, j'ai commencé à respirer pour elle et à l'encourager dans ma tête. Je voulais qu'elle abandonne, mais en même temps je priais pour qu'elle continue.

À un moment donné, elle était la seule coureuse en vue. Des larmes coulaient sur mes joues pendant que je la regardais. Du bout de mon siège, j'étais ébahie par son courage. Elle était admirable durant les derniers kilomètres.

Lorsque nous avons enfin aperçu le fil d'arrivée, des déchets traînaient partout. Les spectateurs étaient rentrés chez eux depuis un bon moment déjà, sauf un homme qui attendait debout, le regard débordant de fierté. Il tenait un des bouts d'un ruban de papier; l'autre bout était attaché à un poteau. La femme a passé le ruban, qui a continué de flotter tout seul dans les airs.

Je ne connais pas le nom de cette femme. Depuis ce jour, toutefois, elle fait partie de ma vie. Elle ne faisait pas cette course pour battre les autres coureurs ou gagner un trophée, mais pour atteindre son objectif, coûte que coûte. Quand je trouve qu'une chose est trop ardue ou qu'elle prend trop de temps, je pense à cette dernière coureuse. Et je trouve que ma tâche n'a rien de difficile.

Lisa Beach

S'accepter véritablement est la clé d'une vie
plus satisfaisante et mieux équilibrée.
Ellen Sue Stern

La magie de la persévérance

*La femme ne doit pas se résigner; elle doit
aller au-delà des difficultés. Elle ne doit pas
se laisser intimider par les obstacles qui se
dressent sur son chemin; elle doit révérer la
femme en elle qui aspire à s'exprimer.*

Margaret Sanger

La toute première composition que j'ai eu à écrire a complètement changé ma vie. J'étais en troisième année et cette composition avait pour sujet Susan B. Anthony.

Je suis d'abord allée à la bibliothèque pour faire une recherche sur la lutte des femmes pour le droit de vote. J'ai appris que Susan B. Anthony avait milité en faveur du droit de vote des femmes. Elle a dû surmonter de nombreux obstacles pour y parvenir. J'ignorais tout de cette époque où les femmes n'avaient pas le droit de vote et où leurs opinions ne comptaient pas.

Le plus triste, c'est que Susan B. Anthony s'est battue pour les droits de la femme, mais n'a jamais pu voter elle-même. Elle est morte quatorze ans avant l'adoption de l'amendement qui a accordé aux femmes le droit de vote. Toutefois, elle a vécu en sachant que son objectif serait atteint un jour. Pour elle, l'échec était impossible et le temps lui a donné raison.

Environ une semaine après avoir remis ma composition, ma mère a lu un article de journal sur une statue qui honore Susan B. Anthony et quelques autres pionnières du mouvement féministe. Dans l'article, on rapportait que peu de gens avaient l'occasion de voir cette statue. Son dévoilement avait eu lieu dans la rotonde du Capitol en 1921, mais on l'avait déménagée dès le lendemain dans le sous-sol. Plus de 80 ans après, elle y était encore.

Après avoir lu cet article, j'étais furieuse! Cette statue méritait une place d'honneur. Il fallait absolument la remettre dans la rotonde du Capitol aux côtés des statues d'Abraham Lincoln, de Martin Luther King Jr. et de George Washington. Sait-on qu'il n'y a *aucune* statue de femme dans la rotonde?

Dans l'article de journal, on mentionnait qu'il en coûterait 74 000 $ pour remonter du sous-sol la statue de treize tonnes. J'ai décidé d'envoyer une lettre accompagnée d'une enveloppe préadressée à des membres de ma parenté et à des amis afin qu'ils envoient des dons. Ces dons seraient versés à un fonds créé pour remonter la statue de Susan B. Anthony. J'y tenais beaucoup.

Chaque jour, après l'école, j'ouvrais la boîte aux lettres. Aussitôt après mes devoirs, j'écrivais d'autres lettres à la table de cuisine. Peu à peu, toute la famille a mis la main à la pâte. Mon frère de sept ans, David, humectait les timbres et les enveloppes. Ma mère et ma grand-mère cherchaient les adresses des gens que je voulais contacter, tandis que mon père me conduisait un peu partout en voiture et m'encourageait quand je m'adressais à divers groupes. Chaque fois que je m'adressais à un groupe, je faisais circuler une tirelire pour recueillir les dons. Au cours des trois premiers mois, j'ai amassé plus de 500 $. Peu après, cette somme a grimpé à 2 000 $. Je commençais à imaginer qu'on pourrait bientôt installer la statue dans la rotonde aux côtés des plus grands Américains de l'histoire.

Le découragement s'est emparé de moi, cependant, un matin où j'ai appris que d'autres avaient fait la même tentative que moi en 1928, en 1932, en 1950 et en 1995… et avaient échoué. J'ai également appris que la Chambre des représentants et le Sénat devaient approuver le déménagement de la statue. Plus déterminée que jamais, j'ai consacré les trois semaines suivantes à écrire à chaque représentant et à chaque sénateur des États-Unis pour leur demander d'appuyer la loi qui autoriserait le transfert de la statue. Cette question allait au-delà de la politique partisane. C'était une question de respect et de responsabilité. Susan B. Anthony avait lutté pour mes droits, et maintenant, je luttais pour les siens !

Le Sénat a accepté à l'unanimité de replacer la statue dans la rotonde, mais Newt Gingrich, le président de la Chambre des représentants, a refusé d'utiliser l'argent des contribuables pour payer le déménagement de la statue. De plus, même si nous parvenions à amasser la somme nécessaire, le transfert devait être approuvé par un vote unanime de la Chambre des représentants.

La seule solution était… d'écrire d'autres lettres ! J'ai écrit à M. Gingrich *toutes les deux semaines pendant une année entière !* Disons que ma patience a été mise à rude épreuve. Il m'a fallu écrire vingt-cinq lettres avant de recevoir une réponse m'informant qu'un comité étudierait la question.

À ce moment, j'ai cru devoir écrire de nouveau à tous les membres de la Chambre des représentants. Depuis le tout début, j'avais déjà envoyé plus de 2 000 lettres !

Pour m'encourager à gagner cette dernière bataille, ma grand-mère a demandé à ses amis et aux membres de son église de me fournir des timbres qui ont réduit les frais d'expédition. Puis, des journaux et des magazines ont parlé de mes efforts à des milliers d'autres personnes. Grâce à toute cette attention, j'ai été invitée, au mois de juillet 1996, à participer à un dîner bénéfice à Washington, D.C. au profit de la Campagne pour la statue du suffrage des femmes. C'était la première fois que je prenais l'avion. Toute ma famille m'a accompagnée, et mon petit frère a eu beaucoup de plaisir. Il a été bien récompensé d'avoir léché tous ces timbres !

Le clou du voyage a été de voir la statue. Même si elle était entreposée dans un sous-sol malodorant, elle était vraiment belle. Certains prétendent qu'elle est plutôt moche. À ces personnes, je réponds que c'est l'époque qui était moche : pour symboliser leur « esclavage », les trois femmes de la statue ont les bras rivés au marbre !

Pendant mon allocution, j'ai parlé du fond de mon cœur. Les gens m'ont accordé une ovation debout !

Une fois de retour à la maison, j'ai continué à écrire des lettres. Je refusais d'abandonner. Il a fallu soixante-douze ans aux femmes pour obtenir le droit de vote. Jamais elles n'ont abandonné la lutte… alors je n'allais pas abandonner après quelques mois !

Le 27 septembre 1996, la résolution autorisant le déménagement de la statue a été officiellement adoptée. À l'annonce de la nouvelle, ma mère et moi avons sauté de joie dans le salon. Nous ne pouvions nous empêcher de crier : « Nous avons gagné ! »

La statue est restée dans la rotonde pendant une année, puis elle a été déménagée dans un autre endroit à Washington où tout le monde peut la voir. Jamais plus elle ne retournera dans cet affreux sous-sol.

Cette expérience m'a appris un tas de choses… notamment qu'il faut respecter les gens qui ont lutté fort pour les droits dont nous nous prévalons aujourd'hui. J'ai appris à être plus patiente aussi. Face à un problème, il ne faut pas se dire que quelqu'un d'autre s'en occupera. Il faut oser s'en occuper soi-même.

J'aurai dix-huit ans dans quelques années et j'aurai le droit de vote en 2005. J'aurai alors une pensée pour Susan B. Anthony et pour son combat. Grâce à elle, j'ai découvert toute la magie de la persévérance.

Arlys Angelique Endres, 13 ans
Racontée par Carol Osman Brown

Fort, solide et triomphant

Lorsque mes parents m'ont expliqué pourquoi mon bras m'avait fait tant souffrir au cours des trois derniers mois, mes yeux se sont brouillés de larmes.

« Tu souffres de leucémie », m'a expliqué mon père.

Je ne connaissais pas grand-chose à la leucémie, mais ces mots ont transpercé mon cœur comme un poignard. Mes parents m'ont ensuite annoncé que je devais aller à l'hôpital pour me faire implanter un appareil dans lequel on injecterait des médicaments contre la leucémie.

J'ai appris que la leucémie est un type de cancer qui frappe une personne sur dix mille. Quand on a la leucémie, la moelle épinière produit des cellules cancéreuses qui prennent le dessus sur les cellules saines. *Pourquoi cela m'arrive-t-il à moi?* me suis-je demandé.

Toute ma famille m'a accompagné à l'hôpital. Pour me rassurer, mes parents m'ont dit qu'ils seraient à mon chevet tout de suite après la chirurgie. Des médecins m'ont préparé et vêtu de drôles de vêtements. Puis ils m'ont transporté dans la salle d'opération.

J'étais mort de peur. Tous les médecins portaient un masque. Ils ont installé des capteurs sur mon corps et m'ont dit que tout allait bien se passer. Après avoir placé un masque sur mon visage, quelqu'un a appuyé sur un bouton et j'ai sombré dans un profond sommeil. À mon réveil, la chirurgie était terminée. Je suis resté à l'hôpital pendant quatre autres jours. Mon médecin a dit à mes parents que j'allais devoir revenir toutes les deux semaines pour des séjours de quatre jours afin de recevoir des traitements, et ce, pendant toute une année. Douze mois!

De retour chez moi, je me suis rendu compte que la maison m'avait beaucoup manqué. Mes parents m'avaient organisé une fête. Mon enseignant est venu à la maison et m'a remis les messages de mes compagnons de classe. Je les ai lus et relus. Tous mes camarades avaient pleuré, surtout mes meilleurs amis. Je ne pouvais plus voir mes copains parce que j'étais malade pratiquement tous les jours, mais ils m'envoyaient beaucoup de lettres qui m'aidaient à garder le moral.

J'ai survécu à cette dernière année, mais mon sang est encore anormal. Il me reste deux ans de traitement. Heureusement, les prochains traitements seront moins pénibles.

Je suis renversé du soutien et des prières que je reçois. Ma mère a contacté la fondation Rêves d'enfants et leur a parlé de ma passion pour les châteaux. On m'a offert d'aller en Angleterre et en Écosse pour voir de vrais châteaux. Toute ma famille va m'accompagner et la fondation s'occupera de tout!

Je n'y suis pas arrivé tout seul. Mes amis et ma famille me soutiennent à chaque pas. Quand je regarde en arrière, je vois tout le chemin parcouru. Je vais me battre et triompher.

Même si je suis différent des autres enfants à cause de la leucémie, je me sens comme un général qui mène ses troupes au combat, solide comme un chêne et triomphant comme l'homme qui vient à bout d'une armée. Je m'en sors grâce à l'aide que je reçois, surtout de la part du Grand Patron qui est en haut. Tant qu'il y a de la vie, il y a de l'espoir, même pour les plus désespérés.

Elijah Shoesmith, 13 ans

NOTE DE L'ÉDITEUR : Au moment de mettre sous presse, Elijah, maintenant âgé de 15 ans, profite d'une rémission, grâce en grande partie à sa force de caractère et à sa détermination pour vaincre la leucémie. Pour plus d'information sur la leucémie et les autres types de cancer du sang, visitez la Société canadienne du cancer – leucémie, www.cancer.ca.

8

LES CHOIX

Tous les jeunes sont sensibles
À l'influence de leurs amis,
Mais n'oublie pas que c'est toi
Qui décides de ta vie.
Parfois tu peux suivre les autres,
Mais parfois tu dois mener.
Suis ton bon jugement,
N'aie pas peur de décider.
Ne t'occupe pas de l'opinion des autres,
Ne t'occupe pas seulement de ton allure.
Pense surtout à te faire des amis,
À aller à l'école et à travailler dur.

Jaimie Shapiro, 12 ans

Dans mon cœur
pour l'éternité

En souvenir de Cassie L. Sweet

Il était tard quand le téléphone a sonné,
On avait une horrible nouvelle à m'annoncer.

Elle est morte à cause d'une étourderie
Que des amis ont décidé de faire ensemble.

Je ne sais pas à quoi ils ont pensé,
De monter avec quelqu'un en état d'ébriété.

Je pense à elle et je pleure toutes les fois.
Je ne cesse de me demander *Pourquoi ?*

Je chéris tous les moments que nous avons partagés,
Je suis si heureuse de l'avoir connue.

Elle est partie, mais jamais je ne l'oublierai.
Elle restera dans mon cœur pour l'éternité.

Jillian Eide, 16 ans

NOTE DE L'ÉDITEUR: Pour avoir de l'information sur la consommation d'alcool, l'alcool au volant, etc., consulter le site www.saaq.gouv.qc.ca/prevention/alcool.

Deux billets pour le grand match

Je me suis rendu compte que j'ai toujours le choix, ne serait-ce que le choix de mon attitude.

Judith M. Knowlton

Deux billets. Il restait seulement deux billets pour les quarts de final de basketball.

Trois paires d'yeux étaient rivées sur les billets que papa avait dans la main. Marcus, mon frère aîné, posa la question que tout le monde se posait: « Seulement deux billets? Mais papa, lequel d'entre nous va t'accompagner? »

« Ouais, papa, qui va t'accompagner? » répéta Caleb, le benjamin.

« Papa, tu ne peux pas avoir d'autres billets? » demandai-je. J'étais la seule fille de la famille, et j'adorais le basketball. J'avais aussi envie qu'eux d'aller au match avec papa.

« J'ai bien peur que non », répondit papa. « M. Williams a seulement deux billets de saison. C'est déjà aimable de sa part de nous offrir les billets du match de samedi; il vient d'apprendre qu'il ne pourra pas y aller. »

Papa se gratta la tête. « Caleb, t'es pas un peu jeune pour profiter d'une partie de basketball professionnel...? »

« J'suis pas trop jeune! J'suis pas trop jeune! Je connais les noms des meilleurs joueurs! Je connais toutes les statistiques! Je... ».

« OK, OK », interrompit papa. Il se tourna alors vers moi et essaya le même manège. « Jill, étant donné que t'es une fille… ».

Avant même d'ouvrir la bouche, maman prit ma défense. « Ne dis surtout pas qu'elle ne devrait pas y aller parce qu'elle est une fille », clama-t-elle à papa. « Jill est toujours dehors à faire des paniers avec Marcus et ses amis ; elle est même meilleure que plusieurs d'entre eux ! »

« OK, OK », dit papa en levant les mains pour demander un temps mort. « Je vais devoir trouver une façon de choisir entre vous trois avant demain matin. Je choisirai celui ou celle qui le mérite le plus. La nuit porte conseil, OK les gars… et les filles ? » ajouta-t-il rapidement.

Le lendemain matin, Marcus se précipita dans la cuisine et se laissa tomber sur une chaise. « Où est papa ? » demanda-t-il en se versant des céréales.

« Bonjour quand même », répondis-je entre deux gorgées de jus d'orange.

« Excuse-moi, mais tu sais pourquoi j'ai hâte de parler à papa », expliqua Marcus. « Où est-il ? »

« Lui et maman sont allés chercher des livres à la bibliothèque », répondit Caleb en plongeant sa cuiller dans une montagne de céréales.

« Et papa a dit que nous devrions tous nous mettre à nos corvées du samedi immédiatement après le déjeuner », ajoutai-je.

« Nos corvées ! Il blague ou quoi ? » répliqua Marcus en posant bruyamment son verre de lait sur la table. « Comment peut-on se concentrer sur ces corvées alors que le grand match a lieu dans onze heures à peine ? »

« Les parents ! Ils ne comprennent jamais ! » répondis-je en mâchant ma dernière bouchée de muffin anglais.

« Je vais acheter le journal », dit Marcus. « Ils parlent sûrement du match de ce soir dans la section des sports. »

« Attends, j'y vais avec toi ! » dit Caleb en sortant de table pour suivre son frère.

La porte claqua derrière eux. Sur la table, il y avait des petites mares de lait, des morceaux de céréales détrempés un peu partout et une grosse cuillerée de gelée de raisins qui fondait dans la lumière du matin. *Eh bien !* songeai-je en me levant de table, *on dirait que les corvées du samedi commencent ici.*

Quelques minutes plus tard, alors que je nettoyais les comptoirs de la cuisine, j'entendis le bruit familier du ballon de basket qui rebondissait devant le garage. Je jetai un coup d'œil par la fenêtre de la cuisine et vis Marcus qui lançait des paniers pendant que Caleb l'encourageait. Frustrée, je frappai trois fois sur la vitre. Marcus et Caleb levèrent les yeux vers moi, qui leur montrai la lavette et le torchon en leur faisant signe de venir m'aider.

Marcus hocha la tête et fit signe avec la main qu'il viendrait m'aider dans cinq minutes. Pour imiter son grand frère, Caleb fit la même chose. *Ils n'ont pas l'air partis pour venir m'aider !* pensai-je. *Je parie qu'ils vont plutôt rester dehors.* J'ouvris l'armoire pour jeter un emballage dans la poubelle. Le sac-poubelle débordait. J'en profitai donc pour le fermer avec une attache et aller le jeter dans le grand conteneur de plastique dehors.

« Il dribble… et il s'élance ! Si je réussis le prochain panier, c'est moi qui aurai les billets pour le match de ce soir », dit Marcus à la blague. « Hourra ! Deux points ! Et c'est moi qui gagne le billet ! »

« Non ! » cria Caleb.

« Hé, les gars ! Papa et maman vont revenir dans un instant », leur rappelai-je en soulevant le couvercle du conteneur.

« OK, on s'en vient t'aider », dit Marcus en dribblant autour de Caleb, qui essayait encore de lui enlever le ballon. « Laisse-nous juste une minute ! »

« Oui, juste une autre minute ! » ajouta Caleb qui parvint finalement à dérober le ballon à son frère.

Je haussai les épaules et jetai le sac-poubelle dans le conteneur. J'aperçus alors quelque chose de blanc à l'intérieur du couvercle noir. C'était une enveloppe. En regardant de plus près, je vis que l'enveloppe était fixée au couvercle avec du ruban adhésif. Dessus, il y avait le mot « Félicitations ! »

J'ouvris l'enveloppe et en retirai une feuille de papier pliée. « À celui ou celle qui mérite d'aller au match », pouvait-on lire sur la feuille à laquelle était agrafé un billet pour le match de basketball !

Je n'en reviens pas. C'est moi qui vais aller au match ! Mais comment papa a-t-il deviné ?

Je repensai alors au commentaire que papa avait fait la veille : « Je choisirai celui ou celle qui le mérite le plus. » Je souris. Je laissais à papa le loisir de déterminer qui méritait le plus le billet.

Marcus et Caleb venaient de finir leurs jeux. Ils se traînèrent jusqu'à la porte d'entrée. « Allez, petit frère, il vaut mieux commencer nos corvées tout de suite si on veut avoir une chance d'avoir le billet. »

Je me tournai vers eux et leur montrai le billet. « J'ai bien peur qu'il soit trop tard pour vous deux », leur dis-je avec un sourire narquois.

Marcus et Caleb se regardèrent sans comprendre, et c'est à ce moment que maman et papa revinrent de la bibliothèque.

La soirée fut aussi merveilleuse que je l'avais imaginée : deux bons sièges d'où je pus crier avec mon père pour encourager notre équipe, qui remporta la victoire d'ailleurs. Ce fut aussi l'occasion de tirer un enseignement sur la responsabilité, grâce à mon père qui a laissé ses enfants faire leurs propres choix et mériter leurs propres récompenses.

J. Styron Madsen

Borne-fontaine et son père

Il y a un cerveau dans ta tête. Il y a des pieds dans tes chaussures. À toi de décider où tu veux aller.

Dr Seuss

Quand j'étais petit, je jouais au football. Pour dire la vérité, je n'ai jamais été *petit*. J'ai toujours été trapu, costaud, pas assez grand pour ma grosseur, rondelet, dodu, corpulent, lourdaud. Tu vois ce que je veux dire ?

En fait, j'étais si gros que j'ai commencé à jouer au football une année entière avant mes amis. Notre ligue n'avait pas d'âge limite, mais il fallait peser un certain poids pour pouvoir jouer. Si un jeune était assez lourd, il pouvait jouer. À huit ans, j'étais assez lourd pour faire partie de l'équipe.

Le problème, c'est qu'à onze ans j'étais devenu trop gros. Il y avait un poids minimal pour commencer à jouer, mais il y avait aussi un poids maximal qu'il ne fallait pas dépasser.

Cela ne m'aurait pas dérangé de cesser de jouer au football. En fait, j'aurais préféré rester à la maison à lire des livres.

Toutefois, comme papa était un des principaux commanditaires de l'équipe et un des amis de l'entraîneur, je ne pensais pas vraiment à quitter l'équipe. Je suis donc allé jouer au football jour après jour, semaine après semaine, année après année… jusqu'à mes onze ans, où j'ai alors atteint quatre-vingt-dix kilos. Je me disais que ce serait la fin du football une fois pour toutes. En un sens, ce le fut.

Pour s'assurer que tous les jeunes respectaient les limites de poids officielles, les arbitres avaient toujours avec eux des pèse-personnes pour peser les joueurs. Tous les « gros » joueurs avaient l'honneur d'aller se faire peser par les arbitres avant chaque match.

Si un enfant pesait plus de quatre-vingt-dix kilos, on lui enlevait ses crampons, puis son casque, puis ses épaulières. Parfois, le joueur devait aussi enlever son chandail et son pantalon, et même son sous-vêtement et ses bas! L'entraîneur a compris que j'avais un problème le jour où j'ai dû enlever mon sous-vêtement pour respecter la limite supérieure de poids. Il a cherché une solution et en a trouvé une. À l'entraînement suivant, il m'a montré un t-shirt fait d'un sac-poubelle de plastique noir.

« Mets-le », a-t-il marmonné en pointant les ouvertures qu'il avait faites pour entrer la tête et les bras. « Quand tu l'auras mis, va courir autour du terrain et continue jusqu'à ce que je te dise d'arrêter. »

Je lui faisais signe de la main après chaque tour de terrain, comme pour lui demander ce qui se passait, tandis que mes coéquipiers bavardaient, assis sur leur casque. Entre deux bavardages, ils riaient et me pointaient du doigt.

« Lâche pas, Borne-fontaine », a grogné l'entraîneur en mâchouillant son cigare. « Borne-fontaine » était le surnom qu'il m'avait donné. Personne ne m'a jamais expliqué pourquoi, mais je pense que c'est parce que j'avais la forme d'une borne-fontaine.

Chaque jour, à l'entraînement, je devais courir plusieurs tours de terrain vêtu de ce sac-poubelle. Pendant que j'avançais lourdement dans les mauvaises herbes, j'entendais le plastique crisser sous mes bras. Le sac n'était pas assez long pour cacher mes cuisses trapues et peu gracieuses, mais il l'était juste assez pour me nuire et me faire tomber. Les autres joueurs en profitaient alors pour rire, mais pas aussi fort que l'entraîneur.

Souvent, je restais assis dans le fond de la classe après l'école et j'essayais de trouver une excuse qui me ferait manquer l'entraînement. Ça ne marchait jamais et je me retrouvais encore et encore sur le terrain de football à courir en sac-poubelle.

Quand le sac-poubelle ne me faisait pas suer assez pour perdre le poids qui dépassait les quatre-vingt-dix kilos réglementaires, l'entraîneur s'arrangeait pour que j'utilise le sauna de l'immeuble voisin du terrain de football.

Un samedi, je me suis rendu à mon match en bicyclette. Avant le match, l'entraîneur m'a donné mon t-shirt en plastique noir et m'a enfermé dans un sauna déjà chauffé. Il a versé de l'eau sur les roches pour faire de la vapeur et a refermé la porte en souriant.

Par le hublot du sauna, je le voyais manger des beignets et boire du café. Mon estomac se creusait. Comme toujours quand c'était un jour de match, mon dernier repas remontait à la veille. Et je ne remangerais pas avant la pesée, moment où je serais, comme d'habitude, trop faible pour faire autre chose que rester assis, pantelant, jusqu'à ce que l'entraîneur me donne des tablettes de chocolat pour que je sois capable de jouer.

J'étais donc assis dans le sauna à suer et à me demander combien de temps on allait me laisser là. Depuis l'âge de dix ans, j'avais fait beaucoup d'efforts pour perdre du poids. J'apportais mon lunch à l'école et je sautais le repas du matin, mais rien ne semblait fonctionner. J'essayais d'être fort et courageux, mais je me ramassais toujours chancelant du haut de mes quatre-vingt-dix kilos, avide de réussir une autre pesée.

De temps à autre, l'entraîneur entrouvrait la porte et passait la tête pour voir si j'étais encore en vie.

À un moment donné, alors que je dégoulinais de sueur, je me suis rendu compte que quelque chose clochait. Nous étions samedi matin et moi j'étais assis dans cette machine à suer tandis que tous mes coéquipiers étaient à la maison à manger des *Frosted Flakes* devant les dessins animés. Ils étaient encore en pyjama alors que je transpirais dans mon habit de plastique noir! Pourquoi?

Est-ce que j'avais fait quelque chose de mal pour être ainsi puni? Est-ce que ce n'était pas déjà assez de me faire courir, transpirer, jeûner et souffrir? Que voulaient-ils de plus? J'ai pris conscience tout d'un coup que je me détruisais pour quelque chose que je ne désirais même pas au départ! J'ai décidé sur-le-champ de tout abandonner.

En dépit du fait que j'avais le cœur flottant et l'estomac dans les talons, je me suis levé et je suis sorti du sauna. Ce n'était pas courageux de ma part, je faisais tout simplement ce qu'il fallait. Il n'existait aucune loi qui disait que je devais me détruire pour que l'entraîneur ait un bon joueur de plus et pour que papa ait de quoi se vanter!

« Je ne t'ai pas dit de sortir », a dit l'entraîneur quelques instants plus tard, lorsqu'il est revenu du bord de la piscine et m'a aperçu en train de boire un verre d'eau et de manger un de ses beignets.

J'ai secoué la tête, mais l'entraîneur attendait une réponse. Alors, je la lui ai donnée :

« Je démissionne », ai-je dit d'une voix tremblante qui n'était pas due à un coup de chaleur.

« Tu démissionnes ? » a répliqué l'entraîneur en riant. « Tu ne peux pas démissionner. Qu'est-ce que ton père va dire ? Tu ne veux pas qu'il soit fier de toi ? »

Pour moi, c'était fini. Si mon père n'était pas fier de moi seulement pour qui j'étais, alors qu'est-ce que cela donnait ? J'étais un bon garçon, je ne cherchais pas les ennuis, j'avais de bonnes notes et je lui donnais chaque année une carte de souhait à la fête des Pères. Fallait-il en plus que je me torture ?

J'ai secoué la tête et répété à l'entraîneur que c'était terminé pour moi. Je n'allais plus m'affamer, ni essayer de me faire vomir, ni courir autour du terrain vêtu d'un sac-poubelle à laisser les autres se moquer de moi.

L'entraîneur a alors décidé de téléphoner à mon père. Je m'en fichais. J'avais pris ma décision. Il était temps que je sois fier de moi, peu importe l'opinion des autres.

Après avoir expliqué la situation au téléphone, l'entraîneur a grogné et m'a passé le combiné. Mes mains tremblaient, mais j'étais content de pouvoir parler franchement à mon père.

« Fiston », a dit doucement mon père. « Est-ce vrai ce que ton entraîneur m'a raconté ? »

« Oui », ai-je murmuré dans l'appareil.

« Tu ne veux plus jouer au football? » a-t-il simplement demandé.

« Je n'ai jamais voulu jouer au football », ai-je lâché. Tant qu'à être honnête, il fallait aller jusqu'au bout.

Le rire de papa m'a étonné. « Alors pourquoi as-tu enduré tout cela? » m'a-t-il demandé. « Je croyais que tu voulais devenir une star du football! »

J'ai raccroché et suis reparti à vélo. L'entraîneur est resté là, pantois, pendant que je m'en retournais chez moi.

Après cet incident, je me suis mis à prendre soin de moi. À me respecter davantage. J'ai grandi un peu, mon corps a repris des formes, j'ai appris des choses et, avec le temps, le surnom *Borne-fontaine* a disparu dans mes souvenirs.

Un soir, il est réapparu. Ma famille et moi attendions une table dans un restaurant quand mon ancien entraîneur est arrivé derrière nous. Il a salué mon père de façon aimable et m'a ensuite regardé avec dédain: « Comment on t'appelait déjà? Borne-fontaine? »

Mon père m'a regardé un instant, puis il a corrigé l'entraîneur: « Tu veux dire "Rusty", n'est-ce pas? »

L'entraîneur a grommelé quelque chose à travers son cigare, mais ça n'avait pas d'importance. Notre table était prête et mon père a gardé une main affectueuse sur mon épaule jusqu'à ce que je m'assoie.

Personne ne m'a plus jamais surnommé *Borne-fontaine*.

Rusty Fischer

Bel attrapé!

Quand je fais quelque chose sans explica-
tion, de façon purement spontanée… je suis
certain de ne pas me tromper.

Henri Frederic Amiel

Juste en entendant le toc bien sonore de la balle contre le bâton des Red Sox, Kyle sait que la balle va passer par-dessus la clôture. Il se tient prêt. Sans perdre la balle des yeux, il s'élance et l'attrape.

« Je l'ai! » crie-t-il à son père et à son grand-père. « Et je l'ai attrapée les mains nues! »

C'est le premier jour d'entraînement de printemps des Red Sox de Boston. Kyle, accompagné de son père et de son grand-père, est venu au terrain de baseball pour regarder les Red Sox s'entraîner. Les grands-parents de Kyle vivent près de Fort Myers, en Floride, où les Red Sox de Boston commencent à s'entraîner vers la fin de février pour préparer leur saison.

Après l'entraînement, en retournant à la maison de ses grands-parents, Kyle réfléchit. Il essaie de trouver une façon de convaincre ses parents de rester quelques jours de plus.

« J'aimerais tant retourner au terrain de baseball demain », dit-il. « Je pourrais peut-être attraper une autre balle que je mettrais avec mes autres trophées. Je pourrais même obtenir des autographes. »

« Tu sais que ce n'est pas possible, Kyle », répond son père. « Nous reprenons l'avion tôt demain matin. »

« Je sais, je sais », dit Kyle en roulant son bâton de baseball autour de sa main. « Je me disais juste que toi et maman pourriez rester quelques jours de plus. On ne retourne pas à l'école avant lundi, et demain c'est seulement jeudi. »

« Nous avons été chanceux d'obtenir des billets d'avion! » réplique fermement mon père. « Tous les vols étaient pleins! »

Le soir venu, on apprend à la télévision qu'une énorme tempête de neige s'abat dans le nord-est des États-Unis. Le lendemain matin, à notre arrivée à l'aéroport, on nous dit que tous les vols à destination de Boston, qui est situé dans le nord-est, sont annulés pour la journée à cause de la tempête.

Sur le chemin du retour à la maison des grands-parents, Kyle s'aperçoit bien que son père est contrarié par l'annulation des vols. Ce n'est certainement pas le temps de lui demander de retourner au terrain de baseball pour revoir les Red Sox s'entraîner.

Quand ils arrivent chez les grands-parents, cependant, le père de Kyle se met à faire des blagues au sujet de l'annulation des vols.

« Une autre journée en Floride, ça se prend bien », dit-il. « Je n'ai pas hâte de retourner à Boston, de toute façon. Notre voiture doit être ensevelie sous la neige. »

« On pourrait retourner au terrain de baseball », annonce grand-papa. « À moins que vous ayez prévu autre chose. »

« Je suis d'accord », répond le père de Kyle en faisant un sourire en coin. « De toute façon, il ne me viendrait pas à l'idée de m'opposer à quelqu'un qui a autant de pouvoir sur la température! » dit-il en insinuant que Kyle a peut-être souhaité cette tempête pour rester en Floride.

Vers le milieu de l'après-midi, au terrain de baseball, Kyle entend un autre *toc* caractéristique d'une balle frappée avec force. La balle va encore passer par-dessus la clôture. À nouveau, Kyle s'élance et attrape la balle avec ses mains.

Une petite voix se fait alors entendre : « Bel attrapé ! »

Kyle se tourne et voit un petit garçon en fauteuil roulant. Sans hésiter une seconde, Kyle donne la balle au petit garçon.

« Tiens », dit Kyle. « Tu peux la prendre. J'en ai déjà une. »

Le visage du petit garçon s'illumine littéralement.

« Merci », répond-il. « C'est la première fois que je touche à une *vraie* balle de baseball. »

Le père et le grand-père de Kyle sont surpris, très surpris. Mais ils ne le sont pas plus que Kyle lui-même. Kyle n'arrive pas à croire ce qu'il vient de faire. Toutefois, il ne le regrette pas. Il n'oubliera jamais le regard heureux du petit garçon ; il valait un million de balles de baseball.

« Je vais aller demander des autographes », dit Kyle en se précipitant vers les joueurs qui quittent le terrain.

Après avoir obtenu trois autographes, Kyle revient au stationnement.

« Penses-tu que les Red Sox vont avoir une bonne saison ? » demande grand-papa.

« Ils avaient fière allure aujourd'hui, en tout cas », répond Kyle. Son père le prend par les épaules.

« T'as eu fière allure aussi, fiston. »

Les trois fans des Red Sox s'en retournent chez eux, chacun animé d'un grand sentiment de fierté. Kyle est le plus fier des trois.

Doris Canner

Le pouvoir de choisir entre le bien et le mal est donné à tous.

Origène

Agis envers les autres comme tu aimerais qu'ils agissent envers toi.

Parole évangélique

Jambes de gorille

Je n'aurais jamais cru qu'on pouvait être aussi embarrassée ! Je transpirais, mon cœur battait comme un tambour et j'avais l'impression que tout le monde pouvait l'entendre.

Josh, le beau blond qui était assis à côté de moi et de qui j'étais secrètement amoureuse, regardait mes jambes extrêmement poilues. Je sentais son regard sur ma peau. C'était comme si un aimant attirait ses yeux noirs sur mes jambes. Je pris une grande inspiration et fis semblant de m'intéresser à ce que disait notre enseignante. En vérité, elle aurait pu dire que les Martiens avaient envahi la terre et je n'aurais même pas réagi. *Mon Dieu, faites que Josh ne regarde pas mes jambes poilues !*

On aurait dit que le temps s'était arrêté. La conversation que j'avais eue avec ma mère le jour précédent rejouait encore et encore dans mon esprit.

« Maman », avais-je dit, « toutes les filles de septième année se rasent les jambes ! Je suis la seule qui ne l'a pas encore fait ! Impossible de me mettre en jupe si je ne me rase pas. J'ai des jambes de gorille ! »

« Liz, tu exagères. Personne ne remarquera tes jambes. Je te le répète : si tu te rases les jambes une fois, tu devras les raser pour le restant de tes jours ! Tes poils repousseront plus fournis et plus drus que jamais. Fais-moi confiance, le rasage, c'est pas de la tarte. »

Pourquoi l'avais-je écoutée ? Elle ne savait sûrement pas comment je me sentais.

Après ce qui me sembla une éternité, je sentis que Josh ne regardait plus mes jambes. J'inspirai longuement, soulagée, lorsqu'il prononça ces paroles que je n'oublierai jamais : « Ta mère ne veut pas que tu te rases, c'est ça ? »

C'en était trop. Ma bouche s'assécha net. On aurait dit que j'avais passé plusieurs jours dans le désert. Ma langue était collée à mon palais. Je me contentai de sourire timidement en faisant signe que oui.

Josh eut pour moi un regard compatissant, mais il ne put s'empêcher de jeter un dernier coup d'œil à mes mollets velus qui étaient maintenant enroulés autour des pattes de mon pupitre comme deux grosses chenilles à poils.

Quand Josh leva les yeux vers moi, nos regards se croisèrent longuement. Un immense embarras s'empara de moi. Il comprit, je ne sais comment, que je ne voulais pas en parler. À mon grand soulagement, il regarda ailleurs.

Mes joues étaient chaudes comme un soleil de juillet. J'avais honte. Mon visage était probablement aussi rouge que mes cheveux. Ma vie était fichue. Ma mère avait détruit ma vie… Le garçon le plus mignon du monde avait remarqué ma pilosité et avait eu *pitié* de moi ! *Seigneur ! Je n'y croyais pas. Il avait eu pitié de moi… j'étais humiliée ! Comment allais-je pouvoir le regarder dans les yeux à nouveau ? Comment allais-je dire à ma mère ce qu'elle avait causé ? Je ne m'en remettrais pas !*

Je n'eus pas trop de mal à m'en remettre. Peu à peu, petit à petit, les battements de mon cœur ralentirent. J'entendais à nouveau les bruits de la classe. Je ne pensais pas que ce serait possible, mais je survécus jusqu'à la fin de la journée et je rentrai chez moi.

Après avoir claqué la porte d'entrée, j'allai droit dans ma chambre et me laissai tomber lourdement sur mon lit. Le bras devant les yeux, je repensai à la compassion que Josh avait eue dans les yeux quand il avait regardé mes jambes. *Aaaaah! Était-ce un cauchemar ou m'avait-il réellement demandé si j'avais la permission de me raser?*

Je me tournai sur le ventre et croisai les chevilles. J'aurais bien aimé avoir un litre de lait au chocolat et une grosse portion de frites chaudes et graisseuses.

Au lieu de cela, je repensai à ce qu'avait dit ma mère, je repensai aux conséquences sur lesquelles elle avait tant insisté et… je me rasai quand même les jambes.

Voilà. C'était fait. Mes jambes étaient lisses, maintenant, malgré une demi-douzaine de coupures que je m'étais infligées. Elles étaient rasées, cependant, et j'étais entièrement satisfaite.

Je remarquai que mes jambes étaient encore plus pâles qu'avant, toutefois. Peut-être était-ce mon imagination… non, elle brillait, vraiment. Ouach! Il ne manquait plus que ça: une peau encore plus blanche qui ferait encore plus ressortir mes innombrables taches de rousseur. *Bof… au moins elles sont rasées. Je n'ai plus des jambes de gorille.*

Après avoir mis un jeans et un t-shirt, je me rendis dans la cuisine pour prendre une bonne collation et passer un coup de fil à ma meilleure amie, Krista.

J'étais épuisée de ma journée, mais j'eus un sommeil agité la nuit venue. Je rêvai à Josh et à des gorilles. Il essayait de m'aider à raser leurs dos et leurs jambes. Le lendemain, j'étais contente de sortir d'un rêve aussi absurde. J'étais contente aussi de voir qu'il faisait trop froid pour me mettre en jupe. Je pus ainsi dissimuler mes blessures de guerre.

J'ouvris mon tiroir et en sortis un jeans. En l'enfilant, je remarquai quelque chose de bizarre. Mes jambes n'étaient plus lisses du tout! Je passai la main sur ma peau meurtrie, blême et piquante comme une barbe de deux jours, et je repensai à ce que maman avait dit.

Les yeux fermés, je soupirai. Je prétendis que rien n'avait changé, mais à mon grand désarroi, mes jambes étaient bel et bien couvertes de petits poils drus plus noirs que jamais.

Dégoûtée, je me jetai sur mon lit. *Super! Maintenant, au lieu d'avoir de la laine sur les jambes, j'ai de véritables poils de barbe.*

Une semaine plus tard, je me retrouvai au gymnase de l'école avec un groupe de filles qui gloussaient. C'était la première soirée de danse de l'année, et nous étions toutes très excitées.

Évidemment, les garçons étaient de l'autre côté du gymnase. Certains prenaient un air blasé, d'autres se bagarraient pour s'amuser. Jusqu'à maintenant, seulement quelques-uns des élèves les plus populaires avaient été assez braves pour aller danser sur la piste de danse. À mon grand étonnement, un enseignant annonça un jeu où *tout le monde* serait demandé à danser.

Mon cœur se mit à battre dans ma poitrine, car j'avais la hantise d'être choisie la dernière. Paniquée à l'idée de cette humiliation possible, *je décidai qu'il était temps d'aller aux toilettes.*

Je commençai à me frayer un chemin à travers les élèves pour me rendre aux toilettes. Soudain, au moment où une eau de Cologne épicée se rendit à mes narines, on me tapota l'épaule. Je me tournai, convaincue que c'était mon amie Krista qui voulait m'accompagner, mais je vis Josh. Je me sentis faiblir.

Je regardai autour de moi, convaincue que ce n'était pas à moi qu'il s'adressait. J'avais l'esprit encore troublé quand Josh se racla nerveusement la gorge et me demanda *Veux-tu danser?*

Où était ma voix? J'en avais besoin pour répondre... Je me contentai de sourire timidement et de faire oui de la tête. Quelques secondes plus tard, j'étais en train de danser avec Josh... le plus gentil, le plus beau, le meilleur danseur du monde.

Je continuai à danser dans ma tête à la maison, lorsque je me préparai à me coucher. Je souriais aux anges lorsque je sortis de ma chambre pour aller dans la salle de bains me brosser les dents. Vêtue d'une robe de nuit, j'examinai mes jambes et songeai que mon histoire de rasage n'était pas dramatique.

Peu à peu, je devins plus habile à me raser. Ma mère ne s'était même pas fâchée lorsqu'elle avait découvert que je m'étais rasée sans son accord. Elle me regarda tout simplement et me dit: « Fais plus attention la prochaine fois. » Je lui étais reconnaissante de ne pas en faire un plat. Mon père, cependant, n'était pas très content que j'aie utilisé son rasoir... Mais ça, c'est une autre histoire.

Ce soir-là, lorsque j'allai dire bonne nuit à mes parents, je les serrai dans mes bras un peu plus fort que d'habitude. J'eus du mal à m'endormir. À entendre ma sœur respirer paisiblement dans le lit d'à côté, je savais qu'elle était déjà dans les bras de Morphée. Je repensais sans cesse à ma danse avec Josh.

Finalement, je me rendis compte que l'enseignant avait eu une bonne idée de faire ce jeu où tout le monde serait demandé à danser, moi qui avais trouvé l'idée épouvantable au départ. J'eus un sourire dans le noir. J'étais contente d'avoir survécu à ce qui m'avait semblé une grande humiliation. Et je constatais en même temps que Josh m'aimait bien malgré mes jambes de gorille! Après tout, il m'avait demandé à danser, n'est-ce pas?

Mon sourire se transforma en petit rire étouffé et je m'endormis enfin, satisfaite.

Elizabeth J. Schmeidler

Sage grand-papa

Grand-papa était un homme intelligent et hono-rable. Il habitait tout près de chez nous. Quand je revenais de l'école, j'arrêtais souvent chez lui.

Peu importe ce que j'avais fait de mal, je pou-vais tout dire à grand-papa. Avec lui, mes secrets étaient en lieu sûr. Il comprenait toujours. Il m'aimait.

Je me souviens d'une fois où nous jouions au baseball sur le terrain vague qu'il y avait derrière la maison de Mme Ferguson. J'ai frappé la balle assez fort et… *toc!* C'était un circuit, la balle volait haut et loin, et elle a terminé sa trajectoire dans la fenêtre de cuisine de la vieille madame Ferguson! Nous nous sommes tous enfuis!

Sur le chemin du retour, mon ami Tom a lancé : « Elle ne saura jamais qui a fracassé sa fenêtre! Elle est aussi aveugle qu'une chauve-souris! » Il n'avait pas tort.

Un peu plus tard le même jour, j'ai décidé de faire une petite visite chez mon grand-père. En me voyant, il a sûrement deviné que j'avais fait une gaffe. J'avais honte. J'aurais voulu disparaître, me frapper la tête mille fois contre le mur, comme pour me punir et annuler ma gaffe. Je lui ai tout raconté.

Il savait qu'on nous avait avertis plusieurs fois de ne pas jouer à la balle n'importe où, mais il se contentait de m'écouter.

« On n'aurait pas dû jouer là », lui ai-je dit, la tête baissée. « Je m'en veux. Je n'aurais pas dû. Qu'est-ce que je vais faire? Est-ce qu'elle va appeler la police? »

« Eh bien », a commencé grand-papa, « elle a un problème, comme toi d'ailleurs. À mon avis, si elle savait que tu regrettes, elle serait triste de savoir que tu as peur d'elle. Je suis certain qu'elle voudrait que tu lui donnes une chance… une chance de se montrer compréhensive. La décision te revient », a-t-il dit en haussant les épaules. Puis, il a ajouté: « Est-ce que tu prévois faire comme si de rien n'était? Ne rien dire et garder le secret… cacher ce dont tu n'es pas fier? »

« Je ne sais pas », ai-je soupiré. « Les choses pourraient empirer… ».

« Réfléchissons », dit enfin grand-papa. « Si tu étais Mme Ferguson, que ferais-tu? »

J'avais eu peur que Mme Ferguson se fâche, alors je m'étais enfui. Je ne savais pas ce qu'elle ferait. En courant vers ma maison, je l'imaginais comme une sorcière qui me poursuivait et qui grossissait au fur et à mesure que j'approchais de la maison… Dans mon imagination, elle finissait par bloquer tout le ciel au-dessus de la ville pour surveiller d'un œil mauvais mes moindres faits et gestes.

« Eh bien… », ai-je dit en hésitant. « Une des solutions, ce serait de dire à Mme Ferguson que je suis désolé et lui offrir de réparer la vitre. »

« Si tu lui téléphones, répond grand-papa, quelle est la pire chose qui peut arriver? » J'ai réfléchi un moment. Et j'ai songé que même si elle n'acceptait pas mes excuses, ce serait moins pire que de voir la déception sur le visage de mes parents.

Grand-papa a souri; il savait que j'avais trouvé la solution.

« Faire la bonne chose n'est pas toujours facile », a expliqué grand-papa en me tendant le téléphone. « Je suis fier de toi. » Ce n'est pas mon grand-père qui m'a poussé à le faire. C'est moi qui avais décidé de le faire. Je savais que j'avais trouvé la meilleure solution, seulement en réfléchissant. C'est comme cela que grand-papa agissait. En fin de compte, les choses n'ont pas été aussi difficiles que je l'avais imaginé.

« Admettre ses fautes est la chose la plus difficile », a ajouté mon grand-père. « Choisir délibérément d'être honnête, même quand on n'y est pas obligé, ça incite les autres à te faire confiance et à te respecter. »

Après avoir avoué mon méfait, j'étais fier de moi. Cette fierté, personne ne pouvait me l'enlever. *Merci, grand-papa.*

Mme Ferguson et moi sommes devenus amis avec le temps. Elle était vraiment gentille. Elle s'intéressait vraiment à ce que je faisais. À un moment donné, je me suis mis à faire toutes sortes de menus travaux pour elle après l'école. Grâce à cela, j'ai pu mettre de côté suffisamment d'argent pour m'acheter ma première voiture. Une fois, Mme Ferguson m'a dit: « La peur peut grossir la moindre petite chose. »

Juste avant de mourir, grand-papa m'a demandé: « À qui te confieras-tu quand je ne serai plus là? »

Sa main dans la mienne, je lui ai répondu: « L'honneur se suffit à lui-même, grand-papa. De toute façon, un maître vit pour toujours à travers son élève. Merci. »

La mort de grand-papa a attristé beaucoup de monde. Les gens l'aimaient. Grand-papa allait nous manquer.

Je lui parle encore dans mes pensées. Chaque fois que j'ai un problème, j'essaie d'imaginer ce qu'il en penserait, quelles questions il me poserait, quels conseils il me donnerait. Sa voix apaisante me parle en mots clairs et simples.

Grand-papa m'a donné des outils pour trouver des solutions aux problèmes et pour dédramatiser la vie.

Mais, plus important encore, il m'a montré que j'étais brave.

Oncle Greg

Le mensonge peut être fait de mots,
mais aussi de silences.

Adrienne Rich

Une journée de bouillon de poulet

« Maman, je pense que je ne devrais pas aller à l'école, aujourd'hui. Je suis malade. Vraiment. »

Je ne crois pas du tout ma sœur de quinze ans. Elle déteste l'école. C'est tout simplement une autre excuse pour rester à la maison. Encore.

Maman n'est pas aussi certaine que moi. Elle travaille à l'extérieur et elle se sent constamment coupable de ne pas rester à la maison pour nous. Elle donne à Sandy le bénéfice du doute. Encore.

« Tu peux rester à la maison », dit maman, « mais tu devras rester au lit. Et tu mangeras de la soupe poulet et nouilles à midi. »

Chez nous, on mange toujours de la soupe poulet et nouilles en conserve quand on est malade. C'est le seul moment où on aime cette soupe.

Avant de partir, ma mère pose sa main sur le front de Sandy.

« Tu ne fais pas de fièvre, on dirait », dit-elle. « Es-tu certaine que tu devrais rester à la maison ? »

Ma grande tragédienne de sœur pose une main sur son front. « Je me sens étourdie et j'ai mal à la tête. J'ai probablement les maux qui courent. »

Maman part au travail à contrecœur.

« Je t'appellerai plus tard, chérie », dit-elle en refermant la porte derrière elle.

Moi, je dois me presser pour prendre l'autobus.

« Bonne journée, sœurette », que je lui chuchote par-dessus mon épaule. « Prends soin de toi ! »

Sandy me salue de la main par la fenêtre de la cuisine en souriant.

Quand je reviens à la maison après l'école, le sac à dos plein de devoirs, Sandy fait de son mieux pour avoir l'air malade. Aussitôt que j'ouvre la porte, je l'entends se précipiter dans la chambre à coucher que nous partageons.

« Maman revient tantôt. Dépêche-toi de faire semblant », lui dis-je comme pour l'avertir.

Sandy me regarde avec les yeux faussement endormis.

« Je me sens mieux, maintenant », soupire-t-elle.

« Alors pourquoi es-tu encore couchée ? »

« Je rembourse ma journée de congé », répond-elle.

« Tu diras ça à maman », dis-je à mon tour. « Tu vas en avoir besoin. Moi, je veux une collation. Qu'est-ce qu'il y a à manger ? »

« Eh bien, j'ai trouvé quelques beignets, et il y a du pop-corn, et maman a caché un sac de tablettes de chocolat au fond de l'armoire. »

« Tu t'es payé la traite, à ce que je vois ! Attends que maman revienne. Tu étais censée manger de la soupe poulet et nouilles, non ? »

« Elle ne le saura jamais. »

Des mots dont elle se souviendrait…

Quand maman revient à la maison, je suis en train de faire mes devoirs. J'entrouvre la porte discrètement pour ne rien perdre de ce qui va se passer. Sandy est couchée sur le divan, une compresse froide sur le front.

« Comment te sens-tu ? » demande maman sur un ton suffisamment compatissant.

« Ça va mieux », dit Sandy d'une voix juste assez enjouée. « Je pense que je pourrai aller à l'école demain. »

Très habile, chère sœur, me dis-je.

« La soupe poulet et nouilles a dû te faire du bien », dit maman. « Elle était bonne ? »

« La soupe est toujours bonne quand je suis malade », continue Sandy.

Menteuse, pensai-je. *Attention à tes réponses ! Tu es sous surveillance…*

« Eh bien, chérie, reste couchée pendant que je prépare le souper. Je ne voudrais pas que tu t'épuises. Es-tu suffisamment en forme pour manger ta pizza favorite ? »

Probablement pas, me dis-je, *pas après une journée à manger des cochonneries.*

Sandy trouve le culot de répondre : « Je pense que je pourrai manger un peu. »

Maman s'affaire ensuite dans la cuisine. Elle étend la pâte, garnit les pizzas de nos garnitures préférées. Je l'entends ensuite soulever le couvercle de la poubelle.

Je sais déjà ce qui va arriver, alors je reste sagement dans ma chambre.

« Sandy, je ne vois pas la boîte de conserve vide de la soupe poulet et nouilles dans la poubelle. Où est-elle ? »

Si j'étais toi, chère sœur, je me confesserais tout de suite. Autrement, tu es perdue. Mais ma sœur, coincée, essaie encore de s'en tirer.

« J'ai mis la boîte de conserve dans le fond pour ne pas sentir l'odeur de poulet. Ça me donnait mal au cœur. »

Bien essayé, mais ma mère n'est pas dupe.

« Pauvre chérie », lance ma mère transformée en prédatrice. « Je vais nous débarrasser tout de suite de cette boîte de conserve qui sent trop fort. Elle ne t'incommodera plus. »

« Oh ça va, maman. Je me sens mieux. En fait, je vais moi-même vider la poubelle pendant que tu prépares le repas, d'accord ? »

« Laisse faire, chérie. Repose-toi. »

J'entends un fracas de verre et de métal dans la cuisine.

« Oups ! » s'exclame maman. « J'ai échappé la poubelle. »

J'aimerais bien l'aider, mais je pense qu'il vaut mieux que je reste dans ma chambre pour commencer ma composition. Grâce à Sandy, j'ai trouvé mon sujet. Je pense que le titre de ma composition sera « Comment s'empêtrer dans sa propre toile d'araignée ».

La voix de maman demeure calme et agréable. Trop agréable.

« C'est étrange, Sandy. Je ne vois nulle part la boîte de soupe poulet et nouilles. »

Il y a un long silence. Sandy fait une dernière tentative pour ne pas se faire prendre, mais elle est vraiment la plus faible dans ce jeu du chat et de la souris.

« Oh, j'y repense, maman, j'ai mis la boîte de conserve dans un sac sur la véranda. »

Je sais qu'il y a au moins quatre sacs sur la véranda, tous fermés avec des attaches, et que la cueillette des ordures a lieu aujourd'hui même. Je sais aussi que maman et Sandy peuvent jouer très longtemps au chat et à la souris.

Lorsque maman m'appelle pour souper, j'ai fini le brouillon de ma composition au sujet des complications du mensonge. Nous nous assoyons à table en silence. Quatre sacs de déchets sont éventrés par terre.

Maman et moi mangeons de la pizza – avec mes garnitures préférées – et buvons des boissons gazeuses. Il y a aussi un dessert spécial qui m'attend.

Sandy est assise à table en face de nous. Devant elle, il y a seulement un bol de soupe poulet et nouilles.

Donna Beveridge

Une voix silencieuse

S'il existe des gens à la fois riches et heureux, sache qu'ils sont heureux parce qu'ils savent comment l'être, et non parce qu'ils sont riches.

Charles Wagner

La situation semblait sans espoir.

Dès le premier jour d'école, j'ai vu que Willard P. Franklin était retiré dans son monde. Il excluait de son monde tous ses camarades et moi, son enseignant. Quand j'essayais d'établir un contact avec lui, je rencontrais l'indifférence totale. Même un matinal « Bonjour Willard ! » ne me valait qu'un grognement inaudible. Et ses camarades de classe n'obtenaient pas mieux. Willard était un solitaire endurci qui n'avait apparemment ni le désir ni le besoin de percer ce mur de silence.

Vers le début du mois de décembre, j'ai appris que notre école organiserait encore une levée de fonds pour les familles défavorisées, en prévision du temps des Fêtes. « Noël est une occasion de faire preuve de générosité », ai-je expliqué à mes élèves. « Certains élèves de notre école ne passeront pas un très beau temps des Fêtes. Avec les dons que vous apporterez à l'école, nous pourrons acheter de la nourriture, des vêtements et des jouets pour ces familles défavorisées. Nous commencerons à recueillir l'argent dès demain. »

Le matin suivant, quand j'ai demandé aux élèves de m'apporter leurs dons, je me suis rendu compte qu'ils avaient presque tous oublié, sauf Willard

P. Franklin. Il s'est approché de mon bureau en fouillant dans le fond de sa poche. Soigneusement, il a déposé deux pièces de vingt-cinq cents dans la boîte de collecte.

« Je n'ai pas besoin de lait, à midi », a-t-il marmonné. L'espace d'un instant, d'un court instant, il a souri. Ensuite, il est retourné à son pupitre.

En fin d'après-midi, après les classes, j'ai apporté notre maigre contribution au directeur de l'école. Je n'ai pu m'empêcher de lui raconter ce que Willard avait fait.

« Je me trompe peut-être, mais je pense que Willard va commencer à se mêler aux autres », ai-je dit au directeur.

« Oui, je pense qu'on peut l'espérer », a-t-il acquiescé. « Et je crois qu'il pourra nous faire connaître un peu mieux son monde à lui. Je viens de recevoir la liste des familles défavorisées de l'école que nous aiderons pour Noël. Regarde. »

J'ai jeté un coup d'œil sur la liste. La famille de Willard P. Franklin était parmi les premiers noms de la liste.

David R. Collins

Le monde dans lequel tu vis est celui que tu crées. Et tu crées le monde avec chacune de tes pensées, avec chacune de tes paroles, avec chacune de tes actions.

LeVar Burton

9

LES COUPS DURS

C'est dur d'expliquer ce que vit un enfant,
Stress, colère, tristesse et douleur.
Les adultes ont déjà éprouvé ces sentiments,
Ils ont ressenti les mêmes peurs.

Un enfant vit parfois des choses insensées,
Comme se faire offrir de la drogue à l'école.
Le soir, dans les rues peu éclairées,
Il y a des sirènes, des coups de feu, des vols.

Parfois la mort nous enlève un être bien-aimé,
Parfois le divorce nous sépare d'un parent.
Oh, si seulement vous saviez
Ce que peut vivre un enfant !

Shannon M. O'Bryant, 11 ans,
et Ashley O'Bryant, 13 ans

Kelsey

Ma petite sœur, Kelsey, avait deux ans de moins que moi. En fait, je me souviens du jour où elle est née. Il faisait un temps magnifique, avec du soleil et une brise légère. J'étais allé à l'hôpital pour voir ma nouvelle petite sœur, mais j'étais trop petit pour la prendre.

Quatre ans plus tard, mon frère, Dakota, est né. J'étais alors assez grand pour tenir dans mes bras mon nouveau petit frère.

D'âges très rapprochés, Kelsey et moi étions toujours ensemble, parfois comme chien et chat, parfois comme larrons en foire. Nous aimions jouer au Nintendo ensemble, mais notre activité préférée était de jouer dehors.

Ma petite sœur était la personne la plus athlétique de la famille. Elle était beaucoup plus rapide que moi. Nous avons souvent couru l'un contre l'autre, et elle me battait presque toujours. Comme nous adorions nager, mon père nous avait acheté une carte de membre de la piscine municipale. Nous aimions beaucoup cette piscine, surtout les sauveteurs et les autres jeunes comme nous qui allaient se baigner régulièrement. Nous faisions des courses dans l'eau et parfois je battais Kelsey.

La vie de famille allait assez bien, mais l'année de mes onze ans, j'ai commencé à trouver que mes parents se disputaient beaucoup. Mon père travaillait dur et s'occupait bien de nous, mais il buvait trop et ma mère ne tolérait pas l'abus d'alcool. La situation est devenue démente et ils ont fini par divorcer.

Je savais que les choses ne seraient jamais plus pareilles sans mon père avec nous. Je savais que le divorce serait une dure épreuve. Je sentais que nos vies seraient toujours imparfaites à cause de la situation stressante que nous vivions. J'essayais toutefois de demeurer optimiste et de me rappeler les bons moments que j'avais eus avec mon père. De toute façon, maman et papa semblaient plus heureux après le divorce. J'avais l'impression qu'on s'en sortirait.

Nous avons toujours été proches de la famille de ma mère. Mes grands-parents maternels étaient les meilleurs. Grand-maman était vraiment gentille; nous étions importants pour elle. Mais c'est pour grand-papa que j'avais un faible. Il était drôle et farceur; il nous aimait beaucoup lui aussi.

Une fois, mon grand-père m'a invité à venir regarder des films de John Wayne à la télé. Nous avons mangé du maïs éclaté et bu des boissons gazeuses toute la soirée. Nous avons veillé tard et avons eu beaucoup de plaisir. Cette fois-là, je passais la fin de semaine chez mes grands-parents, une chose que j'adorais faire. Grand-papa et moi avions prévu nous lever tôt le lendemain pour déjeuner ensemble. Grand-papa avait l'habitude de se lever vers six heures trente. Le lendemain, quand je me suis levé, grand-maman était debout tandis que grand-papa était encore couché, alors grand-maman m'a demandé de monter le réveiller.

Aussitôt arrivé dans sa chambre, j'ai senti que quelque chose n'allait pas. Mon grand-papa était mort dans son sommeil, au petit matin, d'un accident vasculaire cérébral. J'étais anéanti. Toute ma famille était en état de choc. Notre tristesse a duré des mois. J'essayais de rester positif. Je me disais que grand-papa était dans un monde meilleur; je me disais qu'il allait me manquer toute ma vie mais que je le reverrais un jour.

Les choses se sont arrangées peu à peu, mais certains jours étaient plus difficiles à vivre. Nous faisions alors de notre mieux pour passer au travers. En novembre de la même année, on a diagnostiqué chez ma mère une forme grave de cancer du sein. La veille de Noël, on l'a opérée. Ma mère a passé son anniversaire, Noël et le jour de l'An à l'hôpital. J'étais très inquiet. Je ne savais pas trop comment réagir. Je crois que j'ai passé au travers en essayant d'aider le plus possible à la maison.

Ma mère a subi plusieurs autres opérations majeures et a reçu beaucoup de traitements de chimiothérapie. À un moment donné, elle est partie pendant quelques semaines pour recevoir des traitements. Je me suis beaucoup inquiété d'elle durant cette période. Heureusement, j'avais le soutien de ma famille et de mes amis.

Quand maman est revenue à la maison après ces traitements, elle allait assez bien. Nous avons craint des rechutes à quelques occasions, mais ce n'était rien. En juillet suivant, maman se sentait suffisamment bien pour sortir un peu avec nous et s'amuser.

Un après-midi, maman, grand-maman, mon frère et Tracy, une amie de la famille, sommes allés jouer au golf miniature puis manger au restaurant. Il y avait longtemps que je n'avais pas vécu une aussi belle journée.

Le soir, en rentrant à la maison, d'innombrables messages nous attendaient sur le répondeur. Entre autres, la conjointe de mon père nous avait laissé un message urgent nous demandant de la rappeler dès que possible. Quand nous l'avons appelée, elle nous a annoncé une nouvelle épouvantable: mon père venait de mourir d'une crise cardiaque. Je ne savais plus quoi penser. Je ne savais pas que cela pouvait arriver à mon père qui avait seulement quarante-cinq ans. Nous étions tous stupéfaits. Je ne savais ni quoi faire, ni quoi penser.

Beaucoup de gens sont venus voir mon père à ses funérailles. Pour le dernier adieu, nous avons jeté ses cendres dans le lac Okobji en Iowa. C'est là qu'il voulait être pour son dernier repos.

Après avoir traversé cette autre épreuve, j'ai recommencé mes cours de karaté, une activité que j'adorais. Kelsey, elle, était contente d'entrer en première année du secondaire. Moi, je commençais ma troisième année du secondaire. J'avais vécu beaucoup d'épreuves pour un jeune de mon âge, mais rien ne me préparait à la prochaine.

Le 3 septembre de cette année-là, Kelsey et Dakota ont supplié maman d'aller à la piscine. Je ne les ai pas accompagnés, parce que je tondais la pelouse pour me faire un peu d'argent. Ma mère ne voulait pas qu'ils aillent à la piscine, mais elle a fini par céder. Elle était très sensible au soleil depuis ses traitements de chimiothérapie et ne pouvait pas accompagner Kelsey et Dakota. Elle a dit qu'ils pouvaient aller à la piscine une demi-heure seulement afin qu'on puisse me conduire à mon karaté.

Ma mère revenait tout juste de conduire Kelsey et Dakota à la piscine quand le téléphone a sonné. On lui a dit qu'il y avait eu un accident à la piscine. Maman est descendue à toute vitesse pour le dire à Tracy et moi, puis elle est partie avec Tracy. Je suis resté à la maison. J'ai essayé de téléphoner à grand-maman pour savoir si elle savait quelque chose, mais elle n'était pas là. Maman l'avait probablement appelé entre-temps pour l'avertir. J'ai donc attendu patiemment qu'on me téléphone ou qu'on vienne me chercher.

Finalement, ma grand-mère m'a appelé et m'a dit qu'elle venait me chercher. Une fois à la maison, elle m'a fait asseoir pour me raconter ce qui s'était passé.

Ma sœur, Kelsey, était restée prise dans le drain de la piscine. Les secours s'étaient rendus sur place, mais ils n'avaient pas pu la dégager. Elle était demeurée sous l'eau environ vingt-cinq minutes. Quand ils ont finalement pu la sortir, ils l'ont conduite à l'hôpital immédiatement. Ils ont essayé de la réanimer et ont pu obtenir un pouls faible après une trentaine de minutes. On l'a ensuite emmenée d'urgence à l'hôpital pour enfants, où on l'a gardée en vie à l'aide d'appareils. Je suis allé la voir. Elle n'était plus la même; elle n'était plus la petite sœur athlétique que je connaissais. Elle a survécu deux jours, puis elle est décédée, le 5 septembre 1998.

La chose la plus difficile de toute ma vie a été de réaliser que je ne la reverrais plus et que je devais lui dire adieu pour toujours. Nous avions toujours été ensemble durant les moments difficiles et nous nous étions toujours entraidés. Je devais accepter qu'elle ne reviendrait plus. Je devais apprendre à m'en sortir sans elle et à aider mon petit frère, Dakota. Si ma famille et mes amis n'avaient pas été là, j'aurais été incapable de traverser cette autre épreuve.

Ma famille et moi avons dû faire un nouveau départ. Je sais que ce ne sera jamais plus pareil sans Kelsey. Pour l'instant, les drames sont disparus de notre existence. Ma mère est en rémission. Elle a recommencé à enseigner aux enfants en difficulté. Je fais du kick-boxing et du karaté, et je réussis très bien à l'école. Quant à Dakota, il suit mes traces et prend des cours de karaté.

Les épreuves que j'ai traversées m'ont appris une chose : il faut traiter sa famille avec amour et gentillesse. N'oublie jamais d'embrasser les membres de ta famille et de les prendre dans tes bras, car demain n'est pas donné à tous. Si tu agis ainsi avec tes proches, tu n'auras jamais à te demander s'ils savaient que tu les aimais.

Shane Ruwe, 15 ans

La perte de ma mère

Quand j'avais douze ans, mes parents se sont séparés. J'ai trouvé cela difficile. Par la suite, j'ai vécu quelque chose de beaucoup plus difficile : j'ai perdu quelqu'un que j'aimais beaucoup.

Pour moi, le mot « cancer » est le mot de six lettres le plus horrible du dictionnaire. Ma mère a d'abord souffert d'un cancer de la bouche. Cette année-là, elle a passé la fête des Mères à l'hôpital à se rétablir d'une intervention chirurgicale importante. Puis, quatre mois plus tard, on a diagnostiqué chez elle un cancer du poumon. Je me souviens très clairement de cette journée.

Quand je suis revenue de l'école, cet après-midi-là, des membres de la famille de ma mère étaient à la maison. Ils pleuraient tous. Ma mère m'a dit « Viens t'asseoir à côté de moi » et elle s'est mise à pleurer, elle aussi. Mon cœur battait fort et mes yeux se sont remplis de larmes. Je sentais qu'il se passait quelque chose de grave. Comme ma mère était trop bouleversée pour m'expliquer, c'est mon grand-père qui a parlé. Ma mère avait un cancer dans les deux poumons et n'en avait plus pour longtemps à vivre. Je suis restée à côté de ma mère et j'ai pleuré.

Ma famille a accompagné ma mère dans une grosse épreuve : la chimiothérapie, la radiothérapie, les traitements à l'oxygène et la perte de ses magnifiques cheveux. Elle souffrait énormément et nous ne pouvions rien faire. Elle ne pouvait plus parler sans tousser ou perdre le souffle. Elle était faible. Elle se mourait à petit feu.

Nous savions qu'elle allait mourir, mais nous ne pensions pas que ce serait aussi rapide : elle a vécu huit mois après le diagnostic. Quand je suis revenue de l'école un jour, ma mère n'était pas là. C'était toujours à elle que je pensais en franchissant le seuil de la porte. Cet après-midi-là, on l'avait emmenée à l'hôpital en ambulance. Nous sommes tous allés la voir à l'hôpital le soir. Mes devoirs n'étaient pas faits, mais je m'en moquais.

Le jour suivant, quelqu'un est venu nous chercher à l'école, mon frère Robert et moi, pour aller voir ma mère qui n'allait vraiment pas bien. Je me suis rendue à mon casier en pleurant. Deux de mes amies sont venues me voir pour essayer de me réconforter. Quand nous sommes arrivés à l'hôpital, mon frère Chris nous attendait à l'ascenseur. Il nous a dit que maman était mourante, qu'il ne fallait pas pleurer devant elle afin de ne pas la bouleverser et perturber sa respiration. J'ai inspiré longuement et je suis entrée dans sa chambre. Ça m'a fait mal de la voir étendue sur ce lit, totalement impuissante. J'ai pris sa main et nous avons essayé de parler, mais c'était difficile pour elle. Je lui ai dit que je l'aimais un nombre incalculable de fois.

Quand je suis repartie, un peu plus tard, j'ai senti que c'était la dernière fois que je la voyais vivante. En arrivant à la maison, je lui ai téléphoné et nous avons parlé un peu. Je me souviens de notre conversation mot pour mot. Je lui ai dit qu'elle semblait aller mieux et que je l'aimais. Notre conversation a été très intense.

Le jour suivant, Robert et moi avons encore quitté l'école avant l'heure. J'avais très envie de pleurer mais aucune larme n'est venue. Mon frère Chris et mon père nous attendaient dans la voiture. J'avais très peur. Quand nous sommes sortis de l'ascenseur, à l'hôpital, j'ai pris une grande respiration. J'avais le sentiment qu'on allait m'annoncer une mauvaise nouvelle. En arrivant devant la chambre, j'ai vu ma sœur qui pleurait. Quelques secondes plus tard, j'ai vu que tout le monde dans la chambre pleurait. J'ai commencé à trembler. Ma sœur est venue me voir et a dit: « Elle est partie. Elle est morte. » J'ai essayé de rire parce que je ne voulais pas la croire. La douleur que je ressentais dépassait tout ce que j'avais pu imaginer. Ma sœur m'a alors demandé si je voulais voir maman. J'ai dit oui. À un moment donné, il a fallu repartir. Nous sommes allés au chevet de maman et l'avons serrée dans nos bras une dernière fois. J'ai pris conscience de la réalité quand j'ai vu qu'elle ne me serrait pas dans ses bras en retour.

Certains jours, j'aurais vraiment besoin de maman. Quand elle est morte, une partie de moi est morte également. Je savais qu'il me faudrait grandir rapidement. Parfois, je me demande *Pourquoi elle?* Elle ne méritait pas toute la souffrance qu'elle a vécue. Elle s'est toujours battue pour ses enfants. Nous étions ce qu'elle avait de plus cher au monde et je sais qu'elle ne voulait pas nous quitter.

J'ai toujours pensé que maman serait là pour les événements importants de ma vie: mon bal de finissants, ma graduation, mon mariage, … C'est difficile d'accepter qu'elle ne sera pas là. Elle ne nous verra pas grandir, Robert et moi. Elle ne connaîtra pas non plus ses petits-enfants. Je ferais n'importe quoi pour la ravoir. Elle me manque tellement. Je l'aime tellement.

Peu de jeunes pensent aux dangers du tabac. Ils pensent que c'est *cool* de fumer. Mais ça ne l'est pas. Ça ne l'est pas du tout. C'est le tabac qui a tué ma mère.

Il y a certains jeunes qui pensent que la vie serait mieux sans parents, mais je vais te dire : profite de la vie et aime tes parents. C'est si difficile de continuer sans eux.

Diana Carson, 15 ans

NOTE DE L'ÉDITEUR : Pour vous aider à surmonter une épreuve de maladie ou de perte d'un être cher, contactez Jeunesse j'écoute, *tél. : 1-800-668-6868 ;* Tel-jeunes, *tél. : 1-800-263-2266, Montréal : 1-514-288-2266 ;* Tel-Aide, Montréal, *tél. : 514-935-1101.*

Profitons des bons jours

As-tu la santé? Si tu l'as, remercies-en Dieu et accordes-y autant d'importance qu'à ta bonne conscience, car la santé est une bénédiction qui t'est donnée et que l'argent ne peut pas acheter.

Izaak Walton

Le *cancer.* J'ai des frissons dans le dos quand je prononce ce mot de six lettres qui cause tant de souffrances. Je ne pensais pas qu'il me toucherait, jusqu'à ce que ma mère en soit atteinte.

Cela s'est passé en avril d'une année qui s'était annoncée belle. J'étais en quatrième année et j'avais une enseignante extraordinaire: Mme DeRosear. À mon école, tout le monde avait hâte d'être en quatrième année pour avoir Mme D. comme enseignante.

Un jour d'avril, donc, au retour de l'école, j'ai vu que maman était déjà rentrée. C'était bizarre car elle n'arrivait jamais avant moi. Elle était assise sur le sofa avec papa. Je me suis tout de suite imaginé une mauvaise nouvelle. *Grand-maman est morte? Je ne lui ai pas dit adieu! À moins que ce soit mon frère qui est blessé?*

Je suis allée m'asseoir à côté de maman sur le sofa. Elle m'a embrassée et m'a fait un sourire affectueux, alors j'ai poursuivi mes activités habituelles. Pendant que je regardais la télévision, toutefois, maman a reçu plusieurs appels téléphoniques. En fait, elle en a reçu toute la soirée. Et chaque fois que le téléphone sonnait, elle se précipitait dans sa chambre pour répondre. J'ai senti qu'il se passait quelque chose.

À un moment donné, quand maman est ressortie de sa chambre, je lui ai demandé: « Maman, pourquoi vas-tu toujours dans ta chambre pour répondre au téléphone? »

Elle s'est alors tournée vers ma sœur et moi, et nous a dit: « Les filles, j'ai quelque chose à vous dire. J'ai une maladie qui va me rendre très malade. J'ai un cancer. »

Au moment où elle a prononcé ces mots, j'ai senti comme un poignard s'enfoncer dans ma poitrine. J'ai pensé *Pourquoi Dieu m'enlève-t-il ma mère si vite? Qu'est-ce que j'ai fait pour mériter cela?* Ce que j'ignorais, c'est que nous amorcions un très long et très pénible voyage.

Le jour suivant, dans l'autobus, j'ai dit à mon amie Kate: « Ma mère… », et j'ai commencé à pleurer sans pouvoir finir ma phrase. Kate m'a serrée dans ses bras et m'a chuchoté à l'oreille: « Je sais. Je serai toujours là pour toi. » Je savais qu'elle m'épaulerait.

Toutes les personnes qui ont appris que maman souffrait d'un cancer ont réagi à leur façon. Quand ma grand-mère a appris la nouvelle, elle était bouleversée parce que le cancer était pour elle une condamnation à mort: son mari, mon grand-père, était mort d'un cancer quand ma mère n'était qu'une adolescente.

Un jour, ma mère a commencé ses traitements de chimiothérapie. Elle perdait ses cheveux et était toujours malade. La plupart du temps, le soir, elle était trop fatiguée pour manger ou très malade à cause de la chimiothérapie.

Durant l'été qui a suivi, maman est restée à la maison. Les bons jours, maman, ma sœur et moi descendions près de l'étang et nous couchions dans l'herbe pour voir des formes dans les nuages. Ces jours-là, nous parlions de ce que nous allions faire avec maman le lendemain, la semaine suivante ou l'an prochain. Nous ne parlions jamais de la mort.

Nous avons reçu du soutien de plusieurs personnes et de plusieurs organismes. À la fin de l'été, l'école a recommencé et maman a dû se faire opérer. Pendant les quelques jours de son hospitalisation, je suis restée avec une de mes enseignantes, Mme Stephens. Elle me préparait ma collation préférée. Ça me faisait du bien, car je sentais que quelqu'un prenait le temps de s'occuper de moi. Je donnais les restes de ma collation au chien si j'en avais trop ou si je voulais lui faire plaisir. Mme Stephens était toujours là pour moi. Elle me souriait, me serrait dans ses bras ou me rassurait.

Parfois, je perdais espoir et je me demandais *Suis-je en train de perdre ma mère comme elle-même a perdu son père?* Je passais des heures à tempêter contre Dieu, à lui dire qu'il ne devait pas nous enlever notre mère, que j'avais besoin d'elle, qu'il n'avait pas le droit! Après six longs mois où elle a perdu tous ses cheveux et vomi sans arrêt, ma mère a commencé à prendre du mieux. Elle s'est mise à se rétablir.

Les années ont passé. Le 5 avril 1999, nous avons célébré les cinq ans de rémission de ma mère. Cinq ans sans que le cancer revienne! Ce jour-là, nous avons organisé une grande fête. Des amis sont venus de loin pour célébrer ma courageuse mère et sa victoire contre le cancer!

Si tu connais une personne atteinte d'un cancer, tu peux l'aider en faisant de petites choses: lui tenir compagnie, bavarder avec elle, l'aider dans les travaux domestiques.

Lutter contre le cancer est extrêmement difficile. Ne garde pas tes émotions en toi. Parles-en à quelqu'un. Il y a même des groupes de discussion sur Internet qui sont là pour t'aider, ainsi que des groupes de soutien. N'abandonne pas, va chercher l'aide dont tu as besoin!

Il y aura des bons jours et des mauvais jours, parfois plus de mauvais que de bons. Fais ce que j'ai moi-même fait avec ma mère: profite des bons jours!

Leslie Beck, 14 ans

Pense avant d'agir

Un soir d'automne, la veille de l'Halloween plus exactement, il se passa quelque chose d'inoubliable dans ma ville. À l'heure du dîner, à l'école, quelques amies de mon frère lui firent part d'un mauvais tour qu'elles prévoyaient jouer à un certain garçon : elles voulaient enrubanner sa maison de papier hygiénique! Ces filles avaient déjà joué quelques mauvais tours à ce garçon, et elles riaient déjà de ce que la maison aurait l'air une fois enrubannée. Mon frère me raconta par la suite qu'il avait trouvé leur plan de mauvais goût, mais qu'il n'avait pas osé décourager ses amies. Aujourd'hui, il le regrette.

Cette nuit-là, les six amies de mon frère restèrent à coucher chez une d'entre elles. Au milieu de la nuit, elles sortirent de la maison et s'empilèrent dans une petite voiture bleue pour aller jouer leur mauvais tour. Lorsqu'elles arrivèrent à la maison du garçon, tout se passa comme prévu… jusqu'à ce qu'elles se fassent prendre. Le garçon en question les aperçut et sortit dehors. En riant, elles coururent vers la voiture et se sauvèrent. Le garçon prit sa voiture et les poursuivit. Il voulait savoir qui lui avait joué ce mauvais tour. Il les pourchassa de si près que les filles eurent la trouille et accélérèrent.

À un moment donné, en tournant dans une courbe dangereuse, elles perdirent la maîtrise de leur véhicule et frappèrent un arbre de plein fouet. Trois des filles furent éjectées de la voiture et moururent sur le coup. Les trois autres filles furent gravement blessées. Une des filles eut tout juste assez de force pour sortir de la voiture et aller demander de l'aide dans une maison avoisinante. Les gens qui répondirent à la porte eurent peur d'elle. Ils ne crurent même pas qu'il y avait eu un accident. Ils répondirent des choses comme « ouais, on va croire ça que tu viens d'avoir un accident... » et ne voulurent pas appeler la police.

Les trois filles qui sont mortes dans cet accident étaient des élèves brillantes et prometteuses. Malheureusement, tous leurs rêves ont disparu en même temps qu'elles ont heurté l'arbre. Seulement une des amies de mon frère portait sa ceinture au moment de l'accident, et elle fait partie des trois survivantes. Maintenant, chaque fois que je vais en voiture, je pense à cet accident et je m'attache.

Le garçon qui les a pourchassées est allé devant un tribunal. Tout ce qu'il a eu, c'est une contravention pour stop non fait et excès de vitesse. Je me demande souvent comment il se sent quand il pense au décès des filles de la voiture qu'il poursuivait. Mon frère regrette de n'avoir pas découragé ses amies lorsqu'elles lui ont raconté le mauvais tour qu'elles préparaient. Peut-être auraient-elles décidé de faire quand même leur mauvaise blague, mais peut-être auraient-elles laissé tomber. Nous ne le saurons jamais. Beaucoup de gens souffrent d'un geste idiot qui n'était pas censé mal tourner.

Une seule bonne chose est sortie de ce drame : la mère d'une des filles décédées a mis sur pied un centre pour jeunes en mémoire des trois filles qui sont mortes. Maintenant, les adolescents de notre coin ont un lieu à eux où ils peuvent se retrouver, s'amuser, bavarder et, espérons-le, apprendre à réfléchir avant d'agir. Un lieu qui leur évitera peut-être de commettre des gestes irréparables.

Lauren Wheeler, 12 ans

Heureuse de s'en sortir

J'avais neuf ans quand je me suis retrouvée dans une ville tout à fait nouvelle. Ma mère et moi avons dit au revoir à nos proches et sommes parties vivre dans une autre ville. Mes sœurs, mon frère et papa, eux, sont restés au même endroit. Mes parents étaient déjà divorcés depuis sept ans, et mon père était remarié depuis cinq ans.

Ma mère et moi étions parties dans une autre ville parce qu'on avait offert à ma mère un emploi d'enseignante. La seule raison pour laquelle j'ai suivi ma mère, c'est qu'elle m'avait tellement parlé en mal de mon père que j'avais peur de vivre avec lui. En vérité, je ne voulais pas partir dans cette nouvelle ville, je voulais rester avec mes sœurs, mais je ne savais pas quoi faire au sujet de papa.

Laisse-moi te dire que c'était terrifiant de déménager dans une ville nouvelle où je ne connaissais personne. Ma mère et moi avons emménagé dans un appartement. À notre arrivée dans l'immeuble, alors que nous nous affairions à sortir nos affaires du camion de déménagement, un homme plutôt charmant est venu se présenter. Il s'appelait John et il nous offrait d'aider à transporter nos affaires. Comme il avait l'air gentil, nous avons accepté et nous avons continué de sortir nos choses. Une fois le camion vidé, nous avons commencé à ouvrir les boîtes.

Peu après, ma mère et John ont commencé à se fréquenter. Trois mois plus tard, John passait le plus clair de son temps chez nous. Pour moi, c'était comme s'ils étaient mariés. Il restait jusqu'à très tard le soir, et il aimait beaucoup me border dans mon lit.

Je ne savais pas quoi penser de cela, car il y avait quelque chose en lui qui me faisait très peur. Ma mère et John ont ensuite décidé de se marier. Leur projet ne m'emballait pas.

Après le mariage, John s'est mis à venir dans ma chambre de plus en plus souvent, et il restait long-temps. Il a commencé à me toucher à certains endroits et cela me rendait très mal à l'aise. J'avais très peur. Je ne disais rien parce que j'avais trop peur. Parfois, je plaçais mes mains sur ma poitrine et je me recroquevillais de telle sorte que je lui faisais dos. Pendant ce temps-là, ma mère regardait la télé et je ne voulais pas crier. Si je l'avais fait, je suis cer-taine qu'il se serait arrêté immédiatement, qu'il aurait prétendu l'innocence et que ma mère m'aurait crue folle.

Quelques mois après le mariage, ma mère et John ont trouvé une nouvelle maison et j'ai eu le choix de retourner vivre avec mon père. Vu ce qui se passait avec John, j'ai décidé de retourner chez mon père.

Mon père, mes sœurs et mon frère étaient ravis de me voir revenir. Au début, cependant, j'ai trouvé difficile de renouer avec eux. J'avais beaucoup de mal à me montrer affectueuse envers mon père et ma belle-mère. John avait tout mélangé; je ne savais plus ce qui était normal et ce qui ne l'était pas. Tous les contacts physiques me répugnaient.

À chaque congé scolaire, ma sœur et moi allions voir notre mère. Parfois, ni l'une ni l'autre ne voulait y aller, mais on y allait quand même parce que c'est ce qu'on attendait de nous. Je pleurais et je suppliais mon père et ma belle-mère de ne pas m'y envoyer. Chaque fois que j'étais chez ma mère, John me tou-

320

chait. J'avais peur de ce qui arrivait et je me demandais si quelqu'un me croirait si je parlais.

À un moment donné, j'en ai parlé avec ma meilleure amie Lindsey et elle m'a dit d'en parler avec mes parents. Comme je ne pensais pas qu'ils me croiraient, je lui ai fait jurer de ne rien dire et je n'ai pas suivi son conseil.

Un jour, mon père et ma belle-mère ont commencé à se poser des questions sur mon comportement renfermé. Puis ma belle-mère a demandé à une conseillère de l'école de venir à la maison pour m'aider à briser le silence anormal qui était le mien. Plutôt que de tout raconter à une étrangère, j'ai cédé et j'ai tout dit à ma belle-mère.

J'étais contente d'avoir enfin le courage de dire à ma famille ce que John faisait. Ma belle-mère m'a serrée dans ses bras et nous avons pleuré longtemps ensemble.

Peu après, nous avons contacté un avocat qui, à son tour, a contacté la police. John a été arrêté, mais il a fallu neuf mois avant qu'il se présente en Cour. J'ai trouvé très difficile de faire face à ma mère durant le procès, mais je m'en suis tirée. Tout ce que je peux dire, c'est que le procès a été une des choses les plus difficiles de ma vie.

Reconnu coupable, John est allé en prison, mais il a immédiatement embauché un autre avocat pour aller en appel. Juste avant de recevoir sa sentence, on lui a accordé un nouveau procès. Il a décidé d'accepter une négociation pénale et a pu sortir de prison après seulement cinq mois. Aussi incroyable que cela puisse paraître, il a repris son travail de fonctionnaire et vit présentement avec ma mère! Comme je le pensais, ma mère ne me croit pas, même si un jury de douze adultes a reconnu la culpabilité de John. Nous n'avons pas eu de contact avec elle depuis près de trois ans.

Après le procès, j'ai décidé de devenir avocate parce que les procureurs m'avaient traitée avec beaucoup de gentillesse durant le procès. Je veux défendre les petits enfants et toutes les autres personnes qui auront le malheur de vivre une situation comme la mienne.

J'ai toujours espoir que ma mère se rende compte de son erreur et nous contacte. Il y a des jours où tout cela m'attriste et m'enrage, et me fait pleurer. J'aimerai toujours ma mère, et j'espère qu'un jour je serai capable d'accepter les choix qu'elle a faits et la personne qu'elle est.

Je vis présentement ma vie du mieux que je peux. Maintenant, je sais qui je suis à l'intérieur, mais j'ai eu besoin de beaucoup de counseling pour y parvenir. Je pense également que si je suis qui je suis, c'est grâce à ma belle-mère et à mon père qui se sont aperçus que je n'allais pas bien. Sans eux, je ne sais pas ce qui serait arrivé. Aujourd'hui, ma vie est plus belle qu'elle n'a jamais été et elle continue de s'embellir.

Tiffany Jacques, 15 ans

NOTE DE L'ÉDITEUR: *Pour obtenir de l'aide, contactez l'*Association des Centres jeunesse du Québec, www.acjq.qc.ca, *tél.: 514-842-5181.*

Pour le meilleur...

*Tu es responsable non seulement de ce que
tu fais, mais aussi de ce que tu ne fais pas.*

Molière

Après l'épouvantable tuerie survenue dans une
école du Colorado, il y a eu plusieurs alertes à la
bombe à mon école. Les policiers ont dû venir à
quelques reprises. Deux jours après la tuerie, alors
que je bavardais avec mon amie Amberly, son petit
ami a dit soudainement : « Je vais faire sauter l'école
et tuer tout le monde. » Je lui ai demandé : « Pourquoi ferais-tu cela ? » « Parce que », a-t-il simplement répondu.

J'ai eu très peur, car personne auparavant ne
m'avait dit une chose pareille. En parlant avec
d'autres amis, je me suis rendu compte que le copain
d'Amberly leur avait dit la même chose. Mes amis
m'ont suggéré de demander conseil à un adulte, mais
j'avais trop peur et je leur ai fait promettre de ne rien
dire.

Quelques jours plus tard, une enseignante a surpris une conversation que nous avions, Amberly et
moi, au sujet de ce que son petit ami avait dit. Elle
m'a emmenée dans le couloir et m'a demandé de
dévoiler le nom de l'individu et de répéter ce qu'il
avait dit. Au début, je ne voulais rien dire. Quand
elle m'a expliqué pourquoi c'était la meilleure chose
à faire, toutefois, je lui ai tout dit. Je lui en voulais de
m'avoir obligée. Je me sentais très mal à l'aise
d'avoir dénoncé l'ami d'Amberly. J'étais certaine
qu'il n'était pas sérieux et je ne voulais pas qu'il ait
des ennuis.

L'ami d'Amberly a été suspendu pour deux jours. Ensuite, il a eu deux jours de retenue. Parfois, je me demande s'il aurait passé à l'acte si je ne l'avais pas dénoncé. Les responsables de la tuerie au Colorado avaient l'air de jeunes plutôt normaux aux yeux de bien des gens. Ce qu'il faut retenir, c'est qu'on ne doit jamais dire à la blague qu'on va faire une chose aussi grave que tuer des gens. Sinon, les autorités doivent prendre les mesures qui s'imposent pour assurer la sécurité.

Après avoir suspendu le petit ami d'Amberly, les classes de sixième année ont eu une réunion. Le directeur et les conseillers ont dit aux élèves qu'un des leurs avait fait des menaces et avait été suspendu. Plus tard, j'ai décidé de lui dire que c'était moi qui avais parlé. De cette façon, il a su qui l'avait dénoncé. Étonnamment, il ne m'en voulait pas. Il a même pu obtenir de l'aide pour son comportement.

Toi aussi, tu peux te retrouver dans cette situation. Si une personne de ton entourage fait des menaces, c'est évident qu'elle a besoin d'aide, et rapidement. Quand une tuerie se produit, on dirait qu'une autre se produit peu de temps après. Si tu peux contribuer à prévenir un drame, tu contribueras peut-être aussi à sauver ta propre vie et celles d'autres personnes. Si c'était à refaire, je referais la même chose.

April Townsend, 12 ans

---

*NOTE DE L'ÉDITEUR: Si tu sais des choses au sujet d'activités dangereuses ou illégales qui se produisent ou risquent de se produire à l'école, parles-en à un adulte de confiance ou, s'il y a urgence, compose le 911. Si tu veux de l'information sur la prévention de la violence à l'école, contacte l'*Association des Centres jeunesse du Québec, www.acjq.qc.ca, *tél.: 514-842-5181*

Un sourire peut sauver une vie

La journée qui a transformé ma vie a commencé comme toutes les autres journées. Je suis conférencier professionnel depuis quatre ans, depuis l'âge de dix-huit ans exactement. Je visite les écoles secondaires d'un peu partout au pays pour parler aux élèves de l'estime de soi, de l'entraide et de l'importance de se fixer des objectifs. Un jour de 1999, j'ai donné une conférence à des élèves du Texas. L'auditorium était plein ; il résonnait d'applaudissements et de rires. Une ambiance aussi harmonieuse n'annonçait pas du tout le drame qui se préparait.

Après ma conférence, je suis retourné à ma chambre d'hôtel. J'ai alors reçu un coup de fil que je n'oublierai jamais.

« Il s'est passé quelque chose de tragique dans une activité de jeunes, tout près de l'endroit où vous avez donné votre conférence. La plupart des victimes sont des enfants. Je ne sais pas dans quel état ils sont. »

Pour une fois, j'étais sans voix. J'avais peur, aussi. *Parmi ces jeunes, y en a-t-il à qui j'ai parlé ce matin ?* me suis-je demandé. Il est vrai que je ne les connaissais pas vraiment, mais d'une certaine façon, je me sentais proche des jeunes qui avaient assisté à ma conférence quelques heures plus tôt.

J'ai raccroché le téléphone et j'ai ouvert le poste de radio pour en savoir plus. On racontait qu'un homme d'âge mûr s'était présenté à un rassemblement de jeunes dans une église et avait tiré sur les jeunes. En quelques minutes seulement, il avait tué plusieurs jeunes entre neuf et douze ans.

J'ai pris une carte de la ville et je me suis rendu sur les lieux du drame en voiture. Quand je suis arrivé, la scène était triste à voir. Des hélicoptères survolaient les lieux, des parents criaient et appelaient leurs enfants. Tout le monde pleurait. Je ne savais pas comment aider, ni que faire. J'ai alors aperçu un groupe de jeunes assis sur le trottoir. Je suis allé les voir.

Je ne me souviens plus trop de ce que je leur ai dit, mais je me rappelle très bien que nous nous sommes tenu la main en essayant de nous réconforter mutuellement tandis que les pleurs et les cris continuaient autour de nous. Je n'oublierai jamais, au grand jamais, ce moment où je suis demeuré assis avec ces jeunes à sentir leur souffrance et leur confusion, à pleurer avec eux.

Ce jour-là, j'ai su que je voudrais dorénavant travailler à prévenir la violence chez les jeunes. Dans mes conférences qui ont suivi, je me suis donc mis à poser plus de questions aux élèves et à les écouter. Jusqu'à maintenant, j'ai eu ce genre d'interactions avec des dizaines de milliers de jeunes. Ils m'ont donné leurs avis sur les causes de la violence et, surtout, sur les façons de la prévenir. Je suis toujours ému de vivre ces moments où les jeunes s'expriment et où je peux les aider à améliorer leur école.

Je me souviens notamment de Jenny, une fille de deuxième secondaire. Elle disait avoir plus peur de manger toute seule le midi que de se faire agresser physiquement; elle disait que personne ne lui souriait jamais. Je me souviens aussi des larmes de Stephen pendant qu'il racontait son histoire. Il avait été assis toute l'année scolaire à côté d'un garçon qui avait participé à une fusillade et tué plusieurs élèves à la fin de l'année. En secouant la tête, il m'avait dit : « Jamais je n'ai salué ce garçon. Jamais je ne lui ai demandé comment il allait. Jamais je n'ai fait attention à lui. » J'ai commencé à prendre conscience que ce genre de comportement où l'on ignore l'autre est le germe pouvant engendrer la violence. Cette croyance s'est trouvée confirmée quand j'en ai appris plus long sur l'homme qui s'était immiscé dans le rassemblement de jeunes, peu après ma conférence. L'homme avait tiré sur ces jeunes pour avoir leur attention et parce que c'était pour lui une façon de se venger de ceux qui l'avaient ignoré quand il était jeune.

La chose la plus importante que j'ai apprise, c'est que les jeunes sont extraordinaires. Les médias m'enragent quand ils décrivent les adolescents comme de jeunes paresseux, idiots et violents. Ils parlent rarement des milliers de jeunes qui travaillent fort à l'école, qui savent garder un emploi, qui aident financièrement leur famille et qui ne s'attirent pas d'ennuis. Chaque jour, les jeunes surmontent toutes sortes d'obstacles, de barrières et de peurs pour avancer. Comme Maria, cette jeune aveugle qui vole la vedette dans son équipe d'athlétisme, ou John, cet ancien fier-à-bras qui a pris sa vie en main pour devenir un de mes meilleurs bénévoles. Des milliers d'élèves font chaque jour des efforts pour aider d'autres jeunes, et ils n'attendent pas de félicitations.

Ensemble, on peut s'efforcer de respecter les autres, quels qu'ils soient. Nous pouvons tous apprendre des leçons sur les comportements qui font du bien et les comportements qui font du mal. Quand on ignore les autres ou qu'on ne les traite pas bien, on contribue à créer une atmosphère qui peut mener à la violence. Je crois qu'un simple sourire peut aboutir à sauver une vie.

Les jeunes gens ont véritablement la capacité de faire régner la paix et la sérénité dans leurs écoles et leurs quartiers. On doit se respecter soi-même et respecter les autres. Ensemble, on peut mettre fin à la violence.

Jason R. Dorsey

NOTE DE L'ÉDITEUR : Avec l'aide de quelques mentors et de nombreux jeunes de son âge, Jason a mis sur pied un organisme à but non lucratif, End School Violence (Luttons contre la violence à l'école). L'objectif de cet organisme est d'inciter les élèves à trouver des moyens de prévenir la violence et à les utiliser pour améliorer leur monde.

36-24-36

Je suis telle que Dieu m'a créée. Puisqu'Il
en est satisfait, je le suis aussi.

Minnie Smith

« Ouah ! Qu'il te va bien ! » s'est exclamée ma
meilleure amie. « La couleur te va à merveille. Je
vais te l'offrir pour ton anniversaire ! Après tout,
c'est dans deux semaines ! »

Je magasinais avec ma copine pour me trouver
un maillot de bain. Depuis que nous étions à l'école
secondaire, nous voulions changer un peu notre
allure. Un bikini, entre autres choses, aiderait sûrement à attirer l'attention des garçons à la piscine.
Nous avons donc acheté des bikinis, puis nous avons
discuté des diètes amaigrissantes que nous connais-
sions. Notre seule intention était de perdre un peu de
notre « graisse de bébé ». Je me disais que les gars
m'aimeraient davantage si j'étais mince et jolie.

J'ai donc décidé de suivre une diète à la lettre,
chose difficile pour moi qui suis une accro au chocolat. J'avais toujours eu une bonne stature. Je n'étais
pas grasse, mais j'étais grande et costaude. À
l'école, j'étais en avance pour mon âge et je prati-
quais plusieurs sports. Je me disais *Une fille mince,*
jolie, intelligente, sportive en plus – tout le monde
m'aimera. Quand je rentrais de l'école, je ne man-
geais pas de collation. Le soir, je réduisais la portion
de mon repas. J'avais des rages de sucre, mais il me
suffisait de regarder des magazines de beauté et mon
bikini pour ne pas succomber.

Quand j'ai eu perdu deux kilos, ma mère l'a remarqué. Elle m'a dit de cesser de diminuer mes portions parce que c'était dangereux pour ma santé. Je lui ai promis d'arrêter, mais je ne l'ai pas fait. Après avoir perdu cinq kilos, ma meilleure amie a cessé son régime, car elle était satisfaite de son allure. Moi, j'ai commencé à recevoir des compliments à l'école. Je continuais de porter les mêmes vêtements, qui devenaient de plus en plus grands. Des fois, mes amis me demandaient si j'avais pris mon repas du midi. Je disais oui, mais c'était un mensonge. Je trouvais des excuses.

Comme j'avais perdu du poids en sautant le repas du midi, je me suis mise à faire la même chose avec le déjeuner. Je disais à mon père que j'avais déjeuné, mais ce n'était pas vrai. Je maigrissais à vue d'œil et ma meilleure amie menaçait de tout dire à mes parents. Alors je faisais semblant de manger pour la tromper. Chaque jour, quand je me regardais dans le miroir, je ne voyais que mes grosses cuisses.

À un moment donné, mon professeur d'éducation physique m'a parlé de ma perte de poids. Je lui ai dit que je perdais du poids parce que je faisais beaucoup de sport.

Un jour, de grands cernes sont apparus sous mes yeux et j'ai cessé de me développer physiquement. Marcher était devenu pénible pour moi. Je ne dormais plus la nuit. Je portais plusieurs couches de vêtements alors qu'il faisait chaud dehors, mais j'avais encore froid. Mais je m'en moquais. Je voulais être plus mince encore. J'aurais compté le nombre de calories du dentifrice et des hosties!

Environ un mois et demi après l'achat du bikini, je l'ai essayé. Malheureusement, je ne le remplissais plus! Ma mère m'a fait me regarder dans le miroir. J'avais les yeux creux et cernés, la peau transparente, les pommettes presque pointues. Ce jour-là, j'ai pris conscience de ma maigreur.

Je suis allée voir notre médecin de famille et un psychiatre. En un mois et une semaine, j'avais perdu douze kilogrammes! Il a fallu une année entière à mon corps pour recommencer à fonctionner normalement.

Parfois, je veux redevenir maigre, mais je ne referai *jamais* ce que j'ai fait. Ça ne vaut pas la peine. Il ne faut pas faire de régime amaigrissant quand on est enfant. On peut le regretter. Moi, je regrette de l'avoir fait. Il faut plutôt aller chercher de l'aide, sinon on risque de souffrir et même de mourir à petit feu. Ne te juge pas et ne te compare pas aux autres. Essaie de t'aimer pour ce que tu es et non pour ton allure. Tu as probablement fière allure de toute façon.

Nikki Yargar, 14 ans

Ne claque jamais une porte.
Tu pourrais vouloir la rouvrir.

Don Herold

L'aube d'un nouveau jour

La recouvrance est un processus, pas un événement.

Anne Wilson Schaef

J'ai toujours eu une hantise. Et quand cette hantise s'est matérialisée, j'ai été si surprise que je ne me suis pas rendu compte que j'avais moi-même prédit l'événement.

À une certaine époque, je n'étais pas consciente de ma chance. Longtemps avant de m'endormir, je restais éveillée la nuit à entendre mes parents se disputer en criant. Il n'y avait aucun échange de coups, mais les querelles finissaient toujours de la même façon: ma mère pleurait. Cela me faisait toujours peur. J'imagine qu'ils me croyaient endormie. Ils essayaient de me cacher leurs conflits.

Un après-midi, ma mère m'a annoncé qu'elle avait quelque chose d'important à me dire. Elle s'est assise à côté de moi sur le sofa. Mon père est venu s'asseoir à l'autre bout. Ma mère m'a alors expliqué que papa et elle n'appréciaient plus la vie commune et allaient divorcer. Pendant que je retenais mes larmes, ma mère a continué en disant qu'ils avaient vraiment essayé d'arranger les choses… pour moi. Ils m'ont expliqué qu'ils ne voulaient pas me faire de la peine. Ils ne sauront jamais à quel point ils m'en ont fait, en fin de compte. Ils m'ont dit aussi que même s'ils ne s'aimaient plus, cela ne changeait pas leur amour pour moi et que mon père allait déménager non loin de la maison pour que je puisse y aller à pied.

À un moment donné, je ne pouvais plus retenir mes larmes. Je me suis précipitée dans ma chambre en sanglotant, j'ai claqué la porte et je me suis effondrée sur mon lit. J'ai serré mon oreiller contre ma poitrine. Toutes sortes d'idées me bombardaient l'esprit, tout ce que j'aurais pu faire pour que ça marche. Je suis demeurée longtemps sur mon lit, incapable de quitter le lieu sûr qu'était ma chambre, incapable d'accepter ma nouvelle réalité. Puis j'ai regardé par ma fenêtre pendant des heures, sans vraiment penser, sans vraiment regarder. J'étais seulement un peu engourdie.

Quand je me suis levée le lendemain matin, je me suis traînée jusqu'à l'autobus. À l'école, mes amies ont essayé de me réconforter, mais je n'ai pas apprécié leur sollicitude. Je me sentais mal. Les réactions de mon entourage amplifiaient mon sentiment. Je sais que mes amies essayaient de m'aider à me sentir mieux, mais elles ne faisaient que me rappeler comment c'était avant. J'ai commencé à attribuer mon malaise à mes amies, et ça me faisait de la peine. Je me suis donc isolée pour être de plus en plus seule.

J'ai découvert qu'écrire me faisait beaucoup de bien, mais je ne montrais mes compositions à personne. Ma vie était bouleversée. Personne ne savait. Je souffrais de l'intérieur seulement. Je me cachais au fond de moi. De l'extérieur, j'avais l'air de la même personne. Ma mère et mon père faisaient comme si de rien n'était, et ça m'enrageait.

En fin de compte, mon père n'avait pas déménagé dans un appartement non loin de chez nous. Il était resté à la maison, tandis que ma mère était partie. Elle demeurait maintenant à l'autre bout de la ville.

Un jour, j'ai appris que mon père était en amour avec une femme. Ça me blessait incommensurablement de voir mon père préférer tenir la main de cette femme plutôt que la mienne. Puis ma mère a également trouvé un nouveau « conjoint », avec qui elle s'est mise à cohabiter. Quand c'était ma semaine chez ma mère, je passais de longues heures à attendre de repartir. Je me sentais seule et ignorée. Je voulais mourir.

Peu à peu, mes compositions ont commencé à raconter d'horribles histoires de filles de mon âge qui vivaient des situations bien pires que la mienne, ce qui me réconfortait. Je passais d'une maison à l'autre chaque semaine. Quand ça n'allait pas bien, c'était toujours la faute de l'autre parent. Je me levais toujours tôt pour voir l'aube, qui me semblait toujours plus pâle et plus fragile. Seule et ne laissant personne entrer dans ma réalité, je pleurais.

Aujourd'hui, deux ans plus tard, je ne pleure plus, car je pense avoir pleuré ma part. J'ai accepté la situation et je vais de l'avant. Je me sens plus proche de mes deux parents. À travers les difficultés qu'ils vivent, je me sens concernée et aidante. Le conjoint de ma mère l'a quittée récemment; ma mère s'est tournée vers moi pour que je l'épaule.

J'ai encore mal quelque part en dedans de moi. Je n'oublierai jamais ma vie d'avant. Elle me manquera toujours. Mes parents se querellaient, mais ils étaient ensemble et j'aurais dû l'apprécier davantage. Aujourd'hui, je sais qu'il n'y a rien de plus beau que le jour levant. Je sais que je dois continuer.

Katherine Ackerman, 12 ans

10

LES CHANGEMENTS

Le changement est une vérité absolue.
Rien ne demeure.
Demain apportera avec lui
des nouveaux défis et quelquefois
des dénouements inattendus.
Tu peux t'accrocher au passé
et t'y empoussiérer;
ou, tu peux choisir de sauter
dans la ronde de la vie et
vivre une nouvelle aventure
avec persévérance et ouverture d'esprit.

Irene Dunlap

Mon tout premier baiser

J'étais en première secondaire lorsque je tombai amoureuse à l'arrêt d'autobus.

« Qui c'est? » chuchotai-je à Annie, ma meilleure amie.

« J'sais pas. Un nouveau. Allons lui demander », répondit-elle. Elle s'approcha de lui et lança: « Allo! »

Les sourires qu'Annie adressait aux garçons creusaient ses joues de grandes fossettes. Elle avait le visage bien rond avec une fossette dans chaque joue. J'étais jalouse de ses joues!

« Je m'appelle Annie. Tu viens de déménager dans le quartier? » demanda Annie en baissant la tête comme pour le regarder à travers ses cils.

« Ouais », répondit le garçon.

« Je te présente Patty, mon amie. »

Il me regarda.

Je n'avais jamais vu des yeux aussi bleus... des cils aussi longs... un regard aussi intense...

J'étais AMOUREUSE!

Instantanément, j'éprouvai tout ce qu'on peut lire sur le coup de foudre. Mes jambes commencèrent à trembler. Mes genoux se transformèrent en Jello. J'avais du mal à respirer. J'étais comme paralysée: incapable de marcher, de parler, de voir même. Je restais plantée là comme une grande nouille.

Il s'appelait Jerry. Il venait de déménager au bout de la rue. Jerry était plus petit que moi, mais ça ne me dérangeait pas. Il n'avait pas grand-chose à dire; mais ça non plus, ça ne me dérangeait pas. J'étais en amour…

Chaque jour, je me mis à passer devant sa maison en vélo. J'avais à la fois peur et envie qu'il me voie.

Je me sentais à la fois heureuse et misérable. Je ne voulais pas confier à Annie ce que j'éprouvais pour Jerry, car j'avais peur qu'elle s'en entiche. Et si Annie s'était mise à vouloir Jerry, je savais pertinemment qu'elle aurait fini par l'avoir.

Un vendredi, on m'invita à une soirée. Je n'arrivais pas à y croire. C'était une soirée où il y aurait des gars et des filles, ma première soirée de ce genre. Mes parents avaient dit oui. Et Jerry était invité!

La soirée se déroulait chez Phyllis, dans une pièce séparée du reste de la maison. Les parents de Phyllis ne seraient donc pas là à nous surveiller toute la soirée. Selon Annie, ce serait une soirée d'embrassements. Parfait. La sueur me coulait déjà sous les bras.

Après deux heures à manger des croustilles, à boire du Coke et à écouter notre musique préférée, quelqu'un suggéra de jouer à *Seven Minutes in Heaven.* Quelqu'un d'autre suggéra de jouer à la bouteille. Le jeu de la bouteille me sembla beaucoup moins menaçant que de passer sept longues minutes à se bécoter dans le garage de Phyllis. Nous avons finalement choisi de jouer à la bouteille, mais il fallait s'embrasser pour vrai. Pas embrasser comme on embrasse sa grand-mère.

Le jeu de la bouteille est simple. On s'assoit en cercle en s'assurant d'avoir en alternance un garçon, une fille, un garçon, une fille… Puis on fait tourner une bouteille sur le sol, au centre du cercle. Quand la bouteille s'immobilise, le garçon ou la fille vers qui pointe le goulot de la bouteille doit faire tourner la bouteille à nouveau. Si la bouteille s'arrête sur une personne du même sexe, le garçon ou la fille recommence, jusqu'à ce que le goulot pointe vers une personne de sexe opposé. Le couple ainsi formé va dans le garage et en ressort soit avec le sourire, soit avec un air bizarre…

Ce soir-là, donc, chez Phyllis, Charlene tourna la bouteille qui s'arrêta sur Jerry. Jerry se rendit dans le garage avec Charlene. Ce fut ensuite Jerry qui fit tourner la bouteille. Elle s'arrêta sur Brian, alors il la fit tourner encore. Elle s'arrêta sur moi.

Sur le coup, je crus mourir. Je cessai de respirer un moment. Les jambes molles, j'eus même du mal à me lever debout. Je sentis que tout le monde me regardait. Au bout d'un instant, je parvins à me mettre debout pour me rendre dans le garage avec Jerry. La porte se referma derrière nous.

Il faisait très noir. Je l'entendais respirer quelque part dans l'obscurité.

« Patty? »

« Hein? »

Mes yeux s'accoutumaient à la noirceur et je voyais maintenant sa silhouette. Comment va-t-on s'y prendre? Suis-je censée fermer les yeux ou les garder ouverts? Si je ferme les yeux, comment saurai-je où est son visage? Et si je les garde ouverts, me retrouverai-je face à face avec lui comme les chats siamois dans *La Belle et le Clochard*? Qu'arrivera-t-il si lui ferme les yeux alors que je les ouvre? Ou vice versa? Dois-je avancer les lèvres ou les laisser molles? Dois-je respirer ou retenir mon souffle?

Dois-je avancer mon visage vers lui ou le laisser venir à moi?

Je décidai de garder les yeux ouverts jusqu'à la dernière seconde, puis de les fermer quand nous serions assez proches pour nous embrasser. J'inspirai longuement, m'avançai et fermai les yeux. Malheureusement, Jerry fit la même chose en même temps. TOC!

« Aïe! » lança-t-il en même temps que moi. Mes dents et les siennes s'étaient heurtées assez fort.

« Oh! Je pense que je me suis ébréché une dent », murmurai-je.

« Désolé. Je ne te voyais pas », dit Jerry.

« Ça va. Je vais survivre. » Je passai ma langue sur ma dent. Il y avait bel et bien une brèche. Elle n'était pas très grosse, mais c'était une brèche.

« Qu'est-ce que je vais dire à mes parents? »

« J'sais pas. »

Soudain, j'eus une folle envie de rire. Ç'en était trop : la nervosité de mon premier baiser, me retrouver dans le garage avec Jerry (seul à seul, dans le noir), la dent ébréchée. Je commençai à rire.

Jerry se mit à rire aussi. Une voix se fit alors entendre de l'autre côté de la porte : « Qu'est-ce que vous faites? C'est trop long! » Ce commentaire était encore plus drôle que la collision de nos dents! Les autres se mirent ensuite à marteler la porte.

« OK, allons-y. » Jerry prit ma main, ouvrit la porte et entra dans la pièce, le sourire aux lèvres. Annie semblait vexée. Moi, j'étais au paradis.

Le lendemain, Annie essaya de savoir ce qui était arrivé, mais je me contentai de sourire. Je pense qu'elle était jalouse de moi pour la toute première fois.

J'aimerais bien dire que ce fut le début d'une histoire d'amour, mais ce ne fut pas le cas. Pour une raison que j'ignore, je me suis mise à voir Jerry différemment. Aujourd'hui, je le vois tel qu'il est: un garçon de petite taille avec des beaux yeux bleus, un ami. L'année suivante, je suis tombée amoureuse de quelqu'un d'autre.

De temps en temps, sans y penser, je passe ma langue sur ma dent pour sentir la brèche. Je me souviens alors de Jerry, le plus beau gars de ma première secondaire, et je me rappelle mon tout premier baiser.

Patty Hansen

Où sont vos nez?

Une vie déjà vécue

Chaque seconde est un nouveau départ.
Chaque heure porte une nouvelle promesse.
Chaque nuit, nos rêves contiennent de
l'espoir. Chaque journée devient ce que tu
choisis d'en faire.

Jessica Heringer, 15 ans

Quand j'avais treize ans, je me retrouvais toujours seule à la maison après l'école. Mes parents travaillaient jusqu'à sept ou huit heures du soir. Je m'ennuyais et je me sentais un peu négligée. J'ai donc commencé à me tenir avec d'autres jeunes qui étaient à la maison sans surveillance après l'école.

Un jour que j'étais chez une amie, d'autres amis sont arrivés. Les parents de mon amie n'étaient pas là et les miens étaient dans une autre ville. Nous étions totalement libres ! Alors que nous étions assis à ne rien faire, quelqu'un a sorti de la marijuana de la poche de son manteau. J'étais la seule du groupe à n'avoir jamais essayé la marijuana. Influencée par leur présence, j'ai décidé d'essayer.

Vers la fin de la semaine, mes amis ont planifié une fête chez l'amie où nous avions fumé de la mari. Je me suis retrouvée à cette fête avec des personnes que je ne connaissais pas. C'était la première fois que j'étais à la fois ivre *et* droguée. Je détruisais ma vie, mais ce que je voyais, c'est que j'avais plein d'amis. La seule chose qui m'intéressait, c'était de faire la fête durant les week-ends et de consommer des substances qui me défonceraient davantage.

Un jour que ma copine et moi n'avions rien à faire, nous avons décidé que ce serait super d'aller chez moi où il n'y avait personne, de prendre les clés de la voiture et d'aller faire un tour pour épater les amis. Malheureusement, nous avons passé tout droit à un arrêt obligatoire juste au moment où des policiers arrivaient derrière nous. Ils nous ont arrêtées pour vol de voiture.

Les choses allaient tout aussi mal à l'école. J'avais été suspendue deux fois pour des batailles. La seconde fois, j'ai été suspendue pendant trois jours. Je me désintéressais totalement de mes résultats scolaires. J'échouais mon année, littéralement. L'opinion de mes parents ne m'importait plus. Il me semble que j'étais toujours en punition. Toutefois, je trouvais moyen de sortir en cachette de la maison pour aller voir mes amis le soir. À partir du moment où mes parents ont découvert que je m'enfuyais de la maison, ils ont cessé d'avoir confiance en moi et ils m'ont enlevé toute liberté. Je n'étais pas contente. Je continuais de me disputer avec eux. Ma vie s'écroulait.

Je n'étais plus la fille qui avait de bonnes notes, des parents qui lui faisaient confiance, de bons amis. J'avais perdu tout cela.

Un soir, je me suis retrouvée avec un flacon de comprimés. Je voulais qu'ils fassent disparaître ma souffrance. Il était tard, alors je me disais que *personne ne pourrait intervenir*. J'ai regardé longtemps le flacon de comprimés, me haïssant moi-même. Je n'aurais jamais cru qu'une émotion comme celle-là puisse ainsi m'envahir.

Je me suis mise à pleurer à chaudes larmes en me demandant si quelqu'un tenait à moi. Je ne comptais pour personne alors que j'étais vivante, alors qu'est-ce que ma mort pourrait changer?

Tout à coup, j'ai entendu une voiture arriver. Mes parents rentraient. Je me suis alors dépêchée de prendre plusieurs comprimés avec deux verres d'eau.

Je me suis assise sur le sofa avec mon père, ma belle-mère et un de leurs amis. Ils n'avaient aucune idée de ce qui allait arriver. Nous regardions mon émission favorite à la télé. Il s'est alors produit la chose la plus étrange: j'ai ri avec mon père comme je n'avais pas ri depuis longtemps. Tout à coup, je ne voulais plus mourir. Je me rendais compte que j'aimais ma famille et que ma famille m'aimait. Qu'allais-je faire? Je me suis précipitée dans la salle de bains et me suis fait vomir les comprimés.

Cette nuit-là, j'ai longuement réfléchi avant de m'endormir. J'ai pris conscience que mes priorités n'étaient pas les bonnes, que ma vie ne s'améliore-rait jamais si je continuais de fréquenter les mêmes mauvais amis, que j'étais la seule à pouvoir changer cela.

J'ai d'abord cessé de prendre de la drogue et de fréquenter les mauvais amis. En quelques jours seu-lement, mon estime de moi-même s'est grandement améliorée. Puis, tout de suite après le jour de l'An, j'ai changé d'école afin de m'éloigner de mes mau-vais « amis » qui ne pensaient qu'à faire la fête. Rapidement, je me suis fait de nouveaux amis et mes notes ont augmenté. (J'ai maintenant que des A!)

Ma nouvelle vie vaut cent fois mieux que les gueules de bois et le désintéressement. Je fais partie de l'équipe de meneuses de claques, cette année, et je m'amuse beaucoup. La drogue ne m'a jamais permis de me sentir aussi bien.

Je ne sais pas si je serais morte le soir où j'ai pris des comprimés, mais je sais une chose : je suis heureuse d'être en vie. J'ai appris de mes erreurs et je sais que le suicide n'est pas une solution. Il n'est *jamais* trop tard pour changer de direction. Chaque jour, chaque heure est l'occasion d'un nouveau départ.

Brandi Bacon, 15 ans

Grand-papa

Quand tu arriveras au bout de ta corde, fais un nœud et tiens bon.

Franklin Delano Roosevelt

Grand-papa est mort hier soir. C'était le père de ma mère et je le connaissais depuis toujours.

Quand il était vivant, il disait qu'il m'achèterait une voiture si j'étudiais bien et si j'avais de bonnes notes. C'était une promesse. J'ai douze ans et je suis le plus vieux de la famille.

J'imagine qu'il m'a fait cette promesse pour me garder motivé. Et pour faire plaisir à ma mère, évidemment, car elle est contente de moi lorsque je travaille fort.

Maman a toujours dit que j'étais né avec un pied dehors. Grand-papa le savait. Cette envie que j'ai toujours eue de grandir au plus vite pour aller jouer dehors a toujours été dur pour maman. Grand-papa savait cela aussi, c'est pourquoi il me disait souvent, en rugissant comme un lion: « L'instruction, mon garçon, l'instruction! C'est la clé! »

Puis, comme s'il devinait mon sentiment, il secouait la tête en faisant semblant de se plaindre: « Je sais, je sais, je ne voulais pas étudier, moi non plus. » Il mettait un bras autour de mes épaules et murmurait: « Mais tu te dois de le faire! » comme s'il me disait un secret. Notre secret. Je pense qu'il essayait seulement de m'aider à devenir grand.

Je n'oublierai jamais l'expression qu'il y avait alors sur le visage de ma grand-mère. « Ton grand-père », disait-elle en roulant les yeux. On aurait dit qu'elle savait toujours ce qu'il allait dire avant qu'il le dise.

Une fois, elle n'avait pas roulé les yeux. Elle l'avait regardé, un peu comme maman nous regarde quand elle veut se faire écouter, et elle lui avait dit de se calmer. « Ne lui mets pas trop la barre haute », avait-elle dit. Mais grand-papa, contrairement à beaucoup de gens, pensait vraiment ce qu'il disait.

Parfois, je crois que ses promesses inquiétaient un peu grand-maman. Dans ce temps-là, il faisait toujours la même chose. Il se mettait à ronronner comme un gros chat, à se coller contre grand-maman et à lui pincer doucement les joues. Ensuite, il faisait un bruit de baiser avec sa bouche, dans les airs. Il recommençait plusieurs fois. Il faisait toujours cela. Puis il disait à grand-maman qu'il m'aimait très fort.

Il embrassait de la même façon mes frères, ma sœur, ma mère et moi. Maman disait que grand-papa venait d'une longue lignée de pinceurs de joues. Elle disait que c'était la tradition familiale. Son père et son grand-père faisaient cela aussi. Je pense que ce sont ses racines italiennes.

Grand-papa m'a montré qu'on peut exprimer son affection ouvertement. Il nous embrassait et nous pinçait les joues, sans se soucier des autres. Je me souviens qu'il pinçait fort, mais on s'y habituait. Grand-maman, elle, s'y était habituée depuis long-temps. Elle savait que grand-papa avait besoin d'exprimer son affection à ses proches.

Quand grand-papa venait en visite chez nous, il voulait être proche de nous physiquement. Il nous apportait des livres et des magazines parce qu'il disait que lire tous les jours était bon pour nous.

Il s'assoyait avec nous pour lire. Je pense qu'il aimait entendre nos voix. Il nous apportait beaucoup de casse-tête, aussi, car il trouvait qu'un casse-tête était un bon exercice pour l'esprit. Je pense qu'il aimait nous voir apprendre.

J'étais toujours content de ma famille quand grand-papa repartait après une visite. Il nous serrait dans ses bras plus fort que les autres et riait tout aussi fort avec nous. Le vacarme que nous faisions ne semblait pas le déranger. Il disait que nous étions des enfants, c'est tout. J'imagine qu'il se rappelait ce que c'était, être un enfant.

Je n'oublierai jamais la dernière fois que grand-papa est venu nous voir. Il était venu suspendre un ventilateur agrémenté d'une lampe, dehors, sur notre patio. Il avait travaillé toute la journée. Il avait descendu et remonté plusieurs fois l'escabeau pour changer d'outil. Je l'avais aidé un peu, mais à un moment donné, j'étais fatigué. Lui, il avait continué à travailler.

Il voulait que nous puissions manger à l'extérieur durant les chaudes soirées d'été. Il disait que le ventilateur aiderait, mais qu'il fallait l'installer correctement. Il ne voulait pas que le ventilateur grince.

Hier soir, dernier soir de sa vie, nous avons tous mangé ensemble sous la lumière et la douce brise du ventilateur, qui n'a pas grincé une seule fois. En fait, rien ne grinçait quand grand-papa était là.

Grand-papa disait toujours que ses outils étaient des trésors pour lui. Il n'allait jamais nulle part sans eux. Je pense qu'il aimait réparer les choses. Maman va sûrement s'ennuyer de lui.

Je suis triste que grand-papa soit parti. Aujourd'hui, le téléphone ne dérougit pas. Beaucoup de gens appellent pour dire qu'ils sont peinés par sa mort. Maman m'a donné la responsabilité de surveiller mes frères et ma sœur pour quelques heures. Elle a toutes sortes d'arrangements funéraires à prendre.

Mon plus jeune frère me regarde. Il me dit qu'il ne voulait pas que grand-papa meure. Il me demande: s'il continue à manger de bonnes pommes, va-t-il vieillir et mourir quand même?

Je n'ai pas de réponse pour mon petit frère. Je suis désolé. Il pose tant de questions. « Tu es brillant, Brian », me disait grand-papa. Je ne me sens pas très brillant en ce moment.

« Est-ce que tout le monde devient vieux et meurt? » demande encore mon frère.

« Non », que je lui réponds. « Ça ne se passe pas toujours ainsi. Parfois, les gens meurent de maladie ou d'accident, avant de devenir vieux. C'est pour ça que maman te tient la main quand tu traverses la rue. C'est pour ça aussi qu'elle attache ta ceinture en auto. »

« Alors je ne lâcherai jamais sa main et je veux habiter dans la voiture pour ne pas mourir », dit-il en pleurant.

« On ne peut pas vivre dans une voiture », lui dis-je.

« Alors, je veux être un cow-boy. Est-ce que les cow-boys meurent? » demande-t-il.

« Oui, les cow-boys meurent aussi », lui dis-je.

« Alors, je veux être premier ministre. Est-ce que les premiers ministres meurent? » continue-t-il avec quelques sanglots dans la voix.

« Oui, dis-je, même les premiers ministres meurent, j'ai appris ça à l'école. Mais c'est mieux de penser à la vie. Pense à la vie. »

Ces mots sont sortis d'eux-mêmes. Tout d'un coup, je comprends ce que maman veut dire quand elle nous parle de l'importance de bien agir. C'est comme avoir un seul choix. Je pense que grand-papa dirait la même chose.

Mon petit frère me pose une dernière question : « Grand-papa va revenir en fantôme ? »

« Non », lui dis-je tristement en songeant que j'aimerais moi aussi le revoir. « Mais peut-être que nous le reverrons au paradis. »

« Ça prend combien de temps aller au paradis en voiture ? » demande-t-il encore. Je me mets à rire. J'aurais envie de sautiller, mais je le prends dans mes bras. Entre mes bras, il est tout petit.

« C'est un très long voyage », que je lui réponds presque en criant, « mais quand on arrivera et que les portes du paradis s'ouvriront, je te promets qu'elles ne grinceront pas. »

Je me sens beaucoup mieux tout à coup. Mon petit frère retourne jouer. Je vois qu'il se sent mieux également.

Je pense qu'on peut être heureux et triste en même temps.

Brian et Mary Normandin

Prendre en main sa destinée

L'été juste avant ma cinquième année d'école primaire, je quittai ma campagne natale pour m'installer dans une ville près de la mer avec ma famille. Mon existence en fut bouleversée. Lorsque l'école commença, je trouvai difficile de me faire accepter des autres enfants de ma classe qui semblaient un peu plus sophistiqués que moi et qui avaient toujours été ensemble depuis la première année.

Je trouvais également ma nouvelle école différente de mon ancienne. À mon ancienne école, les élèves pouvaient exprimer leurs points de vue à leur enseignante. À ma nouvelle école, on s'indignait si un élève se hasardait à suggérer une nouvelle façon de faire.

Ma mère m'avait toutefois appris que si je voulais quelque chose, je devais le demander ou trouver un moyen de l'obtenir. Elle m'avait toujours dit que personne ne le ferait à ma place. C'était moi qui contrôlais ma destinée.

Il ne me fallut pas longtemps pour constater que mes camarades de classe étaient très intimidés par les religieuses irlandaises qui dirigeaient l'école. En fait, les élèves avaient tellement peur des sœurs qu'ils ne disaient presque jamais ce qu'ils pensaient et ne suggéraient jamais rien.

Non seulement les sœurs étaient-elles intimidantes, mais elles avaient d'étranges habitudes. L'année de mon arrivée, sœur Rose venait quelques fois par semaine nous enseigner la musique. L'année avant mon arrivée, les élèves de ma classe avaient eu sœur Rose comme enseignante titulaire et l'avaient surnommée « Rose-les-narines ». Mes camarades de classe me racontèrent que durant la lecture silencieuse, sœur Rose posait son livre à la verticale sur son bureau pour pouvoir se jouer dans le nez à son aise, sans se faire voir des élèves. Mais le pire, me raconta-t-on encore, c'est qu'après la lecture, elle circulait entre les rangées de pupitres pour trouver quelqu'un sur qui essuyer le résultat de ses fouilles nasales… Elle s'arrêtait près d'un élève, se trouvait une raison de le féliciter et lissait ses cheveux avec ses longs doigts décharnés! On devinera aisément que je ne voulais pas de ce genre de félicitations.

Un jour, durant le cours de musique, j'annonçai à sœur Rose que la clé de la chanson que nous apprenions était trop haute pour nos voix. Tous les élèves se tournèrent vers moi, l'air incrédule, les yeux ronds comme des pièces de monnaie : j'avais donné mon opinion à une enseignante, à une des sœurs irlandaises!

Ce jour-là fut le jour où les autres élèves m'acceptèrent. En fait, quand ils voulaient que quelque chose change, ils venaient me voir pour que j'en parle. Moi, j'étais prête à me faire punir pour avoir la possibilité d'améliorer une situation et, bien entendu, pour éviter l'attention spéciale de Rose-les-narines. Je savais aussi que mes compagnons de classe m'utilisaient comme porte-parole parce qu'ils étaient incapables de faire valoir leurs points de vue par eux-mêmes.

Les choses continuèrent ainsi durant les deux années suivantes. Nous changeâmes d'enseignantes, mais notre groupe resta le même et j'en demeurai la porte-parole.

Ensuite, ce fut le début de l'école secondaire. Un matin de cet automne-là, notre nouvelle enseignante,

Mme Haggard – elle n'était pas une sœur mais elle était aussi stricte qu'une sœur – annonça qu'il y aurait des élections pour élire des représentants de classe. Je fus élue vice-présidente.

Ce jour-là, pendant que nous faisions un exercice d'incendie, je me mis à discuter avec entrain avec la nouvelle présidente. Mme Haggard arriva subitement devant nous, les mains sur les hanches, et nous annonça en criant que nous étions « destituées ». Sur le coup, j'éclatai de rire parce que je ne savais pas ce que signifiait le mot « destituées ». À mon grand désarroi, elle nous expliqua que nous étions privées de nos titres de présidente et de vice-présidente parce que nous avions bavardé durant un exercice d'incendie.

Notre classe fut donc obligée de tenir d'autres élections au début du second semestre. Cette fois, je fus élue présidente, chose que je pris pour une victoire personnelle. J'étais plus déterminée que jamais à représenter les droits de mes camarades opprimés.

Une occasion en or se présenta vers la fin du printemps. Un jour, les élèves de l'autre classe de huitième année arrivèrent à l'école en « civil », c'est-à-dire en vêtements de ville, pendant que les élèves de ma classe se présentèrent dans leur uniforme habituel : les filles dans leurs jupes de laine plissée, les garçons dans leur pantalon de tweed. « Comment se fait-il qu'ils soient en vêtements de ville ? » se demanda tout le monde. Une des élèves de l'autre classe expliqua que leur enseignante avait obtenu la permission de la directrice, sœur Anna, d'offrir cette récompense spéciale à sa classe.

Mes camarades de classe et moi étions tellement vexés que nous décidâmes d'aller dire à notre enseignante ce que nous pensions de la situation. Il fut convenu notamment que, si elle nous répondait sa phrase habituelle, *Si ça ne vous convient pas, vous n'avez qu'à partir,* nous quitterions la classe pour vrai. Tous ensemble, en même temps.

Une fois dans la classe, je levai la main et me mis debout pour parler à notre enseignante. Environ huit autres se levèrent pour montrer leur appui. J'expliquai que nous nous sentions trahis, en tant qu'aînés de l'école, de voir que les élèves de l'autre classe pouvaient passer la journée dans des vêtements de ville alors que nous devions porter l'uniforme. Nous voulions savoir pourquoi elle n'avait pas parlé en notre nom afin de s'assurer que nous jouirions du même privilège que l'autre classe.

Comme prévu, au lieu de comprendre notre humiliation, elle nous sortit sa célèbre phrase : « Si ça ne vous convient pas, vous n'avez qu'à partir. » L'un après l'autre, les élèves de la classe se rassirent. Quelques secondes plus tard, j'étais la seule restée debout.

Je me dirigeai vers la sortie. Mme Haggard m'ordonna alors d'aller au bureau de la directrice. Sœur Anna, surprise de me voir dans son bureau aussi peu de temps après le début des classes, me demanda de m'expliquer. Je lui répondis qu'en tant que présidente de classe, j'avais l'obligation de représenter mes compagnons de classe, qu'on m'avait donné le choix de partir si les choses ne me convenaient pas. Ce que j'avais fait. J'aurais été hypocrite si j'avais décidé de me rasseoir.

Elle m'accompagna dans ma classe et demanda à Mme Haggard de raconter sa version des choses. La version de Mme Haggard était différente de ce que la classe avait vu. Quelque chose d'incroyable se produisit alors. Quelques-uns de mes camarades de classe se mirent à dire tout haut que la version de Mme Haggard n'était pas la vérité. « Ce n'est pas vrai », disaient-ils. « Elle n'a jamais dit cela », continuaient-ils.

Ce jour-là, les élèves de ma classe n'eurent pas le courage de rester debout et de quitter la classe avec moi, mais je sentis qu'ils avaient compris quelque chose. Ils avaient exprimé leurs opinions !

Peut-être avaient-ils l'impression qu'ils me devaient bien cela. Ou peut-être se rendaient-ils compte qu'ils allaient bientôt terminer l'école secondaire et que je n'allais pas toujours être là pour leur servir de porte-parole. J'aimerais croire que, ce jour-là, ils ont finalement choisi de prendre en main leur destinée.

J'entends encore leurs voix.

Irene Dunlap

L'amour multiplié

*On t'apprend à blâmer ton père, tes sœurs,
tes frères, ton école, tes professeurs, bref
tout le monde, sauf toi-même. Or, c'est
TOUJOURS de ta faute, car si tu veux changer, tu es le seul à pouvoir le faire. C'est
aussi simple que cela, non?*

Katherine Hepburn

Jusqu'à dernièrement, mes parents étaient
mariés depuis dix-huit ans et se fréquentaient depuis
que ma mère avait quatorze ans. Cependant, leur
mariage était en péril depuis aussi longtemps que je
m'en souvienne. Ils avaient souvent parlé de divorcer, mais ils ne l'avaient jamais fait parce que j'étais
là.

Je me rappelle une de leurs dernières disputes. Il
y a eu de la violence physique. Chacun de mes
parents a détruit les affaires personnelles de l'autre.
À un moment donné, il n'y avait plus rien à détruire
dans la maison. Il y avait des trous dans les murs et
des morceaux de toutes sortes de choses par terre.

Mon père a bousculé ma mère et lui a fait des
contusions importantes. J'avais seulement quatorze
ans lorsque j'ai été témoin de tout cela.

Nous avons dû aller en Cour et j'ai dû choisir
avec qui j'allais habiter. Avec quel parent allais-je
vivre ma vie de tous les jours? J'avais le cœur brisé,
et mes parents tiraient dessus chacun de leur côté. Je
les aimais tous les deux, et je savais que j'allais un
jour ou l'autre leur faire de la peine. Après une
période de réflexion, j'ai décidé d'aller vivre avec

ma mère, même si je savais que mon père allait en être attristé.

Malheureusement, ce fut beaucoup plus pénible que je le pensais. Ma mère parlait toujours en mal de mon père. Elle nourrissait encore beaucoup de colère envers lui. Elle voulait se venger de lui à travers moi. Elle voulait que je l'aime, elle, mais que je méprise mon père. Comme j'aimais mon père également, je me fâchais souvent contre elle et nous passions beaucoup de temps à nous disputer.

Neuf mois plus tard, je suis allée vivre avec mon père parce que je ne m'entendais plus du tout avec ma mère. Je la considérais responsable de mes sentiments de confusion et de colère. Au début, c'était mieux avec mon père. Toutefois, après une semaine seulement, il a commencé à faire la même chose que ma mère : il voulait que je nourrisse de la haine envers ma mère. Je suis restée un temps avec lui, puis je me suis rendu compte qu'il ne s'intéressait pas à moi autant que je le pensais. Il ne me demandait jamais à quelle heure j'allais rentrer ni quels amis je fréquentais. J'avais à peu près toute la liberté que je voulais. Sans limites et sans règles, j'avais de plus en plus l'impression de ne pas compter pour lui. Je me suis mise à faire la fête sans cesse et ma vie s'est détraquée.

Après quelques disputes avec mon père, après plusieurs nuits de solitude et de tristesse, je me suis rendu compte qu'il me fallait prendre une décision. Il y avait des avantages et des inconvénients à vivre avec chacun de mes parents. Ils avaient chacun leurs torts. Aucun des deux ne voulait les admettre, mais chacun était prêt à blâmer l'autre. Je ne pouvais pas décider qui avait raison et qui avait tort, ni qui j'allais aimer et qui j'allais laisser tomber. Je devais aimer mes deux parents également.

Je ne pouvais plus les laisser m'influencer et contrôler mes sentiments. J'ai donc commencé par leur demander de ne plus me dire ce qu'ils pensaient de l'autre. Je pense qu'ils ont essayé, mais ils en étaient incapables. Je me suis alors dit que j'allais essayer d'être forte et d'ignorer ce que chacun disait de l'autre. Dès lors, je me suis sentie mieux. Ma vie a commencé à changer.

Encore aujourd'hui, ma mère et mon père parlent en mal l'un de l'autre et ne s'adressent plus la parole. Mais tu sais quoi? C'est *leur* problème, pas le mien. Moi, je me contente de faire mon possible pour être juste envers eux. Ma vie est bien meilleure depuis que j'ai pris la résolution de les aimer au lieu d'essayer de prendre position.

Nicole Peters, 15 ans

*Vaut mieux être un lion une seule fois
qu'un mouton toute sa vie.*

Elizabeth Henry

Agis!

Il n'y a qu'une chose à faire : agir !

Proverbe anglais

Ma vue baisse. Je ne vois pas à deux mètres sans plisser les yeux. Je sais que je devrais porter des lunettes, mais je ne veux pas. J'ai peur que les lunettes me donnent un air tarte. De toute façon, je me débrouille sans lunettes. Voilà ce que je pensais il y a deux ans, quand j'étais en sixième année. Une expérience embarrassante m'a montré que j'avais tort.

L'école était terminée depuis deux mois. J'allais bientôt commencer ma première année d'école secondaire, et j'étais certain que l'apparence allait compter plus que tout. Par conséquent, je me posais encore la question. *Devrais-je ou non porter des lunettes ?* La question n'était toujours pas réglée quand je suis allé à un mariage avec ma famille vers la fin de l'été.

Pendant la cérémonie, j'avais très envie d'aller à la toilette, probablement parce que j'avais bu une grande quantité de boisson gazeuse juste avant. Tout de suite après la cérémonie, je me suis donc précipité aux toilettes. Comme c'était une urgence et que j'avais du mal à distinguer ce qu'il y avait d'écrit sur les portes des toilettes, j'ai ouvert la première porte.

Malheureusement, c'était la mauvaise salle de toilettes. Je ne le savais pas encore, cependant, car je pensais à une seule chose : me vider la vessie au plus vite.

Après avoir soulagé mon envie, je suis allé me rincer les mains. *C'est bizarre,* ai-je pensé en regardant autour de moi. *Il y a seulement des toilettes et aucun urinoir. Serais-je, par hasard, dans les toilettes des filles?* Au moment même où je me suis posé la question, un cri aigu s'est fait entendre.

Après cet incident, j'ai décidé de porter des lunettes qui donnent un air tarte. Je me moquais bien de ce que les autres penseraient de moi. L'important, c'était de ne plus jamais entrer par erreur dans les toilettes des filles.

Quand j'ai eu mes lunettes, j'ai reçu des compliments plutôt que des moqueries comme je le craignais. Mes amis trouvaient que les lunettes me donnaient un air intello, un air plus vieux.

Si tu sais que tu devrais faire quelque chose, alors agis! N'aie pas peur de ce que les autres penseront. Tout ce qui compte, c'est ta propre opinion de toi-même... et de voir où tu mets les pieds!

Son Truong Nguyen, 14 ans

Je t'aime, Lindsey

Le temps est une couturière
spécialisée dans les retouches.

Faith Baldwin

J'ai le cœur serré en montant dans la voiture. Nous allons rouler des dizaines de kilomètres pour nous rendre à l'endroit où on laissera Brandy, ma sœur aînée. Brandy s'en va de la maison pour servir dans l'Armée.

Mon père démarre la voiture et nous partons. Peu à peu, les rues font place aux autoroutes et nous nous rapprochons du moment où nous devrons nous séparer. Mon cœur est de plus en plus serré.

Tous les souvenirs que nous avons en commun me traversent l'esprit… les bons comme les moins bons: Brandy qui me répète que ma poupée est le diable, moi qui l'imite dans ses moindres faits et gestes parce que je l'admire, elle qui devient adolescente et qui n'a plus de temps pour la petite sœur que je suis, moi qui lui en veux de me trouver trop bébé.

Quand ma sœur est devenue adolescente, je ne comprenais pas pourquoi elle m'adressait la parole seulement pour me critiquer. *Pourquoi ses nouveaux vêtements me font-ils paraître bébé à ses yeux?* Cette question et bien d'autres m'ont longtemps hantée.

Je sais maintenant que mon temps est compté avec elle. Tout au long du voyage en voiture, elle fait des remarques méchantes qui blessent, mais cette fois je sais ce qu'elles signifient. Les remarques sont blessantes, mais je sais qu'elles sont une manière pour ma sœur de se préparer à se séparer de nous.

Lorsque nous arrivons à destination, nous faisons tout pour retarder le moment des adieux. À un moment donné, toutefois, il ne reste que les adieux à faire. Des larmes coulent sur mes joues quand ma sœur me serre dans ses bras et me dit des mots que je n'ai pas entendus depuis longtemps.

« Je t'aime, Lindsey. »

Je sanglote en guise de réponse. Toute la famille est en larmes. Ensuite, nous remontons dans la voiture et nous repartons. Brandy, qui pleure encore, tourne le dos et s'éloigne en marchant. En cet instant précis, je l'aime plus que tout au monde. Elle a l'air d'une adulte au loin, mais lorsque les phares de la voiture l'illuminent, elle redevient la petite Brandy qui voulait jouer avec moi et qui vivait avec nous.

Ce soir, durant le voyage de retour, j'ai l'impression que mon cœur est resté avec Brandy. Je n'arrive pas à imaginer la vie sans ma grande sœur et ses interminables babillages. La vie redeviendra-t-elle ce qu'elle était?

Les jours ont passé, et je sais maintenant que la vie continue, même sans Brandy. Ma grande sœur sera toujours présente, cependant, car une partie d'elle m'habite et m'habitera toujours.

Lindsey Rawson, 12 ans

Ma meilleure amie

Nous étions de grandes amies depuis la quatrième année. Moi et Patty. Patty et moi. Partout où nous allions, les gens savaient que nous étions de grandes amies. Elle m'a enseigné à jouer au billard dans le sous-sol sombre de sa maison, tandis que je lui ai montré à jouer au basketball dans l'entrée asphaltée de notre garage. Ce que j'aimais le plus, cependant, c'est quand je dormais chez elle ou qu'elle dormait chez moi, le vendredi soir. Pendant des années, nous avons profité de ces longues soirées pour partager nos secrets en mangeant des croustilles.

Puis, à l'école secondaire, tout a changé. Ou plutôt, j'ai changé, mais pas Patty. Les garçons sont devenus plus importants que mes amies, et le maquillage ainsi que les vêtements ont pris une importance qui a surpris même ma mère. Je n'arrivais pas à croire que Patty commençait l'école secondaire avec la même queue de cheval qu'au primaire. Moi, j'avais la dernière coupe à la mode. J'éprouvais de la confusion et de la culpabilité. Que se passait-il? D'autres amies m'apparaissaient plus intéressantes que Patty, et je souhaitais leur approbation. Chaque fois que j'allais chez Patty, j'avais l'impression de ne rien faire.

Petit à petit, je me suis mise à l'éviter et à me trouver des raisons de ne pas la voir. Puis, au beau milieu de l'année scolaire, alors que nous marchions dans la rue, je lui ai crié: « Va-t'en chez toi, Patty, et ne reviens pas. » Je me suis ensuite précipitée chez moi en pleurant. Ma mère s'est assise près de moi. Je lui ai tout raconté. Je n'oublierai jamais ses mots.

« Toute ta vie, des amis vont entrer dans ton existence et en sortir. Tu changes et c'est normal pour toi comme pour elle d'avoir de nouveaux amis. Tout cela est difficile, mais parfaitement normal. » Le mot « normal » était ce que j'avais besoin d'entendre.

Le lendemain, tout le monde savait ce qui s'était passé. Certains sont restés amis avec Patty ; d'autres, avec moi. Le reste de l'année a été difficile. C'était dur de ne pas avoir de grande amie, mais en même temps j'aimais bien la personne que j'étais en train de devenir. Patty est devenue la capitaine de l'équipe féminine de basketball, tandis que j'ai eu le premier rôle dans la pièce de théâtre de l'école. Patty et moi parlions ensemble de temps à autre, mais seulement pour des banalités.

Le temps a beaucoup aidé. Au cours des années qui ont suivi, Patty et moi avons pris des chemins très différents. Quand je la croisais dans les couloirs de l'école, j'éprouvais un sentiment de tristesse et de manque. Je me disais alors que je pourrais redevenir sa meilleure amie et que tout s'arrangerait entre nous, mais ce n'était pas réaliste. Nous étions trop différentes maintenant, et j'espérais seulement qu'elle comprenne.

Je me souviendrai toujours des années où Patty et moi étions de grandes amies, mais maman avait raison. Les amitiés vont et viennent, et nous devons l'accepter ainsi.

Tamera Collins

NANCY. Reproduit avec l'autorisation de United Feature Syndicate, Inc.

Tu peux voir
que tu as grandi...

... quand tu n'entres plus dans les petites balançoires au parc.

Kirsten Gunderson, 8 ans

... quand tu es capable d'entrer dans ton ancienne cachette mais incapable d'en ressortir.

Rachael Pavelko, 12 ans

... quand tu peux enfin monter dans les vraies montagnes russes.

Kelsey Gunderson, 10 ans

... quand tu te rends compte que les gens ne vivent pas en fonction de toi.

Lindsay Carlson, 14 ans

... quand tu commences à recevoir plus de coups de fil que ta mère.

Kim Riddle, 11 ans

... quand tu préfères dormir jusqu'à midi le samedi au lieu de te réveiller à l'aube pour regarder les dessins animés.

Lauren Aitchison, 11 ans

... quand la nourriture goûte aussi bon sans ketchup.

Amanda Long, 10 ans

... quand tu te rends compte que tes sousvêtements sont sur la corde à linge et que tous les voisins les verront.

Janelle Breese-Biagioni

… quand tu vas au cinéma pour voir un film qui n'est pas un film de Disney.

Alex Blake, 9 ans

… quand les garçons et les filles n'ont plus de poux (je ne sais pas si je suis rendue là…).

Amaelia Macoritto, 12 ans

… quand le voisin qui a l'air idiot et qui joue au football avec ton frère sonne à la porte et demande si, toi, tu es à la maison et qu'il s'est transformé en prince charmant !

Ashton Howe, 13 ans

… quand tu cesses de glousser au mot « baiser ».

Katy Coleman, 13 ans

… quand tu ne vas plus te cacher dans le lit de tes parents durant un orage.

Annie Barkley, 13 ans

… quand tu dis à ta mère que tu es trop vieille pour prendre sa main au centre commercial.

Emily Skees, 13 ans

… quand tu ne prends plus ton bain avec ta petite sœur.

Keley Katona, 15 ans

… quand la serveuse ne t'apporte plus de crayons à colorier au restaurant.

Kaleigh Cronin, 10 ans

… quand tu essaies toute ta garde-robe seule-ment pour aller patiner (comme ta grande sœur).

April Randes, 16 ans

… quand on te demande de dire le bénédicité à un repas de famille.

Craig Lee Watrous Jr, 10 ans

… quand ta punition c'est d'être privé de sortie plutôt qu'aller dans ta chambre.

Allie Thrower, 15 ans

… quand tu commences à passer une heure devant le miroir.

Erin LeSavoy, 10 ans

… quand tu foires complètement ton premier baiser, mais que tu le trouves quand même formidable.

Ellen Lloyd-Reilley, 12 ans

… quand un ami de garçon devient ton « ami de cœur ».

Kendall Nixon, 8 ans

… quand ta mère te demande de surveiller tes petits frères pour pouvoir prendre sa première vraie pause en douze ans.

Gregory Neel et Morgan Neel, 12 ans

… quand ta mère te dit qu'elle va veiller à ce qu'on respecte ton intimité dans la salle de bains.

Faith Khan, 13 ans

… quand tu reçois un déodorant dans ton bas de Noël.

Tim Robine, 11 ans

11

SAGESSE ÉCLECTIQUE

La vie nous est offerte comme un cadeau,
Un cadeau renouvelé à chaque heure.
On doit vivre sa vie un jour à la fois
En appréciant simplement le bonheur.
Car la vie peut durer plusieurs années,
Mais elle peut aussi ne durer qu'un jour.
C'est pour ça qu'il faut faire attention,
Chaque moment de la vie se savoure.
Arrête-toi et prends le temps qu'il faut
Pour aider une personne défavorisée,
Pour aider un enfant dans le besoin,
Pour tendre la main aux moins fortunés.
Une bonne action est toujours bienvenue,
Et n'oublie jamais ceci :
Chaque fois tu en seras récompensé.
Alors continue de donner, c'est gratuit !

Meghan Beardsley, 16 ans

Redsy

Redsy n'était pas seulement le clown de la classe, il en était la terreur. Il n'avait peur de rien. Redsy avait toujours des ennuis avec Mlle Farley, notre enseignante de première année. Les punitions de Mlle Farley ne réussissaient pas à le faire changer de comportement. Il faisait ce qu'il voulait, un point c'est tout. Redsy était également très brillant. En première année, il savait déjà compter jusqu'à cent.

Redsy avait un petit problème, cependant. Il avait des problèmes avec le son « s » qui, dans sa bouche, se transformait en « ch ». Ainsi, « six » devenait « chix », et « cinquante » devenait « chinquante ». Son défaut de prononciation agaçait beaucoup Mlle Farley, car elle était convaincue qu'il pouvait faire mieux. Chaque fois que Redsy se comportait mal, Mlle Farley le gardait après l'école pour le faire pratiquer ses sons.

Un vendredi après-midi, Mlle Farley a annoncé que nous allions tous compter jusqu'à cent le lundi suivant. Évidemment, quand le lundi est arrivé, Redsy a été appelé le premier pour compter jusqu'à cent devant tout le monde.

Quand Redsy est passé à côté du bureau de la maîtresse, Mlle Farley a saisi sa manche et l'a regardé dans les yeux. Mlle Farley était une vieille femme méchante qui voulait toujours que les choses soient faites à sa façon. Je me souviens que je ne voulais jamais la regarder dans les yeux. Nous avions tous très peur d'elle, sauf Redsy. Il n'avait peur de rien.

Redsy a commencé à compter rapidement et ardemment dès qu'il est arrivé en avant. « Un, deux, trois, quatre, CHINQ, CHIX, CHEPT, huit, neuf… ». Toute la classe s'est mise à rire et Mlle Farley est devenue toute rouge. Redsy a rougi également, car il venait de se rendre compte qu'il avait mal prononcé ses « s ». Il nous avait dit, dans la cour d'école, qu'il compterait comme il faut, en faisant attention au « s ». Mais il a continué : « douze, treize, quatorze, quinze, CHEIZE… ». Il y a eu d'autres rires. Mlle Farley s'est alors levée et nous a regardés avec son air sévère. Nous avons cessé de rire, tandis que Redsy a continué à compter.

Le moment magique allait bientôt se produire. Quand Redsy est arrivé à quarante-neuf, tout le monde a retenu son souffle. Redsy a regardé Mlle Farley avec insolence et a prononcé très fort : « …QUARANTE-NEUUUF CHINQUANTE ! » Et Redsy a continué tel un torrent : « chinquante et un, chinquante-deux, chinquante-trois, chinquante-quatre… ». Il souriait de toutes ses dents en prononçant les mots. Tous les élèves riaient à gorge déployée. C'était Redsy à son meilleur : il savait exactement ce qu'il faisait ! Nos rires comptaient beaucoup plus pour Redsy que la colère de Mlle Farley. À un moment donné, Mlle Farley a crié à Redsy de s'arrêter, mais il a continué rapidement : « … choichante, choichante et un, choichante-deux… ».

Les rires ont fusé jusqu'à la fin des soixante-dix, puis les élèves se sont calmés petit à petit, pendant que Redsy continuait à compter en faisant les cent pas devant Mlle Farley qui n'essayait même plus de l'arrêter. Découragée, elle s'était rassise à son bureau. Quand Redsy est arrivé à quatre-vingt-dix, plus personne ne riait ni ne parlait, car nous ne savions pas ce que Mlle Farley ferait lorsqu'il serait rendu à cent.

« Quatre-vingt-DICH-neuf… CHENT ! » s'est écrié Redsy. Silence.

Mlle Farley demeurait assise à son bureau, la tête dans les mains. Elle faisait un drôle de bruit. Nous étions presque inquiets. Au bout d'un long moment, elle a levé la tête et a laissé sortir un bruyant éclat de rire qui n'en finissait plus de résonner dans la classe. Les élèves se sont mis à rire aussi fort, y compris Redsy.

Pour la première fois de sa longue carrière d'enseignante, Mlle Farly est entrée dans la ronde.

Barry Fireman

Madame, qui fait le plus grincer sa craie,
moi ou Pierrot ?

DENIS LA PETITE PESTE. *Reproduit avec l'autorisation de Hank Ketcham et © North America Syndicate.*

Tippy

Je me dépêchais, car je ne voulais pas rater mon autobus. Mon chien Tippy courait à côté de moi. *Qu'est-ce que t'as à courir comme ça?* songeai-je. *Ce n'est quand même pas toi qui vas rater ton autobus!* Quand Tippy arriva près de la porte d'entrée, il se coucha sur le sol. C'était sa façon de quémander des caresses. Je l'ignorai, l'enjambai et courus prendre l'autobus qui m'attendait.

À la fin de la journée d'école, je descendis en trombe de l'autobus et me précipitai dans l'entrée du garage. C'est étrange… D'habitude, quand j'arrivais de l'école, Tippy était dehors à japper tout un paragraphe de « bonjours ». Lorsque j'entrai dans la maison, tout était silencieux. Je laissai tomber mon manteau et mon sac à dos par terre. Maman apparut sans dire un mot et m'invita à venir m'asseoir dans la cuisine.

« Chérie, j'ai une triste nouvelle à t'annoncer. Ce matin, pendant que tu étais à l'école, Tippy s'est fait frapper par une voiture. Il est mort instantanément. Il n'a pas souffert. Je sais combien tu l'aimais. Je suis désolée. »

« NON! C'est pas vrai! » J'étais en état de choc. Je n'arrivais pas à y croire. « Tippy, viens ici! Viens mon bébé! » appelai-je. J'attendis. Il ne vint pas. Je me sentais perdue. Je me rendis dans le salon. Il n'était pas sur le sofa à me servir d'oreiller pendant les dessins animés. Maman m'appela pour manger. Je me traînai jusqu'à la table. Tippy n'était pas sous ma chaise à attendre les morceaux dont je ne voulais pas. Quand je me couchai le soir, je ne pleurai pas. Je refusais de croire que Tippy n'était plus là.

Le lendemain, lorsque je revins de l'école, ce fut encore le silence qui m'accueillit. Les sanglots montèrent alors en moi et éclatèrent comme un volcan. Je me sentais comme si j'allais mourir. Je ne pouvais plus m'arrêter de pleurer et de penser. *J'aurais dû le dresser mieux. Si j'avais été à la maison, j'aurais pu le surveiller. Je ne l'ai même pas caressé avant de partir pour l'école hier. Comment aurais-je pu savoir que je le voyais pour la dernière fois?* Je pleurai jusqu'à me sentir vide.

Mes parents m'achetèrent un nouveau chien, Belle. Belle ne comptait pas pour moi. J'étais trop occupée à regarder de travers les automobilistes qui allaient trop vite. *Ils ne devraient pas conduire si vite; ils sont incapables de freiner à temps quand ils voient un animal sur la route.* Je ne parlais presque pas à mes parents. *Pourquoi ont-ils laissé Tippy aller dans la rue?* J'étais fâchée aussi contre Tippy. En fait, j'en voulais à tous les chiens d'aller dans la rue sans regarder.

Je ne partageais pas mon repas avec ma nouvelle chienne, elle était trop petite pour me servir d'oreiller devant la télévision, et elle avait un petit jappement agaçant. Par conséquent, lorsque Belle voulait de l'attention, je la repoussais. Je passais beaucoup de temps seule, à m'apitoyer sur mon sort et à me poser les mêmes questions. *Pourquoi cela m'est-il arrivé à moi? Que vais-je faire sans mon chien? Pourquoi Tippy est-il mort?*

Le temps a passé. J'ai commencé à comprendre certaines choses. C'est comme si je me réveillais peu à peu. Je me suis rendu compte qu'on a bien peu de contrôle sur ce que fait un chien. Certes, on peut le dresser, l'attacher et faire tout ce qu'il faut, mais un malheur peut quand même se produire. De bonnes choses aussi peuvent arriver. C'est la vie. La meilleure façon de surmonter une épreuve, pour moi, c'est de trouver ce qui me fait du bien quand ça va mal. Le temps arrange les choses.

J'ai découvert aussi que ma capacité d'aimer n'a pas disparu avec Tippy. Durant la période où j'ai essayé de m'endurcir, je me sentais affreusement seule. Puis j'ai vu que Belle avait des qualités différentes des qualités de Tippy. Je ne pouvais pas appuyer ma tête contre son petit corps, ni prétendre que je la chevauchais, mais je pouvais la mettre dans mon sac à dos pour la transporter.

Je sais également que je dois donner de l'affection à ma chienne et profiter de sa présence chaque fois que je le peux! Je prends toujours le temps de m'occuper de Belle, même quand je suis pressée. Jamais je ne pars sans lui avoir caressé la tête.

Aujourd'hui, je comprends ce qu'est le « cycle de la vie ». Tout le monde naît, tout le monde meurt, c'est la vie. Si les chiens ne mouraient pas, il n'y aurait pas de place pour des chiens comme Belle… et ses cinq petits chiots!

Le plus beau dans tout cela, c'est que Tippy m'a laissé plein de beaux souvenirs que je peux me rappeler aussi souvent que je veux.

Christine Armstrong

De ses erreurs,
le bon tire la sagesse de demain.

Plutarque

Qu'est-ce qu'un miracle ?

Ce sont tes décisions qui déterminent ta destinée.

Frederick Speakman

« Qu'est-ce qu'un miracle, grand-papa ? » demande Sam, qui a cinq ans. Il me regarde avec ses grands yeux innocents. J'ai déjà entendu parler d'un miracle. C'est arrivé à mon ami Bart, il y a longtemps.

Un jour, Bart a décidé qu'il voulait un chien. Ses parents ont accepté, mais à condition de l'aider à choisir. Bart était d'accord.

Le lendemain, Bart et ses parents se sont rendus au chenil. Il y avait deux chiens que Bart aimait bien. Le choix a été difficile à faire, mais Bart a finalement choisi son chien. Il lui a même trouvé un nom : Pouilleux. Un nom approprié car c'était un petit terrier au poil ébouriffé. Il était brun et roux, avec un peu de gris. C'était un chien très énergique qui ne s'arrêtait jamais et qui voulait toujours jouer.

Les parents de Bart n'aimaient pas du tout Pouilleux. Pouilleux avait une drôle d'allure et grouillait beaucoup. L'autre chien à adopter était une femelle beagle qui s'appelait Mamzelle ; c'était une belle chienne, calme et élégante.

Bart voyait bien que Mamzelle était plus belle et plus douce. Et comme ses parents insistaient, il a accepté d'adopter Mamzelle plutôt que Pouilleux.

Durant le voyage de retour, Bart a gardé Mamzelle dans ses bras. Elle a dormi dans la chambre de Bart cette nuit-là et la nuit suivante aussi. Bart aimait bien l'avoir près de lui. Il commençait à l'aimer.

Le troisième jour, un drame est survenu. De façon soudaine et inattendue, Mamzelle est morte dans son sommeil. La famille de Bart était peinée.

Bart a pleuré longtemps. Sa mère aussi. Son père aussi, un peu. Bart avait le cœur brisé, car Mamzelle était devenue l'amour de sa vie.

Le lendemain matin, après avoir disposé de Mamzelle, Bart a dit: « Maman, papa, j'aimais beaucoup l'autre chien, celui que j'appelais Pouilleux. Et je pense qu'il m'aimait bien aussi. On peut aller le chercher? »

Ses parents lui ont répondu que quelqu'un avait sûrement adopté ce chien déjà, qu'il devrait l'oublier, qu'il était trop tard.

« Trop tard? Pourquoi trop tard? » a demandé Bart.

Les parents de Bart lui ont alors expliqué que le chenil gardait les chiens errants seulement trois jours et qu'il devait ensuite en disposer si personne ne les adoptait.

« En disposer? » a demandé Bart, sans vraiment vouloir qu'on lui donne de précisions.

« Ces chiens doivent subir une euthanasie », a continué la mère de Bart. Elle a mis un bras autour de ses épaules: « Il y a trop de chats et de chiens errants dans la ville, Bart. L'argent et le personnel du chenil sont limités. Mais ne t'inquiète pas, Bart, les animaux ne souffrent pas. Un vétérinaire les endort, tout simplement. C'est fait avec douceur et sans douleur. »

« J'imagine qu'ils n'ont pas le choix », a dit Bart. « Mais allons voir quand même. Peut-être qu'on peut sauver Pouilleux. »

Les parents de Bart ne voulaient pas trop retourner au chenil. Ils disaient qu'il était trop tard, que Pouilleux n'y était sûrement plus. Ils ne voulaient pas que Bart se fasse de faux espoirs.

Les parents de Bart ont fini par accepter de retourner au chenil. Quand le père de Bart a garé la voiture au chenil, il a poussé un long soupir, car il avait aperçu la voiture du vétérinaire stationnée devant la porte d'entrée. Il n'a pas dit à Bart que c'était ce vétérinaire qui pratiquait l'euthanasie.

Bart et ses parents sont descendus de la voiture, sont entrés dans le chenil et se sont immédiatement dirigés vers la cage où ils avaient vu Pouilleux trois jours plus tôt. Elle était vide !

« Pouilleux n'est plus là ! Maman, papa, il est parti ! » s'est exclamé Bart.

« Nous te l'avions dit, Bart. Essaie de comprendre… », a dit la mère de Bart.

« Puis-je vous aider ? » a alors demandé une voix.

Bart s'est tourné et a aperçu une jeune femme dans un manteau blanc. « Vous voulez adopter un chien ? » a demandé la femme.

« Oui », a dit Bart. « Je veux le chien qui était ici, dans cette cage, mais il n'est plus là. C'est *ce* chien que je veux. »

« Le vétérinaire est arrivé en retard aujourd'hui, à cause d'une panne de voiture. Le chien que tu veux est dans la salle d'à côté. » Elle a montré la porte du doigt.

Bart s'est précipité dans la pièce voisine. Il y avait un écriteau sur la porte qui disait « PRIVÉ. NE PAS ENTRER. » Au milieu de la pièce, sur une table d'acier, se trouvait Pouilleux. Il était attaché. Il se débattait. Ses grands yeux bruns étaient affolés de peur et sa langue pendait sur le côté de sa bouche. À côté de lui, le vétérinaire avait une seringue dans la main.

Bart s'est tout de suite écrié : « Arrêtez ! Arrêtez s'il vous plaît ! » dit Bart. « C'est ce chien que je veux ! Ne le tuez pas ! »

Bart a eu son chien. Pouilleux vit encore avec Bart aujourd'hui. Sais-tu ce qu'est un miracle, maintenant, Sam ?

Lew Talmadge

Ne pas prendre au sérieux ses échecs,
c'est ne plus avoir peur de se tromper.
Apprendre à rire de soi est
d'une importance suprême.

Katherine Mansfield

Admettre ses fautes, c'est remettre
le compteur à zéro et grandir en sagesse.

Arthur Guiterman

En ce bas monde, nous devons nous aider
les uns les autres.

Jean de La Fontaine

Ne mets pas de cailloux dans ta bouche

Quand j'étais en sixième année, mon enseignante posa la question suivante à notre classe: « Qu'est-ce que ça veut dire, *bien se comporter*? » Elle nous demanda de réfléchir à cette question durant le week-end et d'en discuter avec nos parents ou d'autres personnes. Le lundi suivant, nous devions remettre une composition sur le sujet et mettre en pratique les choses apprises.

Tout le week-end, je réfléchis pour essayer de trouver quelque chose qui impressionnerait mon enseignante et qui ne serait pas trop difficile à appliquer. Je discutai avec mes parents, appelai ma grand-mère et posai des questions à ma voisine. J'en parlai même au facteur! Tout le monde avait de bonnes réponses, mais elles me semblaient difficiles à mettre en pratique.

Le dimanche après-midi, je n'avais toujours pas rédigé ma composition. Pour empirer les choses, mes parents m'annoncèrent que nous allions chez tante Cindy. D'habitude, cela voulait dire que j'aurais à divertir ma cousine Andrea pendant que mes parents discutaient avec la parenté. Andrea avait quatre ans et c'était une vraie peste.

Comme je l'avais prédit, mes parents me demandèrent de m'occuper d'Andrea. J'ouvris la télévision et tombai sur un film de Disney parfait pour Andrea. Je pus donc m'asseoir pour commencer ma rédaction. Je ne savais pas encore ce que j'allais écrire, mais je devais le faire pour le lendemain matin et c'était ma dernière chance.

Il ne fallut pas longtemps pour m'apercevoir qu'Andrea me regardait.

« Que fais-tu ? » me demanda-t-elle.

« Je dois rédiger une composition sur ce que ça veut dire, *bien se comporter.* »

Andrea eut un rire. « C'est facile », dit-elle.

« OK », dis-je en me demandant ce que cette petite je-sais-tout de quatre ans pouvait bien savoir de plus que tous les adultes à qui j'avais déjà parlé…

« Dis-moi ce que ça veut dire », dis-je.

Andrea s'éclaircit la voix d'un air sérieux.

« Bien te comporter, ça veut dire être gentille avec ta famille et tes amis, faire ce que ta mère te demande, ne jamais mentir, manger des fruits et des légumes, ne pas manger la nourriture du chien, prendre un bain quand tu es sale et te laver toi-même tes parties intimes, ne pas regarder des films qui sont pas pour toi, ne pas gaspiller l'eau et l'électricité, ne pas faire peur au chat, ne pas t'enfuir et ne jamais, jamais mettre de cailloux dans ta bouche. »

Étonnée, je regardai ma petite cousine. Je la pris ensuite dans mes bras pour l'embrasser avec entrain. Non seulement Andrea avait-elle répondu à une question difficile, mais ses suggestions étaient faciles à mettre en pratique dans le quotidien : être gentille, ne pas mentir, prendre soin de ma personne, ne pas faire peur aux chats et ne jamais, jamais mettre de cailloux dans ma bouche. Du gâteau, quoi ! Par conséquent, lorsque je rédigeai ma composition, j'écrivis les suggestions d'Andrea et j'expliquai comment elle avait répondu à ma question.

Deux semaines plus tard, mon enseignante nous remit nos compositions. J'avais un A + sur ma copie, plus le commentaire suivant : « Comporte-toi tou-

jours bien, et n'oublie pas de donner un A+ à
Andrea! »

Shirley Barone Craddock

Notre secret de Noël

C'était la veille de Noël. Ma sœur et moi avions décidé d'ouvrir nos cadeaux avant que notre mère ne rentre du travail. Habituellement, elle arrivait environ une heure après notre retour de l'école, ce qui nous laissait amplement le temps de déballer les présents déposés au pied de l'arbre. Profitant de son statut d'aînée, ma sœur a pris en charge les opérations. Elle a commencé à ouvrir ses présents tandis que je faisais le guet devant la grande fenêtre du salon. Je devais signaler toute personne ou activité suspecte, c'est-à-dire ma mère.

J'étais si excitée que j'avais peine à tenir en place. J'avais du mal à garder mes yeux rivés sur la fenêtre; je me retournais sans cesse pour voir où en était ma sœur. On aurait dit que je regardais un match de ping-pong.

« Chouette! » a crié ma sœur. Elle tenait dans sa main un coffret à bijoux. « Tu sais ce que ça veut dire? »

« Que c'est à mon tour! » ai-je répliqué en trépignant.

« Non », a-t-elle ajouté. « Ça veut dire que je recevrai aussi des bijoux! » Elle s'est alors mise à tâter les présents sous l'arbre pour voir s'il y avait une boîte susceptible de contenir un bracelet, une bague ou des boucles d'oreille.

« Hé, c'est pas juste! » me suis-je plainte en tapant du pied.

« T'es censée surveiller si maman arrive! » s'est-elle bornée à répondre. J'étais condamnée à monter la garde pendant qu'elle ouvrait cadeau après cadeau. Finalement, après avoir déballé son dernier présent et satisfait sa curiosité, ma sœur a pris ma relève.

Mon cœur battait si fort que je sentais ma poitrine sur le point d'exploser. Ma sœur m'a rappelé de faire attention de ne pas déchirer le papier, de le décoller doucement; ainsi je pourrais remballer le tout sans que rien n'y paraisse.

Après avoir ouvert quelques présents, je me suis aperçue qu'il était plus rapide de déballer seulement un des deux bouts du paquet plutôt que tout le paquet. C'était suffisant pour jeter un coup d'œil. « *Cool!* Des écouteurs pour ma chaîne stéréo. »

Doucement, j'ai sorti les écouteurs de la boîte pour les placer sur mes oreilles lorsque ma sœur a crié: « Vite! Remballe-le! Maman arrive! »

J'ai alors entendu le bruit des pas de ma mère sur notre allée en gravier. Mon cœur s'est affalé sur le sol en même temps que les écouteurs. J'étais raide comme une statue.

« Vite! » Le visage de ma sœur était blanc comme le mur.

J'ai fourré les écouteurs dans la boîte, mais mes mains tremblaient si fort que j'ai déchiré le papier d'emballage. Ma sœur criait, ce qui me faisait trembler encore plus. Au bruit de la clé dans la serrure, j'ai cru que j'allais faire pipi dans ma petite culotte. Mon cœur voulait sortir de ma poitrine pendant que j'essayais de recoller un bout de ruban adhésif.

« Remets-le sous l'arbre et place des cadeaux par-dessus! » a crié ma sœur en courant vers ma mère pour essayer de gagner du temps.

Je venais tout juste d'enfouir le cadeau remballé sous les autres paquets quand ma mère est entrée dans la pièce. Je me suis levée et j'ai dit: « Salut maman! » Elle m'a souri et répondu: « Salut! » Elle ne semblait se douter de rien. Les battements de mon cœur ont ralenti et j'ai pris une longue inspiration. J'avais frôlé la catastrophe.

Le matin de Noël, lors de la prise de photos, ma sœur et moi avions le sourire aux lèvres. Au moment d'ouvrir nos cadeaux – pour une deuxième fois – nous avons livré une performance éblouissante. « Des écouteurs! » me suis-je exclamée. « Merci. C'est vraiment ce que je voulais. » Une fois le dernier présent ouvert, ma sœur et moi avons échangé un regard. Notre secret était sauf, mais d'une certaine façon ce Noël n'avait pas été tout à fait comme les autres.

Ma sœur et moi n'avons plus jamais ouvert nos présents avant Noël. Peut-être parce qu'ouvrir les cadeaux une deuxième fois n'avait pas été aussi amusant après tout. Peut-être aussi parce que nous avions failli nous faire prendre et que nous n'osions imaginer la réaction de maman.

Cette année-là, j'ai aussi appris quelque chose au sujet de ma mère. J'ai découvert qu'elle était plus rusée que je le pensais. J'ignore si c'est notre manque d'enthousiasme le matin de Noël ou si c'est le papier d'emballage fripé qui a éveillé ses soupçons. Quoi qu'il en soit, elle a cessé de ranger nos cadeaux d'anniversaire et de Noël sur l'étagère la plus haute de son placard. Et je n'ai jamais découvert sa nouvelle cachette.

Lori Menning

Un acte de gentillesse

Ma famille et moi préparions des vacances bien méritées à Disneyland. C'était ma première visite et j'avais hâte de vivre la magie de ce parc d'attractions.

Ce voyage était spécial pour une autre raison. Mon père était un bourreau de travail. Il travaillait sans cesse. Moi, je désirais passer plus de temps en sa compagnie. Je voulais m'asseoir avec mon père, que j'aimais plus que tout au monde, et simplement discuter. Mais il n'avait jamais le temps.

Le jour est finalement arrivé où j'ai fait ma valise. J'ai choisi uniquement mes vêtements favoris, sans oublier de prendre mon carnet d'autographes. Ma valise débordait, mais j'ai néanmoins réussi à fermer la fermeture éclair. Le sourire aux lèvres, j'ai déposé ma valise sur mon édredon. J'étais prêt.

Je n'ai pas fermé l'œil de la nuit. Couché dans mon lit, je regardais par la fenêtre. J'étais content que mon père prenne enfin des vacances.

Après un bref petit-déjeuner, nous avons pris la route. Les deux premières heures se sont bien déroulées, puis nous avons ressenti une brusque secousse. Après avoir garé la voiture sur l'accotement, mon père nous a annoncé que le moteur venait de rendre l'âme ou quelque chose du genre. Comme nous étions au beau milieu d'une autoroute à quatre voies, nous avons conclu que la meilleure solution était de faire signe à un automobiliste de s'arrêter pour nous conduire au garage le plus proche.

Une heure plus tard, mon père était encore sur le bord de la route à gesticuler, mais personne ne voulait arrêter pour aider ma famille à sortir du pétrin. Il a alors décidé de renoncer et de marcher jusqu'à la prochaine ville. Comme j'étais persuadé qu'une grande distance nous en séparait, j'ai essayé de le convaincre de rester sur place et d'essayer encore d'arrêter une voiture, mais il restait sourd à mes arguments. Il répétait que rien ne viendrait gâcher notre voyage. J'avais le cœur gros en le regardant enfiler son manteau puis s'éloigner. Mon père souffrait de maux de dos, mais il refusait d'admettre qu'il n'était pas en état de marcher ne serait-ce que quelques kilomètres.

C'est à ce moment que j'ai aperçu un visage par la fenêtre de notre voiture. C'était le visage d'un camionneur. J'ai regardé autour pour voir son camion, mais je ne le voyais nulle part. Puis j'ai vu que le camionneur s'était garé de l'autre côté de la route et qu'il avait traversé quatre voies pour nous rejoindre! Je n'arrivais pas à y croire. La serviabilité de cet homme me touchait profondément. Personne n'avait pris la peine de nous venir en aide, sauf lui. Il ne nous connaissait pas et ne nous demandait rien en retour.

Le camionneur a conduit mon père dans une ville voisine et notre voiture a été réparée. Moi, j'ai retrouvé mon enthousiasme pour Mickey et ma foi dans les anges. Grâce à cet homme, j'ai pu passer du temps avec mon père et obtenir un véritable autographe de Mickey Mouse que je conserve précieusement.

Rien de tout cela n'aurait été possible sans la gentillesse de cet homme.

Michael Oknefski, 17 ans

Perdu

Un après-midi, quand j'avais cinq ans, ma mère et moi sommes allés magasiner dans une très grande épicerie. Au rayon des produits laitiers, quelque chose a attiré mon attention. Quand je me suis retourné vers ma mère, elle n'était plus là. Ma mère avait continué d'avancer en pensant que je la suivais. J'ai paniqué! J'ai tourné la tête dans tous les sens, désespéré de trouver ma mère. Mais je ne la voyais nulle part. Je me suis mis à courir dans tous les sens avec un regard affolé. Les céréales, les haricots verts, les pâtes alimentaires, la viande, …

À un moment donné, j'ai aperçu une femme vêtue comme ma mère. Je l'avais retrouvée! Je me suis précipité sur elle, si vite en fait que je n'ai pas pu m'arrêter à temps. Résultat: je suis arrivé le visage en plein sur son derrière! Je suis alors tombé par terre tandis que la dame s'est retournée en criant. Ce n'était pas ma mère! Je me suis donc relevé rapidement et me suis sauvé dans l'autre direction.

Comme je ne regardais pas où j'allais, j'ai heurté tout un étalage de sacs de croustilles. J'ai eu tellement peur que je me suis mis à pleurer pendant que les sacs de chips pleuvaient autour de moi.

Heureusement, ma mère était au bout de l'allée et venait de m'apercevoir. Prise d'un fou rire, elle est venue me sauver de cette avalanche de croustilles. Finalement, elle n'était pas très loin depuis le début.

J'ai appris une leçon ce jour-là. Si jamais je me perds encore dans un magasin, je demanderai tout de suite à un commis de m'aider à retrouver ma mère.

Casey Veronie, 13 ans

Ce que j'ai appris
jusqu'à présent

N'essaie pas de manger du maïs en épi avec une fourchette.

Fais attention aux poutres en acier quand tu joues dans le gymnase.

Quand tu passes la nuit à l'école, ne laisse jamais entrer des garçons dans la pièce où tu dors.

Les condiments ne sont pas des jouets.

Avant de donner du rince-bouche à un enfant, assure-toi qu'il ne l'avalera pas.

Ne vomis JAMAIS dans un conduit de ventilation.

Melissa Amyx, 14 ans

N'essaie jamais de baptiser le chat du voisin, surtout à l'aide d'un boyau d'arrosage.

Marleigh Dunlap, 13 ans

Certains enseignants sont là pour enseigner, point à la ligne, mais d'autres sont là pour veiller sur toi et t'aider à grandir.

Janne Perona, 13 ans

On ne peut défaire ce qui a été fait.

La famille est la chose la plus importante.

Reste honnête envers toi-même et ne t'en fais pas si les autres ne le sont pas envers toi.

Nikki Chance, 15 ans

N'aie pas peur de te faire de nouveaux amis et de mieux connaître les amis que tu as déjà.

Reanna Grissom, 12 ans

Ne fais jamais confiance à quelqu'un qui sait donner des chiquenaudes.

Sylvia Lares, 9 ans

Si tu as fait quelque chose de mal et que tu dois l'avouer à ta mère, dis-lui pendant qu'elle parle au téléphone.

Brennan Shaw, 11 ans

Ne laisse pas une tache du passé faire une marque sur ton avenir.

Jillian Graham, 12 ans

Lis un tas de textes écrits dans les années 1700. Ça te rendra plus intelligent.

Dena Soffer, 10 ans

Ne colle jamais la langue sur un poteau de métal gelé.

Joshua White, 12 ans

Ne mange jamais de chocolat non sucré. Ouach!

Dylan Dudley, 7 ans

Si tu laisses une deuxième chance à ton ennemi, il peut devenir ton meilleur ami.

Mandy Tallant, 12 ans

Fais toujours semblant de comprendre ce que dit le professeur d'espagnol.

Tarek Audi, 15 ans

Ne confie jamais la préparation du dîner à ton oncle de 15 ans.

George Preston, 14 ans

Ne mange jamais de prunes, peu importe ce que te conseille ta grand-mère.

Melanie Hansen, 12 ans

Ne t'endors jamais au cours d'une sortie de classe si tes amis ont de la pâte dentifrice avec eux.

Filipe Romero, 13 ans

N'utilise pas des mots dont tu ne connais pas le sens uniquement pour impressionner quelqu'un. Ça peut être très embarrassant.

Chastity Sezate, 13 ans

N'oublie pas de te regarder dans le miroir avant de quitter la maison, surtout si tu as un rendez-vous important.

Carol Robriguez, 13 ans

Ne réponds pas aux moqueries de tes frères ou sœurs plus âgés; c'est précisément ce qu'ils recherchent.

Gladys Lau, 12 ans

Si ton père te pose la question « Tu crois que je suis un idiot? » réfléchis avant de répondre.

Liz Hansen, 14 ans

Avec mon fauteuil roulant, j'avance plus vite que les autres élèves de ma classe et je tape plus vite sur le clavier de mon ordinateur.

Becca Yurcek, 10 ans

Même si tes parents crient après toi, ils t'aiment toujours.

Santana Hubert, 10 ans

Sois attentif en classe. Si ton enseignant te nomme, tu n'auras pas l'air idiot et tu n'auras pas à demander « C'est quoi la question? »

Courtney Stewart, 12 ans

Parfois, c'est sympa d'être important, mais c'est toujours important d'être sympa.

Kaleigh Cronin, 10 ans

Ne t'amuse pas avec un bébé qui vient tout juste de manger.

Ne dérange pas ta cousine lorsqu'elle parle au téléphone avec un garçon.

Jade Mason, 13 ans

Quand tu as un problème, pense à quelqu'un qui a un plus gros problème encore.

Ne sous-estime jamais le pouvoir de l'amour et de l'amitié.

Ne ris jamais avec un morceau de chocolat dans la bouche.

Melissa Quincosa, 13 ans

Ne mange pas de nouilles quand tu portes un appareil d'orthodontie; elles restent prises et c'est difficile de les enlever.

Ashley Fannon, 13 ans

Ce n'est pas parce que ton repas n'a pas l'air appétissant qu'il goûte mauvais.

Choisis des garçons comme amis, et non uniquement comme petits amis.

Peu importe ce que j'ai appris, il m'en reste toujours beaucoup à apprendre.

Chelsey Rice, 8 ans

À 14 ans, après neuf interventions chirurgicales, j'apprécie chaque jour d'avoir la capacité de marcher. Je ne la tiens jamais pour acquise.

Vanessa Cupo, 14 ans

Si tu veux laisser ta marque, remue-toi et passe à l'action.

Danielle Relue, 13 ans

Quémander quelque chose, ça fonctionne parfois, mais pas toujours. On n'a pas toujours tout ce que l'on veut.

Melissa Lansford, 13 ans

Fais de ton mieux avec les outils que Dieu t'a donnés. Tu ne sais jamais ce qu'Il te réserve pour l'avenir.

Jacqueline Christy, 13 ans

Lorsque tu attends ta mère qui se fait coiffer, ne te fais pas tourner sur une chaise, sinon tu risques de vomir ton repas.

Lorin Padgurskis, 10 ans

Ne joue jamais au basket près de la nouvelle voiture de tes parents.

Kaitlyn Sweeney, 12 ans

N'actionne pas la chasse d'eau des toilettes quand ta grande sœur prend sa douche.

Weston Dunlap, 10 ans

La confiance prend des années à bâtir, mais quelques secondes à détruire.

Dijana Atikovic, 12 ans

Quand tu ranges ta chambre, ne fourre rien sous ton lit, dans ton placard ou dans ta commode. Tôt ou tard, tu devras faire du rangement là aussi.

Eddie Holtz, 11 ans

Je suis ce que j'essaie d'être, et non ce que j'essaie d'avoir.

Julie Lundgren, 11 ans

Que tu sois triste ou malade, le rire est le meilleur remède.

Aaron Snyder, 11 ans

Ne renonce pas à tes rêves et c'est peut-être toi qui écriras le prochain *Bouillon de poulet*.

Jason Trusso, 11 ans

Postface

La fin

Voilà, c'est fini, vraiment fini
Dorénavant, tes journées ne seront qu'ennui
Tu seras complètement désemparé
Soupir! Comment vas-tu t'occuper?
Ce fabuleux livre, tu l'as terminé
Lis-en la suite et tu seras comblé.

Paige Holland, 10 ans

Nous espérons que les textes contenus dans ce livre ont trouvé un écho en toi. Notre souhait le plus cher, c'est que tu y aies puisé la compréhension, le courage, l'espoir et, surtout, la capacité de rire dont tu auras probablement besoin durant ta préadolescence.

Merci d'avoir choisi ce livre. À la prochaine!

À propos des auteurs

Jack Canfield

Jack Canfield est l'un des meilleurs spécialistes américains du développement du potentiel humain et de l'efficacité personnelle. Conférencier dynamique et coloré, il est également un conseiller très en demande pour son extraordinaire capacité à informer et inspirer son auditoire, pour l'amener à améliorer son estime de soi et maximiser son rendement.

Auteur et narrateur de plusieurs audiocassettes et vidéocassettes à succès, dont *Self-Esteem and Peak Performance, How to Build High Self-Esteem, Self-Esteem in the Classroom* et *Chicken Soup for the Soul,* on le voit régulièrement dans des émissions télévisées telles que *Good Morning America, 20/20* et *NBC Nightly News.* En outre, il est le coauteur de nombreux livres, dont la série *Bouillon de poulet pour l'âme, Osez gagner* et *Le facteur Aladin* (tous avec Mark Victor Hansen), *100 Ways to Build Self-Concept in the Classroom* (avec Harold C. Wells), *Heart at Work* (avec Jacqueline Miller) et *La force du Focus* (avec Les Hewitt et Mark Victor Hansen).

Jack prononce régulièrement des conférences pour des associations professionnelles, des commissions scolaires, des organismes gouvernementaux, des églises, des hôpitaux, des entreprises du secteur de la vente et des corporations. Sa liste de clients corporatifs comprend des noms comme American Dental Association, American Management Association, AT&T, Campbell's Soup, Clairol, Domino's Pizza, GE, ITT, Hartford Insurance, Johnson & Johnson, Million Dollar Roundtable, NCR, New England Telephone, Re/Max, Scott Paper, TRW et Virgin Records. Jack fait également partie du corps enseignant d'une école d'entrepreneurship, Income Builders International.

Tous les ans, Jack dirige un programme de formation de huit jours qui s'adresse à ceux qui œuvrent dans les domaines de l'estime de soi et du rendement maximal. Ce programme attire des éducateurs, des conseillers, des formateurs auprès de groupes de soutien aux parents, des formateurs en entreprise, des conférenciers professionnels, des ministres du culte et des gens qui désirent améliorer leurs talents d'orateur et d'animateur de séminaire.

Mark Victor Hansen

Mark Victor Hansen est un conférencier professionnel qui, au cours des vingt dernières années, s'est adressé à plus de deux millions de personnes dans trente-deux pays. Il a fait plus de 4000 présentations sur l'excellence et les stratégies dans le domaine de la vente, sur l'enrichissement et le développement personnels, et sur les moyens de tripler ses revenus tout en doublant son temps libre.

Mark a consacré toute sa vie à sa mission d'apporter des changements profonds et positifs dans la vie des gens. Tout au long de sa carrière, non seulement il a su inciter des centaines de milliers de personnes à se bâtir un avenir meilleur et à donner un sens à leur vie, mais il les a aussi aidées à vendre des milliards de dollars de produits et services.

Mark est un auteur prolifique qui a écrit de nombreux livres, dont *Future Diary, How to Achieve Total Prosperity* et *The Miracle of Tithing.* Il est coauteur de la série *Bouillon de poulet pour l'âme,* de *Osez gagner* et de *Le facteur Aladin* (tous en collaboration avec Jack Canfield) et de *Devenir maître motivateur* (avec Joe Batten), *La force du Focus* (avec Les Hewitt et Jack Canfield) et *Out of the Blue* (avec Barbara Nichols).

En plus d'écrire et de donner des conférences, Mark a réalisé une collection complète d'audiocassettes et de vidéocassettes sur l'enrichissement personnel qui ont permis aux gens de découvrir et d'utiliser toutes leurs ressources innées dans leur vie personnelle et professionnelle. Le message qu'il transmet a fait de lui une personnalité de la radio et de la télévision. On a notamment pu le voir sur les réseaux ABC, NBC, CBS, CNN, PBS et HBO. Mark a également fait la couverture de nombreux magazines, dont *Success*, *Entrepreneur* et *Changes*. En 2000, Mark a été le récipiendaire du prestigieux Horatio Algier Award pour son amour de l'humanité.

C'est un homme au grand cœur et aux grandes idées, un modèle pour tous ceux qui cherchent à s'améliorer.

Patty Hansen

Patty Hansen a signé plusieurs histoires publiées dans la série *Bouillon de poulet pour l'âme*. Elle est aussi coauteure du *Concentré de Bouillon de poulet pour l'âme* et de *Out of the Blue : Delight Comes into Our Lives*.

Native de la Californie, Patty a grandi à Pleasant Hill, là où sa mère, Shirley, vit toujours. Quant à sa sœur, Jackie, elle vit en Oregon.

Avant d'amorcer sa carrière d'auteure, Patty a travaillé pendant 13 ans comme agente de bord chez United Airlines. Au cours de cette période, son travail lui a valu deux distinctions pour bravoure. Elle a reçu la première pour avoir préparé avec succès 44 passagers pour un atterrissage d'urgence, et la seconde pour avoir éteint un incendie au cours d'un vol au-dessus de l'océan Pacifique, incident qui aurait pu mettre en danger des centaines de vies.

Patty a été l'associée de son mari Mark tout au long de ses vingt ans de mariage. Elle s'occupe présentement des affaires juridiques et de licence des entreprises *Chicken Soup for the Soul* et participe à la création d'une gamme complète de produits dérivés.

En 1998, l'organisme Mom's House, qui offre gratuitement de l'assistance aux enfants de jeunes mères, lui a décerné le titre de mère célèbre de l'année. Au printemps 2000, Mom's House a décerné la toute première « bourse d'études Patty Hansen ».

Patty partage sa vie avec son mari, Mark, leurs filles adolescentes, Elisabeth et Melanie, leur ménagère et amie, Eva; de plus, trois lapins, un paon, trois chevaux, quatre chiens, cinq chats, cinq oiseaux, trois hamsters, vingt-cinq poissons, vingt-sept poules, un refuge d'oiseaux-mouches et de papillons.

Irene Dunlap

C'est en découvrant son amour pour la poésie, une passion qu'elle croit héritée de sa grand-mère paternelle, qu'Irene Dunlap a commencé sa carrière d'écrivaine à l'école primaire. Elle a d'abord exprimé son amour des mots par des nouvelles et des paroles de chansons, puis à travers des concours oratoires et, plus tard, comme choriste.

Pendant ses années d'études universitaires, Irene a fait le tour du monde à bord d'un navire-école en compagnie de 500 autres étudiants. Détentrice d'un baccalauréat en communications, elle est devenue directrice des communications au Irvine Meadows Amphitheatre, à Irvine, en Californie. Elle a ensuite cofondé une agence de publicité et de relations publiques spécialisée dans le domaine des loisirs et des soins de santé.

Tout en travaillant sur ce livre, Irene n'a cessé de vaquer à ses nombreuses occupations: accompagner ses enfants à leurs activités sportives et parascolaires, présider le conseil d'école de la Kaiser Elementary School, mener une brillante carrière de chanteuse de jazz et participer activement à la chorale de son église.

Irene vit à Newport Beach, en Californie, avec son mari, Kent, sa fille, Marleigh, son fils, Weston, et leur chienne, Gracie. Pendant ses loisirs, Irene aime chanter, faire de l'équitation et de la peinture, jardiner et cuisiner. Si vous vous demandez où elle trouve le temps de tout faire, elle vous suggère ce passage de la Bible pour trouver la réponse: *À celui qui peut, par sa puissance qui agit en nous, faire au-delà, infiniment au-delà de ce que nous pouvons demander et imaginer...* (Éphésiens 3, 20).

Autorisations

Nous aimerions remercier les éditeurs et les personnes qui nous ont donné la permission d'utiliser le matériel cité. (Note : Les histoires dont les auteurs sont inconnus, qui sont du domaine public, ou écrites par Jack Canfield, Mark Victor Hansen, Patty Hansen et Irene Dunlap ne sont pas incluses dans cette liste.)

PUBLICATIONS DISPONIBLES DE LA SÉRIE
« BOUILLON DE POULET POUR L'ÂME »

1er bol	Enfant
2e bol	Femme
3e bol	Femme II
4e bol	Future maman
5e bol	Golfeur
Ados	Golfeur, la 2e ronde
Ados II	Grands-parents
Ados - journal	Infirmières
Aînés	Mère
Amérique	Mère II
Ami des bêtes	Père
Canadienne	Préados (9-13 ans)
Célibataires	Professeurs
Chrétiens	Survivant
Couple	Travail
Cuisine (Livre de)	

DISPONIBLES EN FORMAT DE POCHE

1er bol	Grands-parents
Ados	Mère
Ados II	Mère II
Concentré	Père
Couple	Préados
Femme II	Tasse

PROCHAINES PARUTIONS

Amateurs de sports	Romantique

Autres ouvrages suggérés